HELMUT SCHULZ-SCHAEFFER

Die Staatsform der Bundesrepublik Deutschland

Schriften zum Öffentlichen Recht

Band 36

Die Staatsform
der Bundesrepublik Deutschland

Versuch einer Theorie des materialen Rechtsstaates

Von

Dr. jur. Helmut Schulz-Schaeffer

Oberregierungsrat, Wissenschaftlicher Assistent
an der Universität Hamburg

DUNCKER & HUMBLOT / BERLIN

Alle Rechte vorbehalten
© 1966 Duncker & Humblot, Berlin 41
Gedruckt 1966 bei Buchdruckerei Bruno Luck, Berlin 65
Printed in Germany

Meiner Mutter

Vorwort

In den entwickelten Ländern des abendländischen Kulturkreises stehen heute nur noch zwei grundlegende Staatstypen zur Wahl, die bisher wohl am treffendsten als Konstitutionalismus und Autokratie bezeichnet worden sind. Von einer geisteswissenschaftlichen Staatslehre her dürfte dieser Unterschied besser erfaßt werden, wenn man auf die Vorsorge der Verfassung für die Richtigkeit des Staatshandelns abstellt. Das abendländische Rechtsbewußtsein erkennt nur diejenige Verfassung als legitim an, auf Grund deren sich eine positive Rechtsordnung schaffen und durchsetzen läßt, die dem rechtsethischen Gemeingeist entspricht und dem ethischen Gemeingeist Raum läßt. Das setzt bestimmte, allgemein anerkannte Verfassungseinrichtungen voraus, welche die Offenheit des Staates und des positiven Rechtes gegenüber diesem Gemeingeist garantieren und die Oberhoheit irgendeines Staatsorganes über die Gemeinschaftsüberzeugung aller billig und gerecht Denkenden ausschließen.

Ob man diesen Staatstyp als Staatsform anerkennt und wie man ihn nennt, ist zweitrangig, wenn sich der geltende Staatsformbegriff nur mit dem angedeuteten legitimierenden Gehalt erfüllen läßt. Insofern zielt die Arbeit auch auf ein bestimmtes Staatsbewußtsein. Letzten Endes bleibt alle Theorie umsonst, wenn sie im Gemeingeist keinen Heimatboden findet oder sich zu schaffen vermag.

Der eilige Leser sei darauf aufmerksam gemacht, daß die Thesen der Arbeit am Schluß zusammengefaßt sind.

Herrn Professor Dr. Werner *Thieme* habe ich für die Förderung meiner wissenschaftlichen Tätigkeit vielfältig zu danken. Mein Dank gilt auch Herrn Ministerialrat a. D. Dr. Johannes *Broermann* für die freundliche Aufnahme dieser Schrift in sein Verlagsprogramm.

Hamburg, im Juni 1966

Helmut Schulz-Schaeffer

Inhaltsverzeichnis

§ 1	Einleitung	13

Erster Teil

Die wissenschaftlichen Grundlagen der Staatsformlehre ... 15

§ 2 *Methodologische Vorfragen* ... 15
    1. Der Gegenstand der (allgemeinen) Staatslehre ... 15
    2. Der Vorrang des Gegenstandes vor der Methode ... 16

§ 3 *Das Wesen des Staates in markanten Beispielen der neueren deutschen Staatslehre* ... 17
    1. Der Staat als positive Rechtsordnung ... 18
    2. Der Staat als fließendes Leben einer geistigen Realität ... 19
    3. Der Staat als soziale Wirklichkeit ... 20
    4. Der Staat als sittliche Ordnung ... 22
        a) Autonome sittliche Ordnung ... 22
        b) Geglaubte sittliche Ordnung ... 23

§ 4 *Der Zweck der Staatslehre* ... 26
    1. Die wertende Staatslehre ... 26
    2. Die zwei Staatsbegriffe ... 27

§ 5 *Der „natürliche" Staat* ... 28
    1. Herrschaftsorganisation ... 28
    2. Politik ... 29
    3. Der mißbrauchte Staat ... 33

§ 6 *Das Recht als objektiver Geist* ... 34
    1. Smends Lehre vom Sinngebilde ... 34
    2. Der Gemeingeist ... 35
    3. Objektiver und personaler Geist ... 36
    4. Echter Gemeingeist und Strömungen des Zeitgeistes ... 37
    5. Das Recht als objektivierter Gemeingeist ... 41

§ 7 *Der Wertgehalt des Rechts* ... 47
    1. Die Verpflichtungswirkung des Rechts ... 47
    2. Die Rechtszweckmäßigkeit ... 48
    3. Die Rechtsgerechtigkeit ... 51
    4. Gemeingeist und Politik ... 58
    5. Individual- und Sozialgerechtigkeit ... 60
    6. Die Rechtssicherheit ... 64

§ 8 *Das Gemeinwohl als Rechts- und Staatsziel* 65
    1. Das Gemeinwohl 65
    2. Die Geltung der gesellschaftlichen Rechtsordnung 68
    3. Die Legitimität der politischen Rechtsordnung 69

§ 9 *Die positivistische Methode* 71
    1. Juristischer und soziologischer Positivismus 71
    2. Die soziologische Hilfsmethode 74

§ 10 *Die herrschende juristische Methode* 75
    1. Die Grundlagen der juristischen Hermeneutik 75
    2. Die geisteswissenschaftliche Methode der Jurisprudenz 80
    3. Jurisprudenz als Wertungswissenschaft 84

§ 11 *Die Methode der Staatsrechtstheorie* 89
    1. Die Methode der Staatsrechtswissenschaft 89
    2. Die Methode der Staatslehre 97

Zweiter Teil

Die Staatsform der Bundesrepublik   101

§ 12 *Die Bedeutung der Staatsform* 101

§ 13 *Formale Einteilung der Staatsformen* 106
    1. Die Anzahl der Herrschenden 106
    2. Heteronomie und Autonomie 107
    3. Beschränkung der Macht 109

§ 14 *Inhaltliche Einteilung der Staatsformen* 110
    1. Die Nation 110
    2. Die Integrationslehre 112
    3. Ethische Werte 113

§ 15 *Die demokratische Theorie* 116
    1. Die Theorie des Aristoteles 116
    2. Der formale Freiheitsbegriff Rousseaus 117

§ 16 *Die Demokratie als formale Staatsform* 124

§ 17 *Die repräsentative Demokratie* 130
    1. Die radikaldemokratische Form 130
    2. Das Repräsentativsystem 131
    3. Die repräsentative Demokratie oder die Republik 134

§ 18 *Der Rechtsstaat in der Vergangenheit* 140
    1. Der materiale Rechtsstaat 140
    2. Der formale Rechtsstaat 144

§ 19 Der materiale Rechtsstaat der Gegenwart 146
1. Der Gleichheitssatz 147
2. Der politische Aspekt der Bindung des Gesetzgebers 149
3. Das richterliche Prüfungsrecht 151

§ 20 Das System der Kontrollen und Gegengewichte 155
1. Formale Bestandteile des materialen Rechtsstaates 155
2. Die Gewaltenteilung 156
3. Das republikanische Parteiensystem 158

§ 21 Die Staatsform des materialen Rechtsstaates am Beispiel der Bundesrepublik 162
1. Formale Prinzipien 162
2. Materiale Prinzipien 163
3. Die Volkssouveränität 166
4. Die republikanische Legitimation 171
5. Die Republik in der pluralistischen Gesellschaft 176

Schluß

Die Thesen der Arbeit 182

1. Die wissenschaftlichen Grundlagen der Staatsformlehre 182
2. Die Staatsform der Bundesrepublik 186

Literaturverzeichnis 191

§ 1 Einleitung

Vor mehr als einem Menschenalter hat Rudolf *Smend* festgestellt, die Lösung des Staatsformproblems liege infolge einer allgemeinen Krise der Staatslehre ganz besonders im argen[1]. Herbert *Krüger* klammert heute die Lehre von den Staatsformen aus seiner Allgemeinen Staatslehre aus, weil der Boden für etwas Neues noch nicht vorbereitet sei und es auf der Hand liege, daß man die Staaten nicht mehr nur nach der Zahl der Herrschenden unterscheiden könne[2]. Die Unzufriedenheit mit der überkommenen Staatsformlehre ist durch das Erlebnis der totalitären Systeme im Herzen Europas verschärft worden. Dementsprechend versuchen auch diejenigen, die die aristotelische Dreiteilung als unerreicht bezeichnen[3], über deren vordergründige Unterscheidungsmerkmale hinauszukommen.

Wenn Werner *Thieme* statt der Frage: „Wer hat die Macht?" die Frage: „Wie wird die Macht ausgeübt?" im Mittelpunkt sieht[4], dann führt ihn diese zweite Frage letzten Endes „zur Besinnung auf die Gerechtigkeit selbst"[5].

Der extreme Gegensatz zur formal aufgefaßten Staatsform wäre eine inhaltlich bestimmte Staatsform, z. B. der Gerechtigkeitsstaat[6]. Man könnte sich darüber einigen, was man unter Gerechtigkeit verstehen will. Trotzdem ist wegen des Zusammenhanges von Staatsform und Verfassung von vornherein klar, daß die Gerechtigkeit allein genau so wenig konstituieren kann wie die Freiheit[7].

Es läßt sich also vermuten, daß die Staatsformlehre heute auf eine Synthese zwischen formalen und inhaltlichen Unterscheidungsmerk-

---

[1] *Smend*, Verfassung S. 110.

[2] Herbert *Krüger*, Staatslehre, Vorwort S. VIII; zum letzteren ebenso schon *Schmitthenner*, Staatsrecht S. 429 bei A. 4.

[3] *Imboden*, Staatsformen S. 24, im Anschluß an *Dürig*, Staatsformen S. 743, r. Sp.

[4] W. *Thieme*, Staatsgewalt S. 658.

[5] W. *Thieme*, aaO S. 659; — Herbert *Krüger*, Staatstypen S. 233, vermißt mit Recht die praktischen Konsequenzen der bei Juristen und Politologen verbreiteten Ablehnung des Positivismus in der Staatsformlehre.

[6] *Scheuner*, Rechtsstaat S. 248, meint, diese Bezeichnung sei letzten Endes doch wieder eine formale, weil die möglichen Maßstäbe für die Gerechtigkeit zu verschieden seien. Auch der totalitäre Staat beanspruche für sich, die Gerechtigkeit zum Inhalt zu haben.

[7] Carl *Schmitt*, Verfassungslehre S. 200: „Die Freiheit konstituiert nichts."

malen angewiesen ist, wie sie das Grundgesetz der Bundesrepublik Deutschland enthält. Gelingt es, die Elemente der demokratischen, sozialen und rechtsstaatlichen Bundesrepublik in einer einheitlichen Staatsformtheorie in Beziehung zueinander zu setzen, so wäre damit ein Beitrag zur Erneuerung der allgemeinen Staatsformlehre geliefert.

Es werden dabei zwei Hauptprobleme zu behandeln sein. Das erste ist die Frage, ob die Staatstheorie methodisch überhaupt in der Lage ist, andere als formale Merkmale in die Staatsformlehre einzubeziehen. Das zweite Hauptproblem besteht in der Auflösung des Widerspruchs zwischen Demokratie und Rechtsstaat, worin Werner *Kägi* „die Schicksalsfrage des Abendlandes" sieht[8].

---

[8] *Kägi*, Rechtsstaat S. 133.

Erster Teil

Die wissenschaftlichen Grundlagen der Staatsformlehre

"Ebensowenig wie die Wertschätzung einer Religionslehre aufgrund ihres Ertrages an wohltätiger geistiger Ruhe stattfinden darf, ebensowenig darf die Wahl der Grundlage des Rechtes durch die Aussicht, bei der Auffindung seines Inhaltes Mühe zu ersparen, bestimmt werden."

H. Krabbe[1]

§ 2 Methodologische Vorfragen

1. Der Gegenstand der (allgemeinen) Staatslehre

Die Staatsformlehre ist ein Teil der Verfassungslehre, die wiederum ein Spezialgebiet der allgemeinen Staatslehre ist. Die allgemeine Staatslehre hat es mit der Erscheinung des Staates als solcher zu tun, also nicht mit einem einzelnen konkreten Staat[2], wobei es erlaubt ist, sich auf die Erscheinung innerhalb der abendländischen Staatenwelt zu beschränken[3]. Das hat seinen besonderen Sinn, wenn man den Staat als Kulturerscheinung auffaßt.

Der Zusatz „allgemeine" ist im Grunde überflüssig, da man die besondere Staatslehre, z. B. des deutschen oder französischen Staates, als solche kennzeichnen würde[4]. Eine Staatslehre ist aber kaum sinnvoll, ohne Vergleiche mit anderen Staaten und anderen Staatsideen zu ziehen. In Deutschland wird dementsprechend im Rahmen der Staatslehre keine besondere Lehre vom deutschen Staat betrieben. Man spricht auch ein-

---

[1] *Krabbe*, Staats-Idee S. 69.

[2] *Nawiasky*, Staatslehre 1 S. 1 f.; — *Laun*, Staatslehre S. 12; — Georg *Jellinek*, Staatslehre S. 9 f. — Jellinek will die „Lehre von den besonderen Institutionen des Staates überhaupt" als „spezielle Staatslehre" ausgliedern, worin ihm die Vorgenannten mit Recht nicht folgen.

[3] G. *Jellinek*, Staatslehre S. 22.

[4] *Laun*, Staatslehre S. 12. — Mit dem Ausdruck „Deutsche Staatslehre" ist aber in der Regel die in deutscher Sprache betriebene, allgemeine Staatslehre gemeint, nicht eine besondere Staatslehre über die Bundesrepublik Deutschland.

fach von sozialer oder ethischer Staatslehre und von Staatsphilosophie[5], wenn man besondere Aspekte der allgemeinen Staatslehre bezeichnen will, und setzt allgemeine Staatslehre und Staatstheorie gleich[6]. Die Staatsformlehre bleibt ein Teil der „allgemeinen" Staatslehre, wenn sie konkrete Staaten als Beispiele benutzt oder — wie im vorliegenden Fall — an Hand der Verfassung der Bundesrepublik eine bestimmte Staatsform zu entwickeln versucht[7]. Die Lehre von den Staatsformen ist nämlich traditionell dem Staat als solchem gewidmet, dem Vergleich der konkreten Erscheinungen unter allgemeinen Gesichtspunkten und der Suche nach der besten Staatsform[8].

2. Der Vorrang des Gegenstandes vor der Methode

Stärker als man sich in der Regel klar macht sind die Ergebnisse der Staatslehre von den angewandten Methoden abhängig. Insbesondere dürfte die Unfruchtbarkeit der gegenwärtigen Staatsformlehre darauf beruhen, daß man sich nicht aller methodischen Möglichkeiten bedient, die in der Privatrechts- und in der Staatsrechtswissenschaft heute anerkannt bzw. vorherrschend sind.

Man kann Wissenschaft definieren als „ein System geordneten Wissens, das den Spezialisten eines Sachgebiets bekannt ist und durch sie ständig erweitert wird mit Hilfe von Methoden, die sie gemeinsam als einen brauchbaren Weg zur Erlangung dieser spezifischen Erkenntnisse akzeptiert haben"[9]. Dabei wird man heute nicht mehr die neukantische Erkenntnistheorie gelten lassen, derzufolge die Methode den Gegenstand bestimmte[10], sondern anerkennen, daß umgekehrt auch der Gegenstand die Methode mitbestimmt[11, 12].

---

[5] *Nawiasky,* Staatslehre 1 S. 2.
[6] z. B. *Smend,* Verfassung S. 121; — Herbert *Krüger,* Staatslehre S. 3.
[7] *Cicero,* De re publica II 11, entwickelt seine gemischte Staatsform bewußt am Beispiel des römischen Gemeinwesens, um lebensfremdes Theoretisieren zu vermeiden.
[8] *Platon,* Staatsmann p. 293 c, 302 e—303 b; — *Aristoteles,* Politik IV 11 Abs. 1; — *Cicero,* aaO I 20 § 33. — *Bodin,* Republique IV 4 S. 937 ff.; — *Laun,* Staatsrechtslehrer S. 150, ganz allgemein für die „ethisch-politische" Staatslehre.
[9] *Friedrich,* Philosophie S. 23.
[10] E. *Kaufmann,* Kritik S. 41.
[11] *Scheuner,* Wesen S. 248; — *Hollerbach,* Auflösung S. 263. — *Scheuner,* Staat S. 653, sieht mit Recht einen Zusammenhang mit dem „stärkeren Hervortreten ontologischer Strömungen".
[12] Daß die Methode ganz vom Gegenstand bestimmt sei, gilt als aristotelischer Grundsatz: *Gadamer,* Wahrheit S. 297. — Den gleichen Grundsatz vertreten z. B. *Heidegger,* Sein und Zeit S. 27, 36 f.; *Larenz,* Methodenlehre, Vorwort S. IV und *Sontheimer,* Polit. Wissenschaft S. 37. — Nicolai *Hartmann,* Grundzüge S. 76: „Die metaphysische Kernfrage der Erkenntnis ist eine ontologische."

In der Wahl der Methode liegt eine Vorentscheidung über das Wesen des Gegenstandes[13] und damit über die wissenschaftlichen Ziele und Ergebnisse. Es dient daher der wissenschaftlichen Redlichkeit, wenn man das Sein und das Wesen des Staates und das Ziel der Staatslehre betrachtet, bevor man sich auf die anzuwendenden Methoden festlegt. Man braucht deshalb nicht in den gegenteiligen Fehler zu verfallen, sondern wird ernstlich zu prüfen haben, ob die vom Vorverständnis des Gegenstandes geforderte Methode wissenschaftlichen Maßstäben genügt.

Daß man bei dieser Reihenfolge mit der Abgrenzung des Wissenschaftsgegenstandes etwas vorwegnimmt, was man mittels der erst noch zu findenden Methode später erforschen will, liegt in der unauflöslichen Wechselbezüglichkeit zwischen Gegenstand und Methode begründet[14]. Der Ansatzpunkt ist stets von einem philosophischen Vorurteil — in Hans-Georg *Gadamers* positiver Ausdeutung[15] — bestimmt[16], entweder zugunsten der Ontologie oder zugunsten der Erkenntnistheorie. Die Ontologie ist eine auf Seinsvertrauen gegründete und die Erkenntnistheorie eine vom Zweifel ausgehende Philosophie. Der Erkenntnistheorie geht es „nicht mehr primär um die Sache, sondern um das Erkennen, das Bewußtsein, die Methode"[17]. Die Haltungen des Zweifels oder des Vertrauens, *beide* beruhen auf einer wissenschaftlich nicht erklärbaren, aber von jedem einzelnen vollzogenen Glaubensentscheidung[18]. Sie rechtfertigt sich aus der Fruchtbarkeit ihrer Ergebnisse[19].

§ 3 Das Wesen des Staates in markanten Beispielen der neueren deutschen Staatslehre

Bevor wir die eigene Ansicht vom Zweck der Staatslehre und vom Wesen des Staates entwickeln, wollen wir uns zur Abhebung und Anknüpfung an markanten Staatsanschauungen orientieren[1].

---

[13] *Hofmann*, Methodenlehre S. 187.
[14] Vgl. *Laun*, Staatslehre S. 12.
[15] *Gadamer*, Wahrheit S. 254 f., 260 ff. — *Heidegger*, Sein und Zeit S. 150: „Vorgriff". — *Bultmann*, Hermeneutik S. 231: „Vorverständnis der Sache".
[16] Vgl. *Kelsen*, Hauptprobleme, Vorrede S. XII; — *Schwinge*, Methodenstreit S. 12.
[17] A. *Kaufmann*, Situation S. 146. Nach ihm ist die Existenzphilosophie (die Erschütterung) eine Philosophie des Überganges (aaO S. 147).
[18] Vgl. A. *Kaufmann*, aaO S. 140. — *Pastoralkonstitution*, Abschnitt 31 S. 39: „Mit Recht dürfen wir glauben, daß das künftige Schicksal der Menschheit in den Händen jener ruht, die den kommenden Geschlechtern Motive des Lebens und der Hoffnung zu vermitteln wissen."
[19] *Schwinge*, Methodenstreit S. 13.
Anmerkungen zu § 3
[1] Die Auseinandersetzung mit Carl *Schmitts* Staatsauffassung erfolgt zur Vermeidung von Wiederholungen im Zusammenhang der Erörterung seiner Staatsformlehre unter § 14, 1.

1. Der Staat als positive Rechtsordnung

In konsequenter Durchführung des von C. F. v. *Gerber* und *Paul Laband* entwickelten juristischen Positivismus ist der moderne Staat für Hans *Kelsen* ausschließlich eine Rechtsordnung. Diese Rechtsordnung besteht aus einem System von Rechtsnormen mit Zwangsfolgen, die durch einen Tatbestand bedingt sind[2]. Der Staat hat keine „soziale Realität"[3].

Führt Kelsens Ansicht somit einerseits zu einer Staatslehre ohne Staat[4], so ist die „Reine Rechtslehre" andererseits auch bewußt wertblind und glaubt, sich das als Wissenschaft schuldig zu sein[5]. Die Frage nach dem richtigen Recht (und damit auch nach dem richtigen Staat) wird der Rechtsphilosophie und der Rechtspolitik vorbehalten[6]. Ihre Sollensgeltung in Form einer „rechtlich relevanten Geltung" soll die Staatsverfassung dagegen aus einer als juristische Hypothese vorausgesetzten Ursprungsnorm holen, die ihrerseits die verfassunggebende Autorität einsetzt[7].

Hinter diesem Konzept steht die Meinung, daß es sehr verschiedene Moralsysteme und daher sehr verschiedene unvereinbare Gerechtigkeitsideale gebe[8], zu deren wertender Abwägung der Jurist nicht imstande und nicht berufen sei. Eine kritische Würdigung wird zeigen, daß nicht alles mit rechtlicher Gerechtigkeit zu tun hat, wofür unter Kelsens beispielhaften Gerechtigkeitsidealen „kapitalistischer Liberalismus" und „Sozialismus"[9] gekämpft wird.

Wir folgen Kelsen insoweit, als sich die Rechts- und Staatswissenschaft heute nicht mehr auf göttliches Recht berufen kann[10]. Es gibt in unserem Kulturkreis nämlich keine allgemein als verbindlich angesehene religiöse Sozialethik mehr und keine dazugehörige, von der Allgemeinheit anerkannte, religiöse Interpretationsinstanz.

Kelsens Wertrelativismus können wir uns allerdings nicht mehr leisten. Sein Ausspruch, daß uns hinter dem positiven Recht, wenn der

---

[2] *Kelsen*, Rechtslehre S. 117, 62, 25 f. Dazu gehören das gesetzte und das Gewohnheits-Recht (zusammen das „positive Recht"): *Kelsen*, Positivismus, S. 466, 1. Sp.
[3] *Kelsen*, Staatsbegriff S. 4 ff. und Staatslehre S. 7 ff.
[4] *Heller*, Staatslehre S. 54 f.
[5] *Kelsen*, Positivismus S. 468 r. Sp. — Hier führt der neukantische Wissenschaftsbegriff (oben § 2 A. 10) zu einer Amputation der traditionellen Rechtswissenschaft und Staatslehre.
[6] *Kelsen*, Positivismus S. 469.
[7] *Kelsen*, Positivismus S. 467 l. Sp. und Souveränität S. VII.
[8] *Kelsen*, Positivismus S. 468 l. Sp. und 469.
[9] *Kelsen*, aaO S. 468 l. Sp.
[10] *Kelsen*, aaO S. 465.

§ 3 Das Wesen des Staates in Beispielen der deutschen Staatslehre 19

Schleier falle, nur das Gorgonenhaupt der Macht entgegenstarre[11], erscheint heute als eine unerträgliche Kapitulation der Selbstverantwortung des Menschen vor dem Fatalismus.

2. Der Staat als fließendes Leben einer geistigen Realität

Die extreme Gegenposition zu Kelsens Reiner Rechtslehre hat vor dem 2. Weltkrieg Rudolf *Smend* bezogen. Für ihn war der Staat als geistige Realität „fließendes Leben, also steter Erneuerung und Weiterführung bedürftig, eben deshalb aber auch stets in Frage gestellt..."[12]. Er meinte, der Staat sei überhaupt nur in diesen einzelnen Lebensäußerungen vorhanden. Das „tägliche Plebiszit", der Kernvorgang des staatlichen Lebens, den er Integration nennt, sei das Wesen des Staates als „geistig-soziale Wirklichkeit" (S. 18, 20). Rechtsetzung und Rechtsprechung dagegen seien ein „Fremdkörper" im staatlichen Gewaltensystem und Momente „eines dem Staat gegenüber selbständigen, anderen geistigen Systems, des Rechtslebens..." (S. 98). Die „pflichtmäßigen Motivationen" der „Rechtsidee und der Rechtsförmigkeit" seien von den für die „eigentlichen Staatsfunktionen maßgebenden ganz verschieden"[13].

Smend glaubte damals, eine Staatstheorie zu liefern, „die in erster Linie wenigstens von der Wesensbestimmung und Legitimierung des Staates durch andere Werte, insbesondere durch den Rechtswert, absehen und für alle Kultursysteme" Geltung beanspruchen könne (S. 74). Offenbar sollte die Integration einen an den Begriffen des Lebens (S. 16 f.) und der Erlebnisgemeinschaft (S. 43) orientierten Eigenwert des Staates bezeichnen. Deshalb sympathisierte man mit den faschistischen Methoden unmittelbarer Integration, die im Gegensatz zu den „zarteren und ein wenig literarischen Lebensformen des bourgeoisen Repräsentationsstaates" als die „elementaren plebiszitären, syndikalistischen, sinnlichen, jedenfalls aber unmittelbaren Lebensformen der neuen Zeit" empfunden wurden (S. 42).

Mit der dargestellten Lehre hat Smend den Staat ebenso verfehlt wie Kelsen, wenn auch in einer anderen Richtung. Mit Recht sagt *Heller*: „In der Vielheit einander ablösender Integrationsprozesse muß gerade das aufgelöst werden und verschwinden, was allein Gegenstand der Staatslehre sein kann: die in allem Wechsel sich behauptende Einheit des Staates[14]."

---

[11] *Kelsen*, VVDStRL 3 (Tagung 1926) Aussprache S. 55.
[12] *Smend*, Verfassung S. 16 f. Die Seitenzahlen im folgenden Text verweisen auf das gleiche Buch.
[13] *Smend*, aaO S. 150; — Kritik bei *Heller*, Staatslehre S. 194.
[14] *Heller*, aaO S. 49.

3. Der Staat als soziale Wirklichkeit

Schon für Georg *Jellinek*[15] ist die „soziale Staatslehre, die den Staat als gesellschaftliches Gebilde in der Totalität seines Wesens betrachtet" die „Grundlage aller theoretischen Erkenntnis vom Staate". Trotz des inneren Zusammenhanges mit der (allgemeinen) Staats*rechts*lehre glaubt er, diese um der Methodenreinheit willen systematisch abtrennen zu müssen. Jellinek bleibt aber seiner Grunderkenntnis treu und hält sein juristisches Staatsverständnis für die Einflüsse aus dem sozialen Substrat offen. So kann er über seine formale Staatsdefinition[16] hinausgehen, die er selbst als unvollkommen und nicht genügend unterscheidungskräftig ansieht (S. 235), und zu folgenden Thesen gelangen:

a) Der Staat ist auf eine Rechtfertigung angewiesen, d. h. auf eine Rechtsüberzeugung der Bürger, „daß die tatsächlichen Herrschaftsverhältnisse als rechtliche anzuerkennen seien. Wo diese Überzeugung ausbleibt, da kann die faktische Ordnung nur durch äußere Machtmittel aufrechterhalten werden, was auf die Dauer unmöglich ist (S. 341 f.)".

b) Das Sein des Staates ist (generell) dadurch gerechtfertigt, daß er eine Rechtsordnung garantiert (S. 226 ff.); das Wirken des Staates (konkret) dadurch, daß er die Vervollkommnung der Kultur zum Zweck hat (S. 262)[17].

c) Die Rechtsordnung gilt, d. h. hat die Fähigkeit, motivierend zu wirken, wenn sie auf der Überzeugung von ihrer Gültigkeit ruht (S. 333 f.)[18].

d) Rechtsüberzeugung beruht einerseits auf der normativen Kraft des Faktischen (S. 338 ff.) und schafft andererseits als Vorstellung von einer vernünftigen Ordnung — von einem natürlichen objektiven Recht — neue Fakten (S. 353, 352, 345). Dabei sind zwei psychische Elemente am Werk. „Das erste, das tatsächlich Geübte in Normatives verwandelnde, ist das konservative, das zweite, die Vorstellung eines über dem positiven Rechte stehenden Rechtes erzeugende, das rationale, evolutioni-

---

[15] Vgl. zum folgenden G. *Jellinek*, Staatslehre S. 11 f. Die Seitenzahlen im folgenden Text verweisen auf das gleiche Werk.

[16] G. *Jellinek*, aaO S. 180 f.: „Der Staat ist die mit ursprünglicher Herrschermacht ausgerüstete Verbandseinheit seßhafter Menschen" (sozialer Staatsbegriff) und S. 183 fast gleichlautend, nur das Rechtssubjekt mit einem Rechtsbegriff kennzeichnend: „Der Staat ist die mit ursprünglicher Herrschermacht ausgestattete Gebietskörperschaft" (juristischer Staatsbegriff).

[17] Vgl. dazu auch G. *Jellineks* Staatsdefinition unter Einbeziehung des Staatszwecks, „die individuellen, nationalen und menschlichen Solidarinteressen in der Richtung fortschreitender Gesamtentwicklung" zu befriedigen (S. 264).

[18] Anderenfalls kann sich derogatorisches Gewohnheitsrecht bilden (S. 334 A. 1 a. E.).

§ 3 Das Wesen des Staates in Beispielen der deutschen Staatslehre

stische, vorwärtstreibende, auf Änderung des gegebenen Rechtszustandes gerichtete Element der Rechtsbildung (S. 354)[19]."

Durch Einbeziehung vernunftrechtlicher Vorstellungen in die sozialpsychologische Grundlegung des Staates ist Georg Jellinek bis an die äußerste Grenze eines empirischen Staatsverständnisses gegangen. Im Umfang dieses Verständnisses ist er auf gleicher Ebene bis heute nicht übertroffen worden. An seine Erkenntnisse kann in vielfacher Hinsicht angeknüpft werden.

Hermann *Heller* z. B. geht nicht über Jellinek hinaus, wenn er lehrt, der Staat könne nur dadurch gerechtfertigt werden, daß seine Verhaltens- und Zuständigkeitsnormen der Anwendung und Durchsetzung sittlicher Rechtsgrundsätze dienten[20]. Das Recht bezeichnet er in Antithese zu Smend als den unentbehrlichsten Integrationsfaktor des Staates (S. 194). Die sittlichen Rechtsgrundsätze haben aber für seine Staatsauffassung auch nur die Bedeutung einer sozialen Tatsache, und er überläßt alle darüber hinausgehenden Fragen der Rechtsphilosophie (S. 224).

In der rechtsphilosophischen Enthaltsamkeit liegt auch die Schwäche *Krabbes*, den man sonst schon zu den Vertretern einer ethischen Staatslehre zählen müßte. Er legt zwar ein empirisches, psychisches Rechts-

---

[19] *Holubeks* (Empirische Wissenschaft S. 89 f.; vgl. auch die kritische Besprechung von *Häfelin*, AöR 89) Kritik, Jellineks Staatszwecke bildeten nur eine tatsächliche, aber keine rechtliche Schranke für die Allmacht der Staatsgewalt, dürfte der obigen Gesamtschau der jellinekschen Gedankengänge nicht standhalten. Wenn *Holubek* (aaO bei A. 43) folgert, Jellinek erlaube dem Staat alles mit Ausnahme der Aufhebung seiner selbst, so ist das ein Mißverständnis.
Jellinek distanziert sich nämlich in seiner Soziallehre des Staates eindeutig von der nur formal-juristischen Betrachtung einer entsprechenden (auch seiner eigenen) Staatsrechtslehre. So ist das Jellinek-Zitat von *Holubek* (aaO S. 89 bei A. 42) zu verstehen, und in diesem Sinne fährt *Jellinek* nach dem A. 45 zitierten Satz fort: „Wer aber die Totalität des Staates erkennen will, muß solchen juristischen Standpunkt mit einem allgemeinen vertauschen (S. 250)." Dementsprechend findet sich alles, was wir im Text unter a) bis d) zusammengefaßt haben, in Jellineks Soziallehre, nicht in seiner Staatsrechtslehre. In letzterer verweist er daher z. B. auf S. 477 (*Holubek*, aaO A. 43) auf seine sozialpsychologische Rechtsgeltungslehre, aus der sich eben ergibt, daß auch die in der Form des Rechts entstandene Ordnung nur gültige Rechtsordnung ist, wenn die Rechtsüberzeugung der Bürger sie trägt.
Dem rechtsetzenden Staat ist damit zwar im Rahmen einer formalen Staatsrechtslehre keine rechtslogische Schranke gezogen; eine solche Schranke nimmt *Jellinek* nur für Fälle an, in denen die faktische Unmöglichkeit der Rechtsetzung unzweifelhaft ist (S. 484). Es besteht aber die Schranke aus dem Wesen des Rechts, daß der Staat nur im Rahmen der allgemeinen Rechtsüberzeugung Recht setzen kann. In diesem Sinne spricht Jellinek an anderer Stelle (S. 370 A. 2 a. E.) davon, daß „unsere Rechtsüberzeugungen" „das Fundament der Erkenntnis von Rechten und Pflichten des Staates selbst bilden".
[20] *Heller*, Staatslehre S. 223 f. Die Seitenzahlen im folgenden Text verweisen auf das gleiche Werk.

bewußtsein zugrunde[21], lehnt aber dessen Analyse auf vernunftrechtliche Gehalte bewußt ab, um dem Dualismus von Sein und Sollen, von Macht und Recht, zu entgehen (S. 234 f.). Deshalb wird andererseits auch das soziale Faktum des Staates als Machtgebilde geleugnet[22]. An die Stelle einer normativen Forderung: „Der Staat soll sich nach dem Recht richten" tritt bei Krabbe die soziologische Feststellung: Staatsautorität und Rechtsautorität sind identisch (S. 2). Trotzdem wird dann die Macht des Staates auf die Autorität des Rechts zurückgeführt (S. 10), womit das Thema der früheren Schrift „Die Lehre der Rechtssouveränität" wieder aufgenommen ist. Diese Lehre bleibt insoweit hinter G. Jellinek zurück, als vernunftrechtliche Vorstellungen fehlen. Sie geht über ihn hinaus, weil aus der Erkenntnis, daß die faktische Ordnung auf das Rechtsbewußtsein der Bürger angewiesen ist (S. 50 f.), eine eindeutige Konsequenz gezogen wird: die Souveränität des geistigen Lebens der Rechtsgemeinschaft über das Wollen und Handeln des organisierten Volkes und anderer Organe der Rechtsgemeinschaft[23]. Damit ist die radikaldemokratische Volkssouveränität abgelehnt und der richterlichen Rechtsfindung ein theoretischer Standort gesichert worden[24].

4. Der Staat als sittliche Ordnung

a) Autonome sittliche Ordnung

Wer die Autorität des Staates nicht auf die Macht stützen will, kann sie nur auf ein Sollens- oder Sittengesetz stützen, meint Rudolf Laun[25]. Der Gehorsam gegenüber dem Staat als Befehlsgeber, insbesondere als Gesetzgeber, beruht dann auf der Akzeptierung des konkreten Aktes durch das Rechtsgefühl der Betroffenen oder auf einem kollektiven Staatsbewußtsein. Dieses bezieht sich ganz allgemein auf die staatlichen Zwecke des konkreten Staates und auf das Verfahren, in dem er sie verfolgt (S. 67, 61 f.). Letzten Endes steht die Beurteilung aller staatlichen Politik als sittlich böse oder gut auf dem Spiel (S. 114).

Laun begnügt sich nun aber nicht damit, sittliche Überzeugungen als Tatsache festzustellen, sondern hält es für eine Aufgabe der Staatslehre,

---

[21] *Krabbe*, Staats-Idee S. 40, 54 f. Die Seitenzahlen im folgenden Text verweisen auf das gleiche Werk. — Wir beziehen Krabbe hier ein, weil seine deutschsprachigen Werke offensichtlich im Strom der deutschen Staatslehre stehen (Laband, G. Jellinek) und die heutige Staatslehre beeinflussen.
[22] *Krabbe*, aaO S. 1 f., vgl. S. 233 ff. — Vgl. hier unten §§ 4, 5 zum „natürlichen Staat".
[23] *Krabbe*, Rechtssouveränität S. 192, 172 und Staats-Idee S. 47. Krabbe sieht auch die Möglichkeit gesetzlicher Vorschriften, denen der Charakter der Rechtsnorm fehlt: Staats-Idee S. 50.
[24] *Krabbe*, Rechtssouveränität S. 169, 175 f. und Staats-Idee S. 153 f., 168 ff.
[25] *Laun*, Staatslehre S. 23, 113 ff. Die Seitenzahlen im folgenden Text verweisen auf die gleiche Schrift.

§ 3 Das Wesen des Staates in Beispielen der deutschen Staatslehre

die Quelle ethischer Werturteile aufzudecken. In dieser philosophischen Frage folgt er der Einteilung Kants, der seinerzeit eine heteronome Ethik vorfand: Entweder beruhe das Sollen (theologisch) auf göttlichem Befehl oder (anthropologisch) auf zwingenden Geboten der menschlichen Natur. Laun stimmt dagegen der Auffassung vom autonomen Charakter der Ethik zu, wonach die Menschen unabdingbaren Befehlen ihres eigenen Gewissens gehorchen (S. 22, 114)[26]. Die Stimme des Gewissens könne man mit Bezug auf Gegenstände des Staatslebens und des positiven Rechts „Rechtsgefühl" nennen (S. 114). Es komme auf das übereinstimmende Rechtsgefühl der großen Mehrzahl an[27].

Die — problematische — Allgemeingültigkeit einer so begründeten Ethik zeige die Erfahrung, daß es von jedem denkenden Menschen anerkannte materiale sittliche Werturteile gebe (S. 115 f.). Raubmord, Notzucht und Erpressung aus ausschließlich egoistischen Beweggründen würden allgemein verdammt. Ebenso seien der Grundsatz der Vertragstreue des bereits befriedigten Vertragspartners, der Grundsatz des rechtlichen Gehörs und das Verbot des Richterspruchs in eigener Sache allgemeingültig (S. 117).

Ein ethisches Staatsverständnis bejaht demnach Anforderungen an Politik und Recht, die nicht deswegen verbindlich sind, weil sie — wie in G. Jellineks System — die Psyche der Betroffenen beherrschen. Sie stellen vielmehr auch psychische Wirklichkeit dar, weil sie verpflichtende Kraft in sich tragen. Dieser Ansicht werden wir uns im Verlauf der Untersuchung anschließen, allerdings Launs Theorie vom ausschließlich autonomen Charakter der Ethik nicht folgen[28]. Wir werden auch ethische und rechtsethische Gesichtspunkte trennen müssen.

b) Geglaubte sittliche Ordnung

Mit der Suche nach dem Ursprung ethischer Werte befinden wir uns auf dem Gebiet der Philosophie. Wenn die Philosophie nach der Wahr-

---

[26] Die autonome Ethik „beruht auf dem Gedanken, daß wir in der Stimme unseres Gewissens... das ‚Sittengesetz', den ‚kategorischen Imperativ' in unserer Brust tragen..." (*Laun*, aaO S. 22). Vgl. aber zum heteronomen Zug in Kants vernunftautonomem Gesetz: Konrad *Huber*, Maßnahmegesetz S. 138.
[27] *Laun*, VVDStRL 3 (Tagung 1926) Aussprache S. 45 f. und Recht S. 21, 27 mit S. 12.
[28] *Laun* sieht sich selbst genötigt, auf die Billigung der ethischen Normen durch eine „dauernde tragfähige Mehrheit" abzustellen und damit auf eine „relative, empirische Objektivität" (Recht S. 96, 12. — S. 101 werden dagegen die Möglichkeiten der Volksbefragung infolge des individualistischen Ursprungs der Theorie überschätzt). Andererseits muß *Laun* auf heteronome Vernunftgründe zurückgreifen, auf das „abstrakte Gesetz des Sollens" (Recht S. 75), auf ein wahrscheinliches allgemeines Sittengesetz (Staatslehre S. 117, vgl. den vorstehenden Absatz im Text). Besonders deutlich wird der Gesichtspunkt objektiver Vernunft zur Abwehr der Anarchie subjektiver Meinungen, wenn *Laun* die ethische Gehorsamspflicht gegenüber dem Staat unterstreicht (Staatslehre S. 67).

heit forscht, dann muß sie an einem bestimmten Punkt etwas als nicht analysierbar hinnehmen und eine Autorität anerkennen als „die Macht der Wahrheit, die jenseits des Verstehens liegt"[29]. Damit ist der Bezirk erreicht, den Karl *Jaspers* als philosophischen Glauben bezeichnet[30]. Wenn er sagt: „Eine Gewißheit vom Sein Gottes, mag sie noch so keimhaft und unfaßbar sein, ist Voraussetzung, nicht Ergebnis des Philosophierens"[31] und: „Die philosophischen Gehalte leben im Volke durch religiösen Glauben"[32], dann ist damit auf die Seinsweise objektiver geistiger Gehalte hingewiesen und auf das ontologische „Vorurteil", ohne das diese Gehalte im Skeptizismus zerrinnen.

Es dürfte einleuchten, daß die Konsequenzen der Anlegung ethischer Maßstäbe an Staat und Recht wesentlich davon abhängen, ob die philosophische Überzeugung vom Vorhandensein ethischer Pflichten besteht. Das gilt für das menschliche Handeln genauso wie für die wissenschaftliche Lehre, deren Basis in Zweifel oder Vertrauen[33] nicht zu verleugnen ist, am wenigsten gegenüber der studentischen Jugend.

Die tragfähigste philosophische Grundlegung der abendländischen Ethik liegt im Christentum, zumal es sich im wesentlichen mit dem sittlichen Sinn anderer Religionen deckt[34]. Ernst *Jünger* hat gesagt, die humanitäre Wendung müsse von einer theologischen begleitet werden[35]. Indem Ernst *v. Hippel*[36] die Humanität als das moralische Ideal der Brüderlichkeit versteht, knüpft er das Band, das hier gemeint ist. Die Menschen handeln nämlich nur als Brüder, wenn sie sich als Kinder eines gemeinsamen Vaters fühlen[37]. „Conniunctio hominum cum Deo est conniunctio hominum inter sese[38]."

Prüfen wir die Erkenntnismöglichkeiten ethischer Inhalte, so können wir allerdings die Gewinnung einer philosophischen oder religiösen

---

[29] *Friedrich*, Philosophie S. 26, 34.
[30] *Jaspers*, Glaube S. 25, 31 f., 85 f.
[31] *Jaspers*, aaO S. 31.
[32] *Jaspers*, aaO S. 85.
[33] Vgl. oben § 2 bei A. 18.
[34] *Hiller*, Grundlagen S. 56. — Bei allem Realismus gegenüber der menschlichen Unvollkommenheit baut das Christentum auf dem Seinsvertrauen von „Glaube, Hoffnung, Liebe" auf (1. Korinther 13, 13).
[35] Zit. bei *Hiller*, aaO S. 29.
[36] E. v. *Hippel*, Staatslehre S. 190.
[37] Vgl. *Frankl*, Weltregierung S. 248. — Th. *Geiger*, Demokratie S. 132, vertritt die radikale Gegenansicht, das Gebot der christlichen Nächstenliebe habe die Menschen in einem „Kult des Gefühlslebens" anscheinend für das friedliche Zusammenleben untauglich gemacht. *Geiger* vertraut dagegen auf „den Trieb der Selbsterhaltung" (S. 357), auf die intellektuelle Einsicht in die Lebensnotwendigkeit einer zwischenmenschlichen Verhaltensordnung (S. 231).
[38] Satz der Scholastik. Zit. nach *Imboden*, Staatsformen S. 64. — Schon *Cicero*, De re publica II 14 § 27, nannte religio und clementia (Milde) die beiden wichtigsten Dinge für die Dauerhaftigkeit eines Gemeinwesens.

§ 3 Das Wesen des Staates in Beispielen der deutschen Staatslehre

Glaubensüberzeugung nicht als ausreichende Methode anerkennen. Der Glaube bestimmt zwar die ontologische Basis unseres Vertrauens in einen geschichtlichen Evolutionsprozeß und in die Möglichkeit, daß die menschliche Vernunft überzeugende Argumente und Wertvorstellungen zu erfassen vermag[39]. Er bestimmt im Grunde auch unser gesamtes Menschen- und Gesellschaftsbild. Es fehlt aber, wie gesagt, die gesellschaftliche Allgemeinheit philosophischen oder religiösen Geistes[40], um mit einer staatstheoretischen Methode daran anknüpfen zu können. Wir folgen zwar Erich *Kaufmann* darin, daß echte Ethik nicht nur autonome Ethik sein kann[41], eben weil sich ihre Verpflichtungskraft nicht aus dem Mehrheitsprinzip, sondern aus der überindividuellen Werthaftigkeit des Geistes ergibt. Zu idealistisch erscheint uns aber Kaufmanns These, die Objektivität einer ethischen Ordnung sei allein in den Geboten des Gewissens begründet, durch die ein Höherer zu uns spreche[41].

Wenn wir andererseits den Volksgeist zu Rate ziehen werden, so kommen auf diesem Wege auch die philosophischen und religiösen Glaubensinhalte zur Geltung, die — im wesentlichen in säkularisierter Form — Allgemeingut geworden sind. Wir werden sie dann als Basis des Rechts anerkennen können, wenn sie sich im Wechselbezug zwischen Volksgeist und Rechtskennerschaft bewähren. Dieser Vorgriff kann hier genügen, um zu zeigen, warum wir einer philosophisch-religiös begründeten Staatslehre aus methodischen Gründen nicht zu folgen vermögen.

Als Beispiel sei auf Ernst *v. Hippels* Allgemeine Staatslehre hingewiesen. Er entwickelt sie aus der moralischen Wesenheit des Menschen, die mit der Übernatur der Welt korrespondiere[42], und kommt zu dem Schluß, daß „bösartige Zielsetzungen" des Staates „vielleicht im Augenblick unüberwindlich..., aber jedenfalls moralisch und rechtlich unverbindlich" seien (S. 190). In seiner Lehre vom Widerstandsrecht heißt es: Da der mit dem Christentum verbundene europäische Staat gehalten sei, „die lex divina anzuerkennen oder zumindest zuzulassen, daß seine Angehörigen sich nach ihr richten", so stehe umgekehrt diesen ein Widerstandsrecht zu, „wo offenbar das göttliche Recht" vom Staat verletzt werde (S. 262 f.).

---

[39] *Raiser*, Rechtswissenschaft S. 1207 l. Sp. 2. These; — vgl. W. *Geiger*, Grundrechte S. 61 f.
[40] Vgl. oben bei A. 10. — O. *v. Gierke*, Labands Staatsrecht S. 96: Mit dem „bergeversetzenden Glauben an die Rechtsidee" fehle dem Naturrecht alles.
[41] E. *Kaufmann*, Gleichheit S. 11. Kaufmann zieht daraus übrigens keine einseitige Folgerung. Die Gerechtigkeit bleibt für ihn an die „Schöpfungskunst" der menschlichen Persönlichkeit gebunden, deren Vollkommenheit allerdings „von dem Maße abhängig ist, in dem sich in den Persönlichkeiten ewige Werte offenbaren und formen" (S. 12 f.).
[42] E. *v. Hippel*, Staatslehre S. 179 f. Die folgenden Zitate stammen aus dem gleichen Werk.

§ 4 Der Zweck der Staatslehre

1. Die wertende Staatslehre

Wie in der Einleitung bereits angedeutet worden ist, besteht heute in der Staatslehre das dringende Bedürfnis, über konkrete staatliche Erscheinungen, einschließlich der Staatsform, und über staatliches Handeln wertend zu urteilen, und zwar in besonderem Maße nach dem ethischen Maßstab der Gerechtigkeit[1].

Dieses Bestreben ist seit der „legalen" Machtübernahme vom 30. Januar 1933 mit ihren politischen Folgen, seit diesem „letzten Menetekel der positivistisch-formalistischen Staatsrechtslehre"[2], unausweichlich geworden. Es bedeutet aber nur eine Wiederaufnahme der humanistischen Überlieferung seit Aristoteles[3], die bei Augustinus und in den Fürsteneiden und Fürstenspiegeln des Mittelalters[4] fortlebte, bis sie in der absolutistischen Konsequenz der französischen Revolution aufgegeben wurde[5].

Nun könnte man einer wertenden Staatsanschauung entgegenhalten, sie setze sich von vornherein in Widerspruch zu den Tatsachen. Sie halte nämlich die Erfüllung werthafter Staatsaufgaben für ein Wesensmerkmal des Staates, obwohl doch allenthalben „Staaten" existierten, die dieses Wesensmerkmal offenbar nicht oder doch nur sehr schlecht verwirklichten. Diesem Vorwurf hat sich bereits G. *Jellinek* mit seiner These gegenübergesehen, die Aufgabe des Staates bestehe in der Vervollkommnung der Kultur. Er sagt dazu, solche Definitionen enthielten selbstverständlich Wertmaßstäbe und seien (insoweit) kein Erkenntnisurteil. „Ein Staat, der diesem auf unseren heutigen politischen Anschauungen beruhenden Maßstab nicht entspricht, hört darum natürlich nicht auf, Staat zu sein, er erscheint uns aber als minderwertiger Staat." Die Formel vom Staat als Selbstzweck sei dagegen völlig inhaltsleer und lasse den Staat als eine gänzlich wertlose Institution erscheinen[6].

---

[1] Vgl. *Radbruch*, Unrecht, bes. S. 352 ff.; — *Hesse*, Gleichheitsgrundsatz S. 217 f.; — *Wintrich*, Rechtsprechung S. 233 f.; — *Menger*, Sozialer Rechtsstaat S. 25 f., 30 f.; — *Kägi*, Rechtsstaat S. 133, 140 f.; — *Laun*, Staatslehre S. 114, vgl. hier oben § 3, 4 a; — *Scheuner*, Wesen S. 257; — *Boehmer*, Rechtsordnung II 1 S. 229; — vgl. für den Bereich der Politikwissenschaft die umfassende Literaturübersicht bei *Grimm*, Wissenschaft S. 435 A. 9.

[2] *Sontheimer*, Wissenschaft S. 8.

[3] z. B. *Aristoteles*, Politik III 6, a. E.

[4] *Hennis*, Staatsanschauung S. 5 f.; — Walther *Merk*, Gedanke S. 67.

[5] *Scheuner*, Wesen S. 256 f. — Französische Juristen beriefen sich schon im späteren Mittelalter auf die Devise des spätrömischen Kaisertums „princeps legibus solutus" (D. 1, 3, 31). In Deutschland gingen die meisten Juristen noch im 17. u. 18. Jahrhundert von einer rechtlichen Gebundenheit des Fürsten an das Gemeinwohl aus (Walther *Merk*, Gedanke S. 60 f., 67).

[6] G. *Jellinek*, Staatslehre S. 264 A. 1.

§ 4 Der Zweck der Staatslehre

2. Die zwei Staatsbegriffe

Der moderne Staat ist aber auch als „Selbstzweck" eine soziale Tatsache. Er übt ursprüngliche Herrschermacht aus und geht mit einer kontinuierlichen Ordnung einher. Der Staat ist tatsächlich in der Lage, seinen Willen innerhalb seines Staatsgebietes durchzusetzen, und bietet insofern die Mindestvoraussetzung dafür, Völkerrechtssubjekt zu sein.

Dies sozusagen „natürliche" Sein des Staates[7] ist als begrifflicher Ausgangspunkt der Staatslehre von der Frage der Rechtfertigung des Staates durch seine Werthaftigkeit zu trennen[8]. Das ist allerdings logisch nicht zwingend. Man könnte die Bezeichnung Staat auch dem gesellschaftlichen Gebilde vorbehalten, das die tatsächlichen Voraussetzungen des modernen „Staates" erfüllt und darüber hinaus den werthaften Vorstellungen vom Staate genügt, d. h. in jeder Hinsicht als legitimiert erscheint[9]. Für den nicht legitimen, sondern nur natürlichen „Staat" müßte dann ein anderer Begriff verwendet werden, z. B. Nicht-Staat oder De-facto-Regime.

Das Problem bliebe das gleiche. Das Völkerrecht würde den „Nicht-Staat" als Anknüpfungspunkt für völkerrechtliche Rechtspflichten benutzen müssen[10]. Es werden sich nämlich in der Völkerrechtsgemeinschaft in absehbarer Zeit kaum allgemeine Abgrenzungsgesichtspunkte für die Legitimität eines Staates durchsetzen. Die Völkerrechtsgemeinschaft wird andrerseits immer Wert darauf legen, auch einen „Nicht-Staat" durch völkerrechtliche Verträge binden zu können[11]. Es wäre unvernünftig, sich diese Möglichkeit rechtlich zu verbauen. Welche Konsequenzen die übrigen Staaten aus der mangelnden Legitimität eines Staates ziehen wollen, muß ihnen überlassen bleiben. Im übrigen würde sich der Nicht-Staat nach innen genauso verhalten wie bisher, d. h. er würde Gehorsam verlangen und gegebenenfalls erzwingen. Das Unwerturteil, das einem Widerstandsrecht zugrunde liegen müßte, würde nicht dadurch ein anderes Gewicht erlangen, daß man von einem Nicht-Staat anstatt von einem Unrechts-Staat spräche.

---

[7] G. *Jellinek*, Staatslehre S. 20, verwendet diesen Ausdruck mit Vorbehalt für seinen sozialen Staatsbegriff. — *Radbruch*, Rechtsphilosophie S. 287, spricht vom „Wirklichkeitsbegriff des Staates", der „in die Rechtswelt hineinragt".

[8] *Häfelin*, AöR 89 S. 490. — Darüberhinaus noch einen soziologischen und einen juristischen Staatsbegriff unterscheiden zu wollen, ist mit *Scheuner*, Staat S. 653, als überholt zu bezeichnen.

[9] So *Imboden*, Souveränitätslehre S. 27. — *Marcic*, Rechtsstaat S. 66, 58 beschränkt das Unwerturteil auf Einzelakte.

[10] *Quaritsch*, Bespr. S. 114. — Mit der Frage der völkerrechtlichen Anerkennung sollte man das vorliegende Problem nicht verquicken.

[11] Man denke nur an China und das Problem der vertraglichen Bewältigung des Atomwaffenproblems.

1. Teil: Die wissenschaftlichen Grundlagen der Staatsformlehre

Die wertende Staatslehre hat es also offensichtlich mit zwei verschiedenen Staatsbegriffen zu tun. Man sieht den Staat in ähnlicher Weise wie den Menschen zunächst einmal als Erfahrungstatsache an, behält sich aber vor, sich über das Wesen des Staates (wie des Menschen) Gedanken zu machen. Man spricht von einem aufgegebenen Sinn und orientiert sich an einer Idee des Staates[12] (wie des Menschen). Dem Staat schlechthin wird dann der richtige Staat entgegengesetzt.

Urteile über die Richtigkeit konkreter Staaten und Staatstypen dürfen also neben der Erfassung der Staatswirklichkeit als Zweck der Staatslehre angesehen werden, falls dieses Vorverständnis nicht auf Grund methodologischer Überlegungen korrigiert werden muß.

§ 5 Der „natürliche" Staat

1. Herrschaftsorganisation

Wenden wir uns zunächst noch einmal dem „natürlichen" Staatsbegriff zu. Er enthält offenbar zwei Elemente, nämlich einmal das der ursprünglichen oder souveränen Herrschaft und zum anderen das der Organisation. Souveräne Herrschaft bedeutet Unabhängigkeit nach außen und oberste Gewalt nach innen[1, 2].

In der „Herrschaft" liegt die Fähigkeit des Staates, auf die Umstände zu reagieren und seine eigene Existenz zu sichern und zu fördern[3]. Damit

---

[12] *Schmitthenner*, Staatsrecht S. 7: „Die Idee soll sein..." Die Idee der Gesellschaft sei das Gesetz derselben. Die Idee der Person sei der letzte Grund ihrer Pflichten und Rechte. — *Mohl*, Staatsrecht S. 4: Der vom Volke angenommene Zweck des Menschenlebens sei auch sein Staatszweck. — O. v. *Gierke*, Labands Staatsrecht S. 22 f.: „Kraft innerer Nothwendigkeit hat die allgemeine Staatsrechtslehre von je ihre logischen Operationen mit den metaphysischen und ethischen Problemen in Verbindung gesetzt, die sich in den Fragen nach Grund, Wesen und Zweck von Staat und Recht verbergen."

Anmerkungen zu § 5

[1] Herbert *Krüger*, Staatslehre S. 186.

[2] Dem Gliedstaat die Souveränität abzusprechen, aber die Ursprünglichkeit seiner Staatsgewalt zuzuerkennen (vgl. die offenbar kritische Wiedergabe der h. M. bei Herbert *Krüger*, aaO S. 186 f. u. 189), ist ein inkonsequenter Austausch gleichbedeutender Begriffe, die nur in ihrer Herleitung verschieden sind. Gibt es eine „gegenständlich beschränkte" unabgeleitete Hoheitsmacht der Gliedstaaten (*BVerfGE* 1, 14 S. 34), dann ist das dasselbe wie eine gegenständlich beschränkte Souveränität. Im Grunde soll die Theorie von der unabgeleiteten Gliedstaatsmacht der verfassungsrechtlichen Kompetenzbeschneidung des Bundesstaates eine höhere Weihe geben, nämlich die, daß die Gliedstaaten ja vorher dagewesen seien und sich erst zum Bundesstaat zusammengetan hätten. Diese Wirkung kann die fragliche Theorie allerdings nur haben, solange das Volk des Bundesstaates eine entsprechende Rechtsüberzeugung teilt, d. h. wohl: eher zur Einzelstaatlichkeit zurückkehren als eine Tendenz zum Einheitsstaat dulden würde. — Vgl. zur gegenteiligen Strömung: E. *Kaufmann*, Gleichheit S. 8.

[3] Herbert *Krüger*, Staatslehre S. 196.

ist die Fähigkeit des Staates gemeint, Entscheidungen zu treffen und durchzusetzen. Die Einheit des Staates im Zusammenspiel der Herrschaftsorgane und der Staatsbürger dagegen besteht in der Organisation[4], nämlich in dem „zur Einheit der Entscheidung und Wirkung planmäßig organisierten Handlungsgefüge"[5]. Als kontinuierliche Organisation bedarf der Staat einer objektivierten Ordnung, des positiven Rechts[6]. Keine Gesellschaftsform[7] kann ohne Regeln bestehen, die den Wirkungskreis des einzelnen abstecken und „berechenbare Formen des Zusammenwirkens" gewähren[8]. Diese Regeln nennt man eben Recht, wenn die Gesellschaft sie, notfalls mit Zwang, durchsetzt. Man muß also feststellen, daß das Recht „die dem Staat notwendige Erscheinungsweise" ist[9]. Es ist aber auch deutlich, daß das Recht erst dann seine volle Wirksamkeit entfalten kann, wenn es vom Staat in Form gebracht und durchgesetzt wird[10].

Bezeichnet man den Staat als Lebensform[11], so ist auf der obersten Stufe die Herrschaft[12] das Leben und das Recht die Form. Im Rahmen des „natürlichen" Staatsbegriffes handelt es sich um das formelle, positive Recht (Gesetz und Gewohnheitsrecht). Dabei entsteht kein Begriffsproblem, weil man den wertindifferenten Begriff bereits durch den Zusatz „positives" Recht und den werthaltigen Begriff durch den Zusatz „richtiges" Recht zu kennzeichnen pflegt. Im Grunde geht man in der Rechtstheorie wie in der Staatslehre von dem sozialen Faktum (dem „Recht") aus, das man dann auf seinen Wertgehalt hin prüft[13].

2. Politik

Innerhalb des natürlichen Staates ist die Politik der Gegenpol des Rechts. Auch in diesem Bereich erscheint es nicht sinnvoll, den Begriff

---

[4] *Heller*, Staatslehre S. 230: „Das Gesetz der Organisation ist das grundlegendste Bildungsgesetz des Staates." — Herbert *Krüger*, aaO S. 198, spricht vom geordneten Verfahren.
[5] *Heller*, aaO S. 237.
[6] Vgl. *Heller*, aaO S. 233 f.
[7] „Gesellschaft" wird hier als Oberbegriff im Sinne der „Sozietät" verstanden. Vgl. Heinrich *Henkel*, Rechtsphilosophie S. 18.
[8] *Haenel*, Gesetz S. 217. — Ebenso *Krabbe*, Rechtssouveränität S. 220; — *Scheuner*, Staat S. 661. — *Henkel*, Rechtsphilosophie S. 18, spricht von Menschengruppen mit einer näher umschriebenen Lebensordnung (Sozietäten), „bei denen man stets auch eigenes Recht findet".
[9] *Haenel*, Gesetz S. 217. — Ebenso: *Heller*, Staatslehre S. 194; — *Smend*, Staat S. 369; — *Henkel*, Rechtsphilosophie S. 107.
[10] *Henkel*, Rechtsphilosophie S. 108 f.; — *Schmitthenner*, Staatsrecht S. 536.
[11] *Heller*, Staatslehre S. 42: „menschlich-gesellschaftliche Lebensform, Leben in Form und Form aus Leben".
[12] *Forsthoff*, Verfassungsprobleme S. 5: „Man kann den Staat freiheitlich als Rechtsstaat in Schranken verweisen: innerhalb dieser Schranken bleibt er Herrschaft."
[13] Bei *Enneccerus-Nipperdey*, Allg. Teil 1 § 33, II, S. 214 f., wird die Einbeziehung des Rechtszweckes der Rechtsidee in die „juristisch-technische" Rechts-

mit einer Wertung zu verbinden, weil man dann im Gegensatz zum gewohnten Sprachgebrauch einen weiteren Begriff einführen müßte. Mit dem Ziel richtiger Politik ist der Gegenstand der Politik nämlich nicht erfaßt, auch nicht, wenn man den Frieden als dieses Ziel bezeichnet[14].

Ulrich *Scheuners* Feststellung, politisches Handeln sei „verantwortliches, ethisch gebundenes und begrenztes Handeln"[15], dürfte dem Titel und der Argumentationsweise seines Aufsatzes entsprechend eine Aussage über das *Wesen* des Politischen[16] sein, nicht über ein dem soziologischen *Begriff* des Politischen wesentliches Merkmal. Schon die alte Unterscheidung zwischen theoretischer Politik (als Teil der Ethik) und praktischer Politik (als Lehre vom Staatsinteresse, von der Staatsklugheit) geht von einem wertindifferenten Politikbegriff aus[17].

Daß wir uns hier auf einen den Staat betreffenden Begriff beschränken, bedarf keiner Erläuterung. Der Sprachgebrauch in dem weitesten Sinne von Vereinspolitik usw. ist erst aus der staatlichen Sphäre übernommen worden. Es kommt uns aber auch nicht auf den weiteren Sinn an, der das Ringen um die Macht im Staate und die Beeinflussung der Machthandhabung durch Parteien und Verbände berücksichtigt[18]. Es geht vielmehr um den bereits bezeichneten Bereich, in dem die Herrschaft ausgeübt, d. h. die Entscheidung gefällt wird. Man kann ihn „Staatsleitung" nennen und die Regierung (einschließlich der Leitung der Verwaltung) sowie die funktionelle Gesetzgebung einbeziehen[19]. Der Gegenstand der Staatsleitung ist das gesellschaftliche Leben auf allen Stufen, also auch die Wahrnehmung der existentiellen[20] Lebensinteressen des Staates,

---

definition ausdrücklich verworfen, weil die positive Rechtsnatur ungerechten Rechts nicht zu bestreiten sei.

[14] *Henkel*, Rechtsphilosophie S. 102 A. 1, in Auseinandersetzung mit der These von Dolf *Sternberger*, Begriff des Politischen, 1961 S. 18: „Der Friede ist die politische Kategorie schlechthin." — *Scheuners* (Wesen S. 258 A. 118) Kritik an Sternbergers Thesen erscheint dagegen unberechtigt. Es dürfte durchaus denkbar sein, daß ein Merkmal eines Begriffes dessen Norm enthält. Ein „Staatsmann" ist sicher begriffsmäßig an Verhaltensnormen gebunden, ebenso wie eine „Dame". — Vgl. *Hellers* „normative Typenbegriffe" (Problematik S. 329).

[15] *Scheuner*, Wesen S. 259.

[16] Der vorletzte Absatz vor dem Zitat beginnt: „Der Begriff des Politischen ergibt sich aus den Klarlegungen über das Wesen des Staates von selbst." — Im Sinne des Textes wohl auch: *Scheuner*, Staat S. 656.

[17] *Schmitthenner*, Staatsrecht S. 14.

[18] Vgl. *Scheuner*, Wesen S. 259.

[19] Vgl. *Scheuner*, aaO S. 260, der allerdings auch die Aktionen der auf die Staatsleitung zielenden Parteien und Interessengruppen in diesen engeren Begriff fallen läßt.

[20] Vgl. *Henkel*, Rechtsphilosophie S. 103. — Mit seiner Beschränkung des Politikbegriffes auf die Außenpolitik (Freund-Feind-Theorie) ist Carl *Schmitt*, Begriff S. 4, 15, 19, allein geblieben.

§ 5 Der „natürliche" Staat

kurzum die „schöpferische Leitung der Staatsangelegenheiten", die Hermann *Heller* als den eigentlichen Bereich der Politikwissenschaft bezeichnet[21].

Der wertindifferente Politikbegriff geht von der Tätigkeit einer planmäßigen Staatsleitung aus[22], die unmittelbar an der politischen Zweckmäßigkeit orientiert ist.

Die Zweckmäßigkeit[23] bestimmt sich heute in diesem Rahmen nach dem erstrebten kurz- oder langfristigen Erfolg[24] für das Staatsganze. Nicht typische[25] Erscheinungen wie die Endphase des Zweiten Weltkrieges, in der Hitler die Lebensinteressen des deutschen Staates bewußt mißachtete, sind für die Begriffsbildung unbrauchbar. Da die Politik die Aufgabe hat, alle Situationen zu meistern, ist sie typischerweise in besonderem Maße an die historische und die augenblickliche Lage gebunden. Was die führenden Staatsmänner jeweils unter dem Staatsinteresse[26] verstehen, kann also nicht nur kollektivistisch auf die Staatsräson sondern auch individualistisch auf das Einzelwohl oder auf eine Synthese ausgerichtet sein. Die Wertung, ob eine bestimmte Politik dem *wohlverstandenen* Staatsinteresse dient, ist bereits eine Frage des *Wesens* der Politik und damit der ethischen Wertung.

Für den soziologischen Politikbegriff bleibt „eine selbständige, durch feststehende normative Rechtsregeln nicht genau vorherbestimmte Machtausübung" kennzeichnend[27]. Einem ethisch oder rechtlich gebundenen Handeln steht die nicht an inhaltliche Normen, sondern nur an Zuständigkeitsvorschriften gebundene Betätigung menschlicher Handlungsfreiheit[28] in der Staatsleitung gegenüber, positiv gewendet: das Schöpferische der Politik. Der idealtypische Kern des Politikbegriffes liegt in der Meisterung der Lagen durch die freie Gestaltung von Gegenwart und Zukunft. Demgegenüber tritt die Feststellung zurück, daß die Politik in der Wirklichkeit auch durch ethische und rechtliche Über-

---

[21] *Heller*, Staatslehre S. 22.
[22] *Bluntschli*, Politik S. 1: „... die Leitung des Stats und die Einwirkung auf die Statsangelegenheiten, d. h. die bewuszte Statspraxis..."; — ebenso *Triepel*, Staatsrecht S. 11.
[23] *Leibholz*, Demokratie S. 36: Politiker ließen sich „lediglich durch Zweckmäßigkeitserwägungen bestimmen". — Vgl. *Triepel*, Staatsrecht S. 12, auch S. 10; — G. u. E. *Küchenhoff*, Staatslehre S. 13. — Vgl. hier oben bei A. 17 „Staatsklugheit" und unten § 7, 2.
[24] *Bluntschli*, Politik S. 2: Die Politik wolle einen äußeren Erfolg erreichen.
[25] Vgl. zum soziologischen Idealtyp hier unten § 9, 1 bei A. 11.
[26] Vgl. hier oben bei A. 17 und *Triepel*, Staatsrecht S. 17; — *Scheuner*, Staat S. 656; — *Marcic*, Rechtsstaat S. 61.
[27] *Heller*, Staatslehre S. 22; — vgl. *Grimm*, Wissenschaft S. 435 l. Sp.
[28] *Leibholz*, Demokratie S. 36: Politik sei ihrem Wesen nach frei. — *Scheuner*, Wesen S. 260, spricht von „selbständiger Zielsetzung". — *Köttgen*, Innenpolitik S. 148, deutet an, daß in der Freiheit der Politik ein „humanes Gegengewicht" gegenüber dem verallgemeinernden Normvollzug liegt.

legungen beeinflußt wird und unter normativen Gesichtspunkten beeinflußt werden soll.

Die Herausarbeitung der wertindifferenten Begriffe des natürlichen Staates und der Staatspolitik im weitesten Sinne dient ja gerade dazu, die Art und Weise zu untersuchen, in der Staat und Politik in den Dienst der Ethik und des richtigen Rechts gestellt werden können. Die ethische Politiktheorie ist nicht Gegenstand dieser Arbeit. Zur Abgrenzung von Politik und Normanwendung wird man aber sagen können, daß das unmittelbare Ziel des Politikers der Erfolg ist, während der Normanwender der Verwirklichung einer bestimmten Ordnung dient[29]. Nach dem Wesen von Politik und Recht, wie es dem heutigen abendländischen Bewußtsein entspricht, lauten darüberhinaus die einschlägigen Wertungen: Der Politiker soll die Verwirklichung ethischer Werte im Rahmen des Gemeinwohls als den erstrebenswerten Erfolg ansehen[30]. Die Normanwendung dagegen soll den Erfolg haben, das Gemeinwohl als oberstes Ordnungsprinzip zu fördern.

Nach allem ist klar, daß bloße Rechtsanwendung keine Politik ist[31]. Dagegen bleibt die Tätigkeit des Gesetzgebers bei der Schaffung neuen Rechts einschließlich der Verfassung bis zu dem Augenblick Politik, in dem die Rechtsetzung vollendet ist. Diese Gesetzgebungspolitik kann sich auf die allgemeine Rechtsordnung beziehen oder auf die rechtliche Regelung der Staatsleitung, d. h. auf die Verfassung.

Die allgemeine Rechtsordnung, deren der natürliche Staat in seiner Selbsterhaltungs- und Ordnungsfunktion bedarf, bezieht sich auf das gesellschaftliche Leben einschließlich seines strafrechtlichen Schutzes, insbesondere auch auf die Verpflichtungen der Bürger gegenüber dem Staat, z. B. zu Diensten und finanziellen Leistungen. Sie umfaßt also das bürgerliche Recht und den größten Teil des öffentlichen Rechts. Wir wollen sie die gesellschaftliche Rechtsordnung nennen.

Die Rechtsordnung dagegen, die dem Staat Realität und Kontinuität als „organisiertes Handlungsgefüge" verleiht (und insoweit natürlich auch eine Selbsterhaltungs- und Ordnungsfunktion hat), bezieht sich auf die Organisation der Staatsleitung und wird daher politische Ordnung genannt[32]. In diesem Sinne kann der Staat „nur bestehen mit der Abgrenzung und mit der Zusammenordnung einer Mehrheit von Willensträgern als seinen Organen ... kurz nur mit dem Rechte"[33].

---

[29] Vgl. *Imboden*, Gewaltentrennung S. 52.
[30] Vgl. *Grimm*, Wissenschaft S. 436 r. Sp.
[31] *Heller*, Staatslehre S. 22.
[32] *Henkel*, Rechtsphilosophie S. 102 u. 105, sieht in der politischen Verfassung die Ordnung und institutionelle Verfestigung der Herrschaft.
[33] *Haenel*, Gesetz S. 232, mit Bezug auf das gesamte Organisationsrecht des Staates.

§ 5 Der „natürliche" Staat

3. Der mißbrauchte Staat

Der natürliche Staatsbegriff erfaßt den Staat nicht als das, was er seinem Wesen nach sein soll, sondern als das gedankliche Modell einer sozialen Erscheinung, die im Einzelfall sowohl zum Guten wie zum Schlechten geraten kann. Die Herrschaftsmacht zur Selbsterhaltung des Staates und die für die Staatlichkeit erforderliche Ordnung erfüllen ihren Zweck auch, wenn eine Politik betrieben wird, die zur Ausrottung eines Teiles der Staatsbürger führt oder der Masse der Staatsbürger die Gedankenfreiheit verwehrt. Die Erfahrung lehrt zwar, daß sich ein solcher nur natürlicher Staat „auf die Dauer" nicht halten kann[34]; die Erscheinung des Macht- oder Unrechtsstaates ist aber leider trotzdem erschütternde Realität.

Für die Staatsformlehre ist es — auch im Hinblick auf die Voraussetzungen für die Schaffung der gesellschaftlichen Rechtsordnung — entscheidend, wie die *politische Rechtsordnung* aussieht und ob und in welchem Umfang sie der Politik nicht nur formale sondern auch inhaltliche Grenzen setzt. Hier klingt das Thema des formalen und des materialen Rechtsstaates an.

Herbert *Krüger* nennt den Staat mit Recht die Existenzgrundlage des Menschen als eines gesellschaftlichen Wesens, das „ohne Mitmenschen im realsten Sinne des Wortes nicht eigentlich existent ist, und zwar weder in physischer noch in geistiger und sittlicher Hinsicht"[35]. Aber ebensowenig wie man sich den Menschen in der modernen Welt noch ohne Staat denken kann[36], kann man den Staat betrachten, ohne zugleich die Menschen im Auge zu haben. Das Individuum bleibt in jedem Fall eine in sich selbst ruhende Potenz[37]. Der im wohlverstandenen Interesse der Individuen zu bejahende Selbstwert des Staates, der ihn als menschliche Lebensform unabschaffbar macht[38], schlägt im konkreten Fall in einen Unwert um, wenn ein geschichtlicher Staat die Grenzen dessen überschreitet, was dem Menschen zumutbar ist. In dem Sinne, in dem Herbert Krüger jede Art von instrumentaler Staatsauffassung ablehnt[39], — doch wohl deshalb, weil man den Eigenwert des Staates nicht allen denkbaren menschlichen Zwecken zur Disposition stellen kann, — scheint es

---

[34] Vgl. G. *Jellinek* oben § 3, 3 a.
[35] Herbert *Krüger*, Staatslehre S. 193.
[36] *Haenel*, Gesetz S. 215 f., generell im Hinblick auf die Gesellschaft. — Vgl. G. *Jellinek*, Staatslehre S. 227: „Tier oder Gott, die alte aristotelische Alternative, gilt in alle Ewigkeit für das von Natur staatslose Geschöpf."
[37] *Haenel*, Gesetz S. 216.
[38] Das ist der Hintergrund der Vorstellung, daß der Staat „sich ganz eigentlich als eine Stiftung Gottes darstellt". *Schmitthenner*, Staatsrecht S. 536.
[39] Herbert *Krüger*, Staatslehre S. 196, unter Hinweis auf S. 192 f.

umgekehrt ebenso unmöglich, den Menschen zur Disposition aller denkbaren staatlichen Zwecke zu stellen.

Man kann also die Lehre von der Rechtfertigung des Staates durch seinen Zweck nur dann mit Fug und Recht ablehnen[40], wenn man den Wert, um den es geht, bereits in den Staatsbegriff hineinlegt. Das aber tut Herbert Krüger, indem er in den „Staat" als Institution seine „wesentliche Gestalt" und seinen „aufgegebenen Gehalt"[41] einschließt. In diesem Sinne heißt es später: „Daß der Staat, als das Gemeinwesen schlechthin, ausschließlich im Dienste des Gemeinwohles tätig werden darf, versteht sich heute von selbst[42]."

Eine Institutionslehre vom Staat könnte alle Vorstellungen vom Staat in einem Idealbegriff zusammenfassen. Für die Variationsmöglichkeiten innerhalb dieses Begriffes würde der Titel „Staatsformen" dann vermutlich nicht passen, weil er *wesentliche* Unterschiede meint. Diese aber müßte eine Institutionslehre in den Raum außerhalb des (seinem Wesen entsprechenden) Staates verweisen, so daß nur eine einzige Staatsform übrigbliebe, welcher der Nicht-Staat entgegenzusetzen wäre[43]. In der politischen Wirklichkeit geht der Kampf nun aber um verschiedene Staatsformen. Die Frage nach dem Wesen oder der Selbstverfehlung des Staates stellen wir daher im folgenden nicht zur Erfassung des Staatsbegriffes, sondern um die Erscheinungsformen des Staates zu werten.

§ 6 Das Recht als objektiver Geist

1. Smends Lehre vom Sinngebilde

Man kann den Staat mit seinen Äußerungen in der gesellschaftlichen und politischen Rechtsordnung nur umfassend erkennen und werten, wenn man das Recht als geistiges Gebilde betrachtet und dementsprechend nicht nur als Tatsache untersucht, sondern als etwas Sinnhaftes „versteht"[1]. Auf der Untersuchung der mit dem Staat zusammenhängenden geistigen Erscheinungen beruht die Fruchtbarkeit der Integrations-

---

[40] So Herbert *Krüger*, aaO S. 759 ff.

[41] Herbert *Krüger*, aaO S. 177. Auf S. 190 wird die Rechtfertigung des Staates aus seinem Wesen angesprochen. Trotzdem benutzt auch *Krüger* einen natürlichen Staatsbegriff, wenn er vom „Unterschied zwischen totalitären und echten Staaten" spricht (aaO S. 980).

[42] Herbert *Krüger*, aaO S. 763.

[43] Vgl. oben § 4, 2.

Anmerkungen zu § 6

[1] *Smend*, Integrationslehre S. 299, 1a, bezüglich des Staates als eines Ganzen, was einen erheblichen Unterschied bedeutet.

lehre. In ihr kommen allerdings „Geschichte und Tat", die Spannung zwischen Norm und Faktum sowie die Eigenart des Rechts zu kurz[2].

Wir meinen deshalb, bei der Frage nach dem richtigen Staat von der Verfassungsrechtsordnung ausgehen zu müssen. Da sich diese politische Rechtsordnung zunächst hauptsächlich als Organisationsrecht darstellt, sind wir zur Bewertung auf ihre Wirkung verwiesen. Wir müssen also prüfen, ob die gesellschaftliche Rechtsordnung auf Grund der Verfassung so erzeugt und gehandhabt wird, daß im eigenen Staat und zwischen den Staaten eine richtige Sozialordnung entsteht. Das läßt sich erst beurteilen, wenn man Sein und Wesen des Rechts betrachtet hat. Vom Ergebnis hängt dann auch ab, ob die Politik, insbesondere die Gesetzgebung, am Recht gemessen werden kann.

Smend geht davon aus, daß das geistige Leben seiner Struktur nach sozial ist[3]. Er läßt aber vom Individuum gelöste geistige Kollektivitäten genauso wenig gelten wie eine kausale oder teleologische Betrachtung vom isolierten einzelnen her. Die Gemeinschaft, der objektive Sinnzusammenhang und der einzelne werden als untrennbare „Momente einer dialektischen Zusammenordnung" verstanden[4]. So kommt es denn dazu, daß für Smend das Einheitsgefüge einer geschlossenen Gruppe nur in stets neuer Aktualisierung (Eduard *Spranger*) oder vielmehr Hervorbringung (Theodor *Litt*) „wirklich" ist[5]. Es fehlt eine Begründung für die Möglichkeit geistiger Kontinuität und dafür, daß die politische und die gesellschaftliche Rechtsordnung auch den verpflichten, der sich an ihrer Hervorbringung in den verschiedenen Integrationsformen nicht beteiligt.

Wir stehen damit vor dem gleichen Problem, das die individual- oder sozialpsychologischen Anerkennungslehren der Rechtstheorie nicht zu lösen vermögen[6].

2. Der Gemeingeist

Hier weist der Gedanke weiter, daß Akt und Inhalt nur psychologisch untrennbar zusammengehören, während sich der Inhalt als geistiger Sinngehalt von seinem Urheber ablösen läßt[7]. Geistige Erscheinungen führen ein Eigenleben. Sie sind dem einzelnen Menschen zwar grundsätzlich zugänglich (wenn sie sein individuelles Fassungsvermögen nicht

---

[2] So die eigene Kritik von *Smend*, aaO S. 301, 2 b.
[3] *Smend*, Verfassung S. 6.
[4] *Smend*, aaO S. 6 f. u. 9.
[5] *Smend*, aaO S. 7 u. 13.
[6] Vgl. *Welzel*, Recht S. 840 f.
[7] Nicolai *Hartmann*, Problem S. 179.

überschreiten), aber sie sind nicht davon abhängig, daß jeder einzelne sie aktualisiert.

Der Geist in seiner „überindividuellen Grundgestalt" zeigt sich in geschichtlichen, d. h. wirklichen und sich wandelnden Erscheinungen wie Sprache, Glaube, Wissen, Kunst, Sitte, Sittlichkeit, Recht[8] und in politischen Vorstellungen[9]. Den Gemeingeist erleben wir direkt als Geist einer Sportmannschaft und vieler Gruppen von der Familie[10] bis zum Volk[11]. Am deutlichsten erfahren wir den Geist eines fremden Volkes als etwas Individuelles, das sich vom eigenen Volksgeist unterscheidet. Man wird auch von einem europäischen Gemeingeist und einem Geist der abendländischen Kulturnationen sprechen können.

In allen Fällen ist klar, daß der Gemeingeist weder in jedem Individuum der Gruppe sichtbar ist noch den ganzen individuellen Gehalt des personalen Geistes des einzelnen umfaßt. Der Gemeingeist ist das Gemeinsame im personalen Geist der Gruppenmitglieder. Er kann in einem einzelnen Repräsentanten sichtbar werden, „stets ist er voll ausgeprägt nur in einer Elite von Individuen"[12]. Er läßt sich nämlich nicht durch einen Mehrheitsentscheid (Summierung von Einzelmeinungen) ermitteln, sondern zeichnet sich durch seine Qualität aus[13], die ihn der Zustimmung der meisten gewiß macht, sobald er repräsentativ dargestellt wird[14]. Die Qualität des hier interessierenden Gemeingeistes, der sich auf die politische und die gesellschaftliche Rechtsordnung bezieht, liegt im Wert dieser Ordnungen für den einzelnen und die Gemeinschaft.

3. Objektiver und personaler Geist

Die Eigenständigkeit des Gemeingeistes gegenüber den Individuen als den Trägern des personalen Geistes, die am klarsten in den geschichts-

---

[8] Das Recht wird als objektiver Geist aufgefaßt von: *Schmitthenner*, Staatsrecht, S. 5 f., 20, 535; — H. *Henkel*, Rechtsphilosophie S. 14 ff.; — *Larenz*, Methodenlehre S. 193 f.

[9] N. *Hartmann*, aaO S. 186.

[10] *Tönnies*, Gemeinschaft, nennt die „gegenseitig-gemeinsame, verbindende Gesinnung" als Gesamtform vielfachen Konsenses Eintracht oder Familiengeist — concordia — (S. 19 ff.) und spricht vom „gemeinen Geist" eines familienhaften, genossenschaftlichen Bundes (S. 238).

[11] O. v. *Gierke*, Genossenschaftsrecht I S. 819 f., meint, der Volksgeist betätige sich in politischen Erscheinungen. — *Schmitthenner*, Staatsrecht S. 535: Der Volksgeist manifestiere sich in Sprache, Mythus und Recht.

[12] N. *Hartmann*, Problem S. 193; zum vorstehenden: S. 189 ff.

[13] N. *Hartmann*, aaO S. 194. — *Puchta*, Gewohnheitsrecht I S. 148 ff., bes. S. 150—153, 156 f., unterstreicht, daß der Inbegriff des Volkes als des Schöpfers von Gewohnheitsrecht nicht als die Summe der Mehrheit von Einzelwillen zu verstehen ist.

[14] *Boehmer*, Freirechtslehre S. 13: Das Rechtsgefühl sei „ein getreues Spiegelbild dessen, was den menschlichen Anschauungen einer bestimmten Zeitperiode als billig und gerecht erscheint".

wirksamen Erscheinungsformen zum Ausdruck kommt, unterstreicht Nicolai *Hartmann* durch die Bezeichnung „objektiver Geist". Er nennt *Hegel* den Entdecker des objektiven Geistes als eines überindividuellen, geschichtlich lebenden Geistes, des Schöpfers u. a. von Recht, Moral und Staat.

Im Gegensatz zu Hegels Ansicht sei aber nicht der objektive Geist das Eigentliche, sondern die Person habe in ihrer Personalität einen Vorrang und zwischen personalem und objektivem Geist bestehe ein gegenseitiges Getragensein[15].

Die Unselbständigkeit des Individuums gegenüber Ausprägungen des objektiven Geistes ist am sinnfälligsten im Phänomen der Sprache[16]. Das Individuum wächst in den objektiven Geist hinein, den ihm die Sprache als „Geleise für unser Denken" vermittelt. Niemand fängt von vorn an oder ist geistig autark. Jeder wird von klein auf durch den Gemeingeist geformt und bleibt sein Leben lang von seiner geistigen Umwelt abhängig[17].

Das schließt aber angesichts der geschichtlichen Wandelbarkeit des objektiven Geistes nicht aus, daß der personale Geist zur Umformung des objektiven Geistes beiträgt[18]. Das zeigt bereits das einfache Beispiel einer individuellen Begriffsprägung, die sich gegen Widerstände durchsetzt. Trifft dagegen eine solche Prägung sofort auf allgemeine Zustimmung, so war der personale Geist Repräsentant des objektiven Geistes und nicht Erfinder eines neuen geistigen Inhaltes.

Der objektive Geist oder Gemeingeist drängt zu Objektivationen, d. h. zu Fixierungen, z. B. in Gestalt der Umgangssprache oder des positiven Rechts[19]. Weil der Gemeingeist aber weiter lebt und sich wandelt, deshalb liegt er auch stets mit überholten Objektivationen im Kampf[20], oder er erfüllt wandlungsfähige Objektivationen mit neuem Leben.

4. Echter Gemeingeist und Strömungen des Zeitgeistes

Noch problematischer als die Spannung zwischen dem objektivierten und dem lebendigen Gemeingeist ist die Tatsache, daß zeitweise geistige Strömungen auftreten, die nur dem Anschein nach dem Gemeingeist

---

[15] N. *Hartmann*, aaO S. 198 u. 200; — ebenso August *Brunner*, Erkenntnistheorie S. 104 f.
[16] *Coing*, Hermeneutik S. 53, bezeichnet die Sprache als den Träger des gewordenen sittlichen Bewußtseins und damit auch der Rechtswissenschaft.
[17] *Rossi*, Entstehung S. 205 f. — Vgl. N. *Hartmann*, Problem S. 192; — *Gadamer*, Wahrheit Einl. S. XXIX.
[18] N. *Hartmann*, aaO S. 194 u. 204.
[19] N. *Hartmann*, aaO S. 406 ff.; — H. *Henkel*, Rechtsphilosophie S. 17.
[20] N. *Hartmann*, aaO S. 532. — Vgl. *Platon*, Staatsmann p. 294 b, c und 299 e.

zugehören. Dieser irrenden öffentlichen Meinung fehlt die Qualität dauerhafter Überzeugungskraft und die Wirkung, positives politisches und gesellschaftliches Recht im Volke zu verankern.

Man wird die Richtigkeit der öffentlichen Meinung aber auf größere Zeiträume gesehen bejahen können. In ihnen vermag die im Gemeingeist wirkende Vernunft aus Erfahrungen zu lernen und die Weltgeschichte zum Weltgericht werden zu lassen[21]. Mit Recht erkennt *Gadamer* das Wesen geisteswissenschaftlicher Wahrheit in der „Fortbildung eines von weit herkommenden Geschehens"[22]. Daß die Menschheit nicht aus der Geschichte lerne, gilt nur, wenn man sehr hohe und konkrete Anforderungen stellt[23]. Allein das Fortschreiten der Friedensordnung vom Familienverband über die Stadt bis zum Staat und die starken Tendenzen zum übernationalen Zusammenschluß, vor allem in Europa, lassen das Wirken der Vernunft im Gemeingeist erkennen.

Diese Überzeugung ist ein fester Bestandteil des amerikanischen politischen Denkens. Sie kommt in dem berühmten Ausspruch von Abraham *Lincoln* zum Ausdruck: „You can fool some of the people all of the time. You can fool all of the people some of the time. But you can't fool all of the people all of the time[24]." Im allgemeinen kann man dem gesunden Menschenverstand (common sense) zutrauen, nach einer gewissen zeitlichen Abklärung[25] (in the long run) in grundlegenden Fragen zu einem vernünftigen Urteil zu gelangen. Das setzt aber eine freie Diskussion in der Öffentlichkeit voraus, in der auch die geistige Führungsschicht zu Worte kommt. Die lange Frist für vernünftige Reaktionen des objektiven Geistes zeigt, daß die Funktion des lebendigen ethischen Gemeingeistes gegenüber den politischen Kräften und ihren geistigen Produkten nur in der (langfristigen) Kontrolle bestehen kann[26]. Die kurz-

---

[21] In diesem Sinne hat N. *Hartmann*, Problem S. 371, das *Hegel*-Wort aufgenommen.

[22] *Gadamer*, Wahrheit S. XXVIII.

[23] So geht *Martini*, Ende S. 164, 199 ff. vor.

[24] Zitiert nach *Lien* and *Fainsod*, Government S. 361.

[25] *Burke*, Letter S. 293, bezeichnet „common interest and common sentiments" im Gegensatz zum aktuellen öffentlichen Interesse als selten falsch. Er warnt die Regierenden, nach dem momentanen Lob der Masse zu trachten (Burke, Reflections S. 353). — *Kennan*, Diplomacy S. 93: „I do not consider public reaction to foreign-policy questions to be erratic and undependable over the long term...". — *Schumpeter*, Kapitalismus S. 420, zitiert *Jeffersons* Ausspruch, daß letzten Endes die Leute klüger seien als jedes einzelne Individuum sein könne und meint selbst: „Ohne Zweifel ist es möglich zu argumentieren, daß nach einer gewissen Zeit die kollektive Psyche Ansichten entwickeln wird, die uns nicht selten als höchst vernünftig und sogar scharfsinnig vorkommen." — *Laun*, Recht S. 96 f., läßt das Volk als „die dauernde tragfähige Mehrheit der Gehorchenden" (im Gegensatz zur augenblicklichen Mehrheit) die Quelle des positiven Rechts sein. — *Martini*, Ende S. 235 ff.

[26] *Hennis*, Meinungsforschung S. 27, schreibt der öffentlichen Meinung die Bejahung oder Mißbilligung politischer Akte zu.

§ 6 Das Recht als objektiver Geist

fristige Lage zu meistern ist Sache der schöpferischen Politik, die sich unter ethischen und rechtlichen Gesichtspunkten vor dem objektiven Geist rechtfertigen muß.

Nach diesen Überlegungen wird man besonders skeptisch gegenüber den Strömungen des Zeitgeistes sein, in die man grundsätzlich genauso kritiklos hineinwächst wie in das „geistig Echte" des objektiven Geistes[27]. Noch weiter kann der einzelne von einer öffentlichen Tagesmeinung in die Irre geführt werden. Die Menge erliegt der Massensuggestion, wobei sie die unglaubwürdigsten Dinge akzeptiert[28].

In der öffentlichen Meinung als Meinung der meisten wohnen „Wahrheit im Sinne unbeirrbaren Gefühls für das Rechte und Eigentliche" und „Irrtum im Sinne unbegrenzter Verfälschbarkeit"[29] nebeneinander. Kann man sich gegen den Zeitgeist schützen, indem man auf die geistige Tradition zurückgreift[30], so bleibt das Problem doch dort besonders groß, wo die Tradition nicht mehr zeitgerecht erscheint. Dann muß der Zeitgeist auf echte Gehalte untersucht, und es müssen neue Impulse gegeben werden. Das vermag der personale Geist nicht bewußt zu leisten, da er selbst im Zeitgeist befangen ist.

Es bedarf hier als kritischer Instanz des speziellen Gemeingeistes einer besonderen *Kennerschaft*. Auf allen Gebieten des objektiven Geistes gibt es eine Kennerschaft, die einsichtiger ist als der Laie und die als Institution in ihren eigenen Reihen einen Prozeß der geistigen Läuterung vollzieht[31]. Bezüglich des Rechts und der Rechtswerte stellen Rechtswissenschaft und Rechtspraxis im gemeinsamen Dienst am Recht diese Institution[32] dar.

---

[27] N. *Hartmann*, Problem S. 366 ff., 371. — Das ist auch ein Grund, weshalb sich der Jurist nicht allein der Sachlogik der Sprache anvertrauen kann. Vgl. *Sladeczeks* Kritik an Martin Kriele, Kriterien der Gerechtigkeit, S. 508 f.

[28] N. *Hartmann*, aaO S. 353; — *Kennan*, Diplomacy S. 93: „...but I think the record indicates that in the short term our public opinion... can be easily led astray into areas of emotionalism and subjectivity which make it a poor and inadequate guide for national action." — Hans *Schneider*, Volksabstimmungen S. 165: Der augenblickliche Mehrheitswille des Volkes darf den mäßigenden Einfluß der repräsentativen Wahlkörperschaft nicht ausschalten.

[29] N. *Hartmann*, aaO S. 351. — Dem entspricht es, wenn *Hennis*, Meinungsforschung S. 28, mit der älteren Theorie zwischen öffentlicher und gemeiner Meinung unterscheidet.

[30] *Friedrich*, New Belief S. 36, läßt das wünschenswerte Urteil des common man lauten: „This change of policy is bad because it runs counter to our cherished values and beliefs, customs and habits of life."

[31] v. *Dettelbach*, Brevarium S. 14, 16. — *Hennis*, Meinungsforschung S. 35, verlangt Sachverstand und Verantwortungsbewußtsein.

[32] In diesem Sinne spricht *Hennis*, aaO S. 58 f. (zur Geschichte vgl. S. 25) vom notwendigen Einfluß von Wissenschaft und Rechtswesen. — Die kollektive Vernunft des Juristenstandes repräsentiert in England das Rechtsethos des Volkes; vgl. *Radbruch*, Geist S. 54 f. mit S. 26.

1. Teil: Die wissenschaftlichen Grundlagen der Staatsformlehre

Nicht umsonst beruft sich der Jurist auf „Literatur und Rechtsprechung" im Sinne einer qualitativen Übereinstimmung, wie sie anstelle einer Summierung für den Gemeingeist typisch ist[33]. In diesem Bereich ist derjenige Autorität, der den Geist der Wissenschaft zu repräsentieren vermag, was nur unter Abtrennung subjektiver Gesichtspunkte und durch den „Einsatz der Person rein für die Sache der Einsicht"[34] möglich ist.

Insofern meint Nicolai *Hartmann*, die Wissenschaft[32] könne das dem objektiven Geist fehlende Bewußtsein seiner selbst, d. h. seiner echten Gehalte, ersetzen[35]. Sie sei nämlich inhaltlich gemeinsam und doch für den einzelnen Bewußtseinssache[36]. Zugleich übernimmt die Rechtskennerschaft die Führungsrolle bei der Fortbildung des objektiven Geistes[37], wobei sie von der endgültigen Anerkennung im Gemeingeist abhängig bleibt[38], wie das dem wechselseitigen Getragensein von personalem und objektivem Geist entspricht. Dem objektiven Geist gegenüber bedeutet ja die Kennerschaft einen personalen Geist.

Als Beispiel für das Verhältnis von Führung und Gefolgschaft im Bereich des objektiven Geistes mag das Problem der Todesstrafe dienen. Wollte man als objektiven Geist nur das Ergebnis einer demoskopischen Umfrage[39] gelten lassen, so müßte man die Todesstrafe wohl heute noch

---

[33] Vgl. oben A. 13.

[34] N. *Hartmann*, aaO S. 385. — E. *Kaufmann*, Gleichheit S. 12: „Wer reinen Herzens ist, ist gerecht als Handelnder und als Richtender, und nur er." — *Holstein*, Staatsrechtswissenschaft S. 39: „... wissenschaftliche Erziehung zur intellektuellen und willensmäßigen Selbstdisziplin, die jedem Juristen in Fleisch und Blut übergeht...".

[35] Dasselbe sagt *Larenz*, Methodenlehre S. 222, vom Richter, wenn er ihn nach Ausschöpfung aller methodischen Möglichkeiten auf sein persönliches Wertbewußtsein verweist: „hier gleichsam stellvertretend für das auf andere Weise nicht mehr zu konkretisierende ‚allgemeine Rechtsbewußtsein' ". — E. *Kaufmann*, Gleichheit S. 16 f.: Nur die „gerechte und sittliche Persönlichkeit ... kann die Legitimitäts- und Wertvorstellungen der Zeit und der Volksgemeinschaft erfassen und weiterbilden".

[36] N. *Hartmann*, aaO S. 377.

[37] *Heller*, Problematik S. 321 (zur Jurisprudenz: S. 353): „Alle Geisteswissenschaften sind ... gesellschaftsgestaltend ...". — *Ehmke*, Wirtschaft S. 51: „Erkenntnisse der Verfassungstheorie zugleich Momente des Integrationsprozesses des politischen Gemeinwesens"; — *Hesse*, Gleichheitsgrundsatz S. 217, betr. die Rechtsphilosophie. — *Holstein*, Staatsrechtswissenschaft S. 37: Die „ethische Aristokratie geistig schaffender Persönlichkeiten" sei in einem großen Kulturvolk eine arbeitsteilungsmäßige Notwendigkeit. — W. *Geiger*, Grundrechte S. 53: Erzieherische Aufgabe der Rechtsprechung.

[38] Vgl. *Ehmke*, Verfassungsinterpretation S. 71 f.; — *Hesse*, aaO S. 217. — Wegen dieser Abhängigkeit empfiehlt Burke die langsame Fortentwicklung einer Verfassung, deren nächster Schritt die Bewährung des vorhergehenden voraussetze (Burke, Reflections S. 455 ff.).

[39] Im Sinne des Textes ablehnend: *Hennis*, Meinungsforschung S. 32 ff.

in Deutschland wieder einführen. In der geistigen Führungsschicht hat sich dagegen die Gegenmeinung mehr und mehr durchgesetzt. Sie scheint jetzt die öffentliche Meinung langsam zu bekehren. Art. 102 GG dürfte einer sich im abendländischen Kulturkreis abzeichnenden Tendenz des objektiven Geistes entsprechen. Die Zeit ist sicher nicht mehr fern, in der in dieser Kultur die Todesstrafe als unerträglicher Verstoß gegen die vom Gemeingeist getragene ethische Wertordnung empfunden wird.

5. Das Recht als objektivierter Gemeingeist

Konzentriert man die bisherigen Überlegungen auf das Recht, so erweist sich das Gewohnheitsrecht ohne weiteres als Objektivation des Gemeingeistes. Im vorliegenden Zusammenhang tritt er als die Rechtsüberzeugung[40] auf, durch die eine Gewohnheit zum Gewohnheitsrecht erhoben wird[41]. Indem Ernst *Forsthoff* erklärt: „Die rechtsbildende und -ändernde Kraft der von Rechtsüberzeugung getragenen Gewohnheit ist eine Urtatsache des Rechtslebens, mit der sich jede Rechtsordnung abzufinden hat"[42], lehnt er die positivistische Deutung dieses Phänomens ab. Die Annahme, Gewohnheitsrecht gelte nicht als Objektivation des Gemeingeistes, sondern kraft spezieller Anerkennung durch den Gesetzgeber[43], ist nämlich offensichtlich eine Fiktion. Anderenfalls müßte jeder Anwendung von Gewohnheitsrecht der Nachweis vorausgehen, daß der Gesetzgeber sich über dessen Gültigkeit Gedanken gemacht habe.

Eine befriedigende Lösung ergibt sich nur aus der Erkenntnis, daß auch das gesetzte Recht der „Ausdruck allgemeiner, in der Rechtsgemeinschaft wirksamer Gedanken und Überzeugungen"[44] ist bzw. wenigstens sein soll. Dafür spricht die Rechtsgeschichte. Die ursprüng-

---

[40] In der Regel spricht man vom „allgemeinen Rechtsbewußtsein" (z. B. *Larenz*, Methodenlehre S. 192 ff.). Der Gemeingeist wurzelt aber im Unbewußten, jedenfalls ist er sich seiner selbst nicht als Gemeingeist bewußt. Das Ganze des Gemeingeistes treffen andererseits auch die Begriffe Rechtsgefühl und Rechtsgewissen nicht, die H. *Henkel* (Rechtsphilosophie S. 428—438) als Elemente des das Recht betreffenden Gemeingeistes aufführt.

[41] Vgl. dazu unten bei A. 60.

[42] *Forsthoff*, Lehrbuch § 7 B 1 S. 131 mit Lit. in A. 3 u. 4.

[43] Das Gewohnheitsrecht ist allerdings von der Staatsgewalt ebenso anerkannt wie von der Rechtsgemeinschaft, aber als Institution. Wollte man die spezielle staatliche Anerkennung in der Anwendung des Gewohnheitsrechts durch die Rechtsprechung sehen, so läge wiederum kein gesetztes Recht, sondern Richterrecht vor. Die Gerichte gehen aber vom Gewohnheitsrecht als Rechtsquelle aus.

[44] *Forsthoff*, Lehrbuch S. 132. — Hans *Huber*, Niedergang S. 86: „Geschriebenes Recht ist objektivierter Geist" (unter Berufung auf N. *Hartmann*, Problem S. 456).

liche Form des Rechts[45] ist das Gewohnheitsrecht[46]. Aufzeichnungen sollten in der Regel zunächst das bereits geltende Gewohnheitsrecht wiedergeben. So faßten z. B. die Decemvirn das römische Gewohnheitsrecht zusammen[47]. Die Aufzeichnung der auf der Rechtsüberzeugung des Volkes beruhenden gewohnheitsrechtlichen Stammesrechte erfolgte bei den Südgermanen vom 5. bis 9., bei den Nordgermanen im 12. und 13. Jahrhundert[48]. Anfangs diente das aufgeschriebene Recht nur der Beweiserleichterung und mußte der besseren mündlichen Überlieferung weichen[49].

Auch die Vorformen des Rechts, in denen Sitte, Sittlichkeit, Religion und Recht noch nicht voneinander geschieden waren, bedeuteten Verhaltensnormen als Objektivationen des Gemeingeistes[50]. Das „Sozialgültige"[51] war das, wonach man sich richtete.

Das angelsächsische Recht des case law ist das beste Beispiel für ein bis in die heutige Zeit reichendes Recht, das nur als Objektivation des Gemeingeistes verstanden werden kann und dem der Richter nicht als Schöpfer, sondern als Finder des Rechts gegenübersteht[52].

---

[45] H. *Henkel*, Rechtsphilosophie S. 105, spricht von einem vorstaatlichen Recht in Gestalt einer „Einheit von Gewohnheit, Sitte und Tradition". — *Puchta*, Gewohnheitsrecht I: Die ursprüngliche Form des Rechts ist die gemeinsame rechtliche Überzeugung als Erzeugnis „eines Volksgeistes" (S. 3), das Gewohnheitsrecht (S. 10). — *Schmitthenner*, Staatsrecht S. 535: Der Volksgeist hat das Volksrecht erzeugt, das ursprünglich nicht in der Form von Gesetzen, sondern von „Rechtssitten und Gewohnheiten" bestand. — *Krabbe*, Rechtssouveränität S. 164, sieht im Gewohnheitsrecht „einen der kräftigsten Beweise für die selbständige Gültigkeit des Rechts".

[46] *Schmitthenner*, Staatsrecht S. 22. Das ist hier im weiteren Sinne zu verstehen, schließt also auch das — weniger werthafte und mehr zweckmäßige — Herkommen ein. Vgl. *Schmitthenner*, aaO S. 535, 541.

[47] *Schmitthenner*, Staatsrecht S. 537 mit A. 2. Er meint, auch Moses habe nur das Gewohnheitsrecht der Juden niedergeschrieben. — *Puchta*, Gewohnheitsrecht I S. 13 ff., zur Aufzeichnung durch die Decemvirn Anfang des 4. Jahrhunderts v. Chr.

[48] *Planitz-Eckhardt*, Rechtsgeschichte S. 31 mit S. 23 (Stammesrecht als Gewohnheitsrecht), S. 30 ff., S. 73 ff. mit Literatur. Die Einflußnahme starker Herrscherpersönlichkeiten auf den Inhalt der Aufzeichnungen ist nicht zu bezweifeln (S. 31). — *Conrad*, Rechtsgeschichte S. 128 ff.: „Die Aufzeichnungen des Volksrechtes enthalten weitgehend älteres Gewohnheitsrecht (S. 128)." — *Ebel*, Gesetzgebung S. 31 ff. mit S. 15 ff.: Die Aufzeichnungen der germanischen Volksrechte enthalten gewohnheitsrechtliche Weistümer. Die Einflußnahme der Könige geschah vornehmlich als „Rechtsbesserung", d. h. als Wiederherstellung (Reformation) des richtigen und alten Rechts (S. 32 f. mit 19 f.), aber auch als Christianisierung in der Form vereinbarter Satzung oder als Gebot (S. 33).

[49] *Ebel*, Gesetzgebung S. 19.

[50] *Schmitthenner*, Staatsrecht S. 6, nennt das Volksrecht die positiv gewordene objektive Idee des Rechts. Vgl. oben A. 45.

[51] H. *Henkel*, Rechtsphilosophie S. 152.

[52] Vgl. *Radbruch*, Geist S. 43, 46 ff.

§ 6 Das Recht als objektiver Geist

Dieses Beispiel zeigt aber auch ein Vordringen des Gesetzesrechts, und zwar aus einer inneren Notwendigkeit heraus. Der Rechtswert der Rechtssicherheit verlangt bei der zunehmenden Kompliziertheit des gesellschaftlichen Lebens die Gesetzesform, um die Übersichtlichkeit und Berechenbarkeit des Rechts zu verbessern bzw. überhaupt erst herzustellen.

Auf der anderen Seite kommt das gesetzte Recht, will es nicht zur „lebensfremden" Zwangsregel erstarren, nicht ohne eine weitgehende, z. T. ausdrückliche Bezugnahme auf den Gemeingeist aus[53]. Es gibt nach dem historischen Argument und vor der Betrachtung des verpflichtenden Wertgehaltes des Rechts starke Beweiszeichen für die Seinsweise des gesetzten Rechtes als Ausformung des Gemeingeistes: Einmal ist das gesetzte Recht verflochten mit dem Gewohnheitsrecht, das seinerseits eine Objektivation des Gemeingeistes darstellt. Diese Verflechtung geht bis zur gewohnheitsrechtlichen Außerkraftsetzung geschriebenen Rechts durch desuetudo. Hermann *Jahrreiß* weist daraufhin, daß die Einbürgerung der gesetzten Norm heute zwar die Regel sei, daß aber die Entstehung einer wertenden Rechtsnorm auch jetzt noch des Hinzutretens von usus et opinio necessitatis bedürfe[54].

Zum anderen sind die Einflüsse zu beachten, die schon bei der Rechtsetzung, besonders aber bei der Rechtsanwendung, von Rechtslehre und Rechtsprechung ausgehen und sich zu den Objektivationen der Rechtsdogmatik und des Richterrechts verdichten. Diese Einflüsse sind nur zu rechtfertigen, wenn sie als Repräsentation des Gemeingeistes verstanden werden[55]. Am sinnfälligsten aber ist die ausdrückliche Verweisung des gesetzten Rechts auf verschiedene Formen des objektivierten Geistes.

Wir denken dabei an die *Sitte*, die — im Unterschied zum Brauch — eine soziale Sollensforderung enthält, und an die objektivierte *Ethik*, die wir in Anlehnung an das Gewohnheitsrecht „Gewohnheitsethik" nennen wollen. Es handelt sich hierbei im Gegensatz zu den höheren Anforderungen der (vor allem religiösen) Hochethik um die positivierte Sittenordnung der „einfachen Sittlichkeit"[56]. Die Positivität der Gewohn-

---

[53] Im Fallrechtssystem erfolgt die Vermittlung durch das Präjudizienrecht, welches das Gesetz in das einheitliche Gewebe des common law einbezieht: *Radbruch*, Geist S. 15, 39 f. — Im folgenden wird das geltende deutsche Recht als Beispiel genommen.
[54] *Jahrreiß*, Gesetzgebung S. 47, 51 mit S. 37 f.
[55] Vgl. zur Zulässigkeit der Berücksichtigung des objektiven Geistes bei der Rechtsauslegung und -fortbildung unten § 10, 1. Die Rechtsfortbildung läßt sich überhaupt nur von der hier vertretenen Rechtstheorie aus rechtfertigen. Die Anerkennung der Rechtsfortbildung ist also umgekehrt auch ein Beweis für die Richtigkeit der materialen Rechtstheorie: *Krabbe*, Staats-Idee S. 168 ff.
[56] *Esser*, Grundsatz S. 155, spricht im gleichen Sinn von konventionalisiertem Ethos. — H. *Henkel*, Rechtsphilosophie S. 133 f., nennt seine einfache Sittlichkeit offenbar wegen ihrer Verwandtschaft mit der Sitte (mores) „Sozialmoral".

heitsethik zeigt sich in ihrer tatsächlichen Geltung, die dadurch gesichert ist, daß die Sanktion eines fühlbaren sozialen Druckes zur Verfügung steht[57]. Da die Werttendenzen der *Sitte* nicht die Höhe sittlicher Werte erreichen und in der Regel nur dem (nicht zu unterschätzenden) Ordnungswert[58] dienen, ist der soziale Druck im Bereich der Sitte schwächer als bei der Ethik. Zur Sitte oder zur Gewohnheitsethik wird der mehr oder weniger unbewußte Gemeingeist[59] durch das Hinzutreten der Gewohnheit. Erst sie hebt das von der geistigen Norm geforderte Verhalten so ins Bewußtsein, daß eine durchsetzbare objektivierte Norm entsteht. Der geistige Gehalt wird aber bei allen Objektivationen durch die Gewohnheit nicht erzeugt, sondern nur konkretisiert und kundgetan[60].

Die Gesetze verweisen nun einerseits direkt auf Normen der Sitte, insbesondere auf die „Verkehrssitte" (§§ 151, 157, 242 BGB), andrerseits auf eine unübersehbare Anzahl von unbestimmten Rechtsbegriffen, die sich nur an Hand von herrschenden Sitten auslegen lassen. Was eine Beleidigung ist, kann man z. B. nicht ohne Berücksichtigung der von der Sitte abgelehnten Redewendungen und Verhaltensweisen beurteilen[61]. Wenn im Unterhaltsrecht auf die „Verhältnisse der Ehegatten" und die „Lebensstellung" des Bedürftigen oder seiner Mutter abgestellt wird, so sind die gesellschaftlichen Anschauungen maßgebend[62]. Ein so wesentlicher Begriff des Baurechts wie die „Verunstaltung des Ortsbildes" (§ 35 III BBauG) gehört in den Bereich der normativen Sitte. Auch der in den Polizeigesetzen enthaltene Begriff der „öffentlichen Ordnung" umfaßt die Sittenregeln (übrigens ebenso die ethischen Normen), soweit ihre Einhaltung zu den unerläßlichen Voraussetzungen gedeihlichen menschlichen und staatsbürgerlichen Zusammenlebens gehört. Das diesbezügliche Betätigungsfeld der Polizei reicht von der Unterbindung schlechten Benehmens (Trunkenheit) und anstößiger Bekleidung bis zur Verhinderung eines Selbstmordes in der Öffentlichkeit. Die Ordnungsbehörden

---

Dem geltenden Sprachgebrauch dürfte es mehr entsprechen, die individuelle, „innerliche" Sittlichkeit als „Moral" zu bezeichnen *(Radbruch,* Vorschule S. 36). Diese nennt *Henkel* „autonome Sittlichkeit" (S. 129 ff. u. 136 ff.). Dagegen sollte man den Begriff der Ethik für die „äußere" Sittlichkeit reservieren, in dem Sinne, in dem man von Rechtsethik spricht: So *Wieacker,* Gesetz S. 11. — A. A.: W. *Geiger,* Grundrechte S. 63 f., der das Sittengesetz nicht primär als Regelung des sozialen Bereichs versteht.

[57] H. *Henkel,* aaO S. 134.
[58] Vgl. H. *Henkel,* aaO S. 117 f.
[59] H. *Henkel,* aaO S. 119, 122.
[60] Für das Gewohnheitsrecht vgl. *Schmitthenner,* Staatsrecht S. 540.
[61] Vgl. H. *Henkel,* Rechtsphilosophie S. 126 ff., zum vorstehenden. — *Engisch,* Einführung S. 137, nennt die Verwendung unbestimmter normativer Begriffe (und Generalklauseln) „planmäßige Auflockerungen der gesetzlichen Bindung... zwecks Anpassung... an die besonderen Umstände des Einzelfalles und an die wechselnden Anschauungen der Rechtsgemeinschaft".
[62] §§ 1360, 1610, 1708 BGB. Zum letzteren vgl. *LG Bamberg* FamRZ 1965, 338.

§ 6 Das Recht als objektiver Geist

sind aber z. B. nicht in der Lage, die Körperverletzungen, z. T. mit Todesfolge, zu verhindern, die mit Berufsboxkämpfen und bestimmten Motorsportveranstaltungen verbunden sind. Die herrschende Volksanschauung verlangt diese Schaukämpfe und nimmt dafür alles in Kauf[63].

Noch bedeutsamer dürfte die Einbeziehung gewohnheitsethischer Normen in das gesetzte Recht sein. Am geläufigsten sind die Generalklauseln von „Treu und Glauben" (§ 242 BGB)[64] und den „guten Sitten" in den zentralen Vorschriften der §§ 138, 817, 826 BGB oder Art. 30 EGBGB, § 1 UWG und § 226 a StGB. „Den Maßstab für den Begriff der ‚guten Sitten' hat der Richter aus dem herrschenden Volksbewußtsein zu entnehmen, ‚dem Anstandsgefühl aller billig und gerecht Denkenden'[65]." Art. 2 I GG verweist mit dem „Sittengesetz" ebenfalls auf die gesunden sittlichen Anschauungen des Volkes[66].

Im besonderen darf z. B. einem sittlich ungerechtfertigten Scheidungsbegehren nicht stattgegeben werden (§ 47 EheG). Verweisungen auf ethische Normen enthalten die vielen Härteklauseln[67] oder der Begriff der wichtigen Gründe einer fristlosen Kündigung im Dienst- und Gesellschaftsrecht (§§ 626, 723 BGB), die unter dem Blickwinkel der Zumutbarkeit gewürdigt werden. Auch sonst stellen Zumutbarkeit, Billigkeit und Angemessenheit als Gesetzesbegriffe auf den objektiven Geist ab[68]. Die Vielfalt der unbestimmten Gesetzesbegriffe, die wie die gewerbepolizeiliche Zuverlässigkeit eine Bezugnahme auf ethische Wertungen einschließen[69], läßt sich im übrigen nicht einmal andeuten.

Der Theorie vom Recht, das der Ethik gegenüber offen ist, wird der Vorwurf gemacht, sie liefere das Recht an die Ethik aus und damit an einen haltlosen Subjektivismus. Darauf ist im Zusammenhang mit dem

---

[63] Vgl. zum vorstehenden *Drews-Wacke*, Polizeirecht S. 73 ff., 79, 82—84. — Bei Varietéveranstaltungen können entsprechend gefährliche Darbietungen unterbunden werden (aaO S. 84), weil sie in der allgemeinen Anschauung nicht so hoch in Kurs stehen. — Zur Korrektur solcher „unbilligen" Differenzierungen vgl. im folgenden bei und in A. 70.

[64] Die Formel enthält die „Mißbilligung eines rechtsethisch verwerflichen Verhaltens der Parteien"; *Enneccerus-Nipperdey*, Allg. Teil 2 § 239 IV 1, S. 1443. — Vgl. zur einschlägigen Rechtsfortbildung: *BVerfGE* 3, 225 (243 f.).

[65] St.Rspr. des RG seit *RGZ* 48, 114 (124) Urt. v. 11. 4. 1901 zu §§ 138 u. 826 BGB. *Enneccerus-Lehmann*, Schuldverhältnisse § 236 II 3 b S. 956, bestätigen, daß diese Formel des RG heute noch gilt. — BGHZ 17, 327 (332).

[66] BVerfGE 6, 389 (435 ff.) betr. Homosexualität; — *Dürig*, Komm. Art. 2 I RNr. 16.

[67] z. B. § 47 EheG, § 556 a I BGB, § 765 a I ZPO, § 14 AltbaumietenVO, § 57 IV GewO.

[68] Zumutbarkeit: §§ 556 a II u. 906 II 1 BGB; §§ 30 a, c u. d ZVG. — Billigkeit: §§ 315, 829, 847 BGB. — Angemessener Ausgleich: § 906 II 2 BGB. — Gerechte Interessenabwägung: Art. 14 III 3 GG.

[69] *Engisch*, Einführung S. 124; — H. *Henkel*, Rechtsphilosophie S. 148.

1. Teil: Die wissenschaftlichen Grundlagen der Staatsformlehre

Methodenproblem zurückzukommen. Hier wäre aber bereits darauf hinzuweisen, daß sich das Recht auf die *Gewohnheitsethik* und die *gewohnte Sitte* bezieht. Es unterwirft sich den gesellschaftlichen Anschauungen im übrigen nicht ohne eine spezielle Prüfung am geläuterten lebendigen Gemeingeist[70]. Das ist der gleiche Vorgang wie bei der Handhabung von Gewohnheitsrecht[71]. Die Prüfung führt dazu, daß Unsitten und den Gemeinschaftswerten widersprechende gewohnheitsethische Anschauungen des Volkes als rechtlich irrelevant ausscheiden, falls sich die Sozialanschauungen nicht zeitweise als stärker erweisen. Diese wertende Sichtung gewohnheitsethischer Normen ist in denjenigen Fällen besonders deutlich, in denen das Recht die Bezugnahme auf die Gewohnheitsethik von vornherein mit den Wertbegriffen der Zumutbarkeit, Billigkeit, Angemessenheit und Gerechtigkeit umschreibt oder auf „Treu und Glauben" und die „guten Sitten" abstellt.

Um das Wesen des Rechts als objektivierter Gemeingeist nochmals zu unterstreichen, sei abschließend bemerkt, daß der Gemeingeist als Träger und Vorform staatlichen Rechts auch über den Staat hinausreicht[72]. Man denke nur an das Völkergewohnheitsrecht, an die „in der Rechtsüberzeugung der Staatengemeinschaft fest verwurzelten Rechtssätze"[73]. Andererseits wird die Durchsetzung eines originären europäischen Rechtes entscheidend davon abhängen, ob ein gemeinsames Rechtsbewußtsein der beteiligten Völker vorhanden ist oder sich entwickelt[74].

Die Beschäftigung mit Sitte und Ethik als Basis des Rechts führt zu der Frage weiter, ob es einen spezifischen Gehalt des Rechts gibt und worin er besteht.

---

[70] Vgl. oben A. 65 die Formel vom „Anstandsgefühl aller billig und gerecht Denkenden"; — H. *Henkel*, Rechtsphilosophie S. 148, 151, 259. — Vgl. *Pawlowski*, Recht S. 507, 509. — Im übrigen werden auch konkrete allgemeingültige Maßstäbe benutzt wie „der durchschnittlich gebildete Mensch" oder „der verantwortungsbewußte Familienvater" usw.: Herbert *Krüger*, Verfassungsauslegung S. 687; z. B.: BVerfGE 4, 57 (59): der gebildete für das spezielle Problem aufgeschlossene Betrachter; BGH Urt. v. 21. 1. 1965 — III ZR 217/63 — NJW 1965, 815: „besonnener, verständiger und gewissenhafter Mensch"; BGHZ 43, 278 (284 f.): „Auffassung der Allgemeinheit und des verständigen Durchschnittsgewerbetreibenden". — BVerfGE 7, 198 (206) erfüllt ethische Maßstäbe mit den in der Verfassung fixierten kulturellen Wertvorstellungen des Volkes. — Vgl. im übrigen oben § 6, 4.
[71] *Schmitthenner*, Staatsrecht S. 540 f.
[72] Vgl. *Haenel*, Gesetz S. 217.
[73] BVerfG, Beschl. vom 7. 4. 1965 — 2 BvR 227/64 — JZ 1965, 355. — Vgl. zur völkerrechtlichen Wertordnung: *Scheuner*, Völkerrecht S. 599 f., 610 f.
[74] *Fuß*, Rechtsstaatlichkeit S. 587.

§ 7 Der Wertgehalt des Rechts

1. Die Verpflichtungswirkung des Rechts

Bereits Georg *Jellinek* sah in der Rechtsüberzeugung im sozial-psychologischen Sinn neben dem konservativen auch ein rationales und evolutionistisches Element[1]. Im Grunde erkannte er die Existenz eines Gemeingeistes an, indem er die für das Rechtsverständnis unentbehrliche Wahrheit aussprach: „Alles Recht ist nur möglich unter der Voraussetzung, daß wir die Fähigkeit haben, uns durch Anforderungen an unseren Willen, deren Inhalt subjektivem Gutdünken entrückt ist, verpflichtet zu halten." Er fährt mit Recht fort, daß alle sozialen Normen die gleiche Wurzel hätten und ja auch erst im Laufe der Entwicklung in verschiedene Normbereiche auseinandergetreten seien[2]. Da Jellinek ausdrücklich die „Überzeugung der Vernünftigkeit" einer neuen Ordnung auch vor der Gewöhnung an sie als rechtsbildend bezeichnet, bedeuten seine „Vorstellungen eines natürlichen objektiven Rechtes" eben doch mehr als nur „eine Begleiterscheinung der psychologischen Grundtatsachen"[3]. Das vermag Jellinek als Soziologe nur nicht zuzugeben.

Die Verpflichtungswirkung des Rechts, die eine vom Rechtszwang unabhängige Rechtsmacht schafft, erweist sich als Folge des Wertcharakters des Rechts. Alle Normativität, deren Wesen ja im Sollen statt im erzwungenen Müssen oder im psychischen Wollen liegt, beruht auf der Verpflichtungskraft von Werten[4].

Konsequenterweise verzichtet der Wertnihilist auf jegliche Aussage darüber, wie sich der Rechtsgenosse verhalten *soll*[5]. Theodor *Geiger* proklamiert dementsprechend in seiner Schrift „Demokratie ohne Dogma", Mord sei kein Greuel. Die Tötung anderer sei in der bestehenden Gesellschaft lediglich „verpönt" und werde schwer bestraft. Obwohl er zugeben muß, daß solchen gesellschaftlichen standards „auf Gewöhnung beruhende Gefühle" zugrunde liegen, meint er, sie seien nicht weniger wirkungsvoll, wenn man sie ihrer „wertidealistischen Hüllen" entkleide (S. 290 f.). Man werde trotzdem nicht nur aus Furcht vor Strafe gehorchen, sondern weil man sich der Gesellschaft auf Gedeih und Verderb verbunden wisse, welche die strafbare Tat mißbillige. Das bedeute eine freiwillige Unterordnung in Form einer „intellektuellen Diszi-

---

[1] Hier oben § 3, 3 bei A. 19.
[2] G. *Jellinek*, Staatslehre S. 352.
[3] Zum vorstehenden: G. *Jellinek*, aaO S. 352 f.
[4] *Welzel*, Recht S. 841.
[5] Th. *Geiger*, Demokratie S. 360. Die folgenden Seitenzahlen im Text verweisen auf die gleiche Schrift.

48   1. Teil: Die wissenschaftlichen Grundlagen der Staatsformlehre

plin" mit dem Vorbehalt, eine Änderung der Ordnung anzustreben (S. 234, 232). Wenn die Vergewaltigung einer Metaphysik durch eine andere (S. 270) entfalle, gebe es keine Schurken mehr, sondern nur noch „sozial unzulänglich angepaßte" Personen (S. 291).

Dem ist entgegenzuhalten, daß Geigers Vorstellungen, abgesehen von der Anerkennung des Ordnungswertes der Rechtssicherheit, eben doch auf ein bloßes Gehorchenmüssen, also eine reine Zwangsordnung, hinauslaufen. Im übrigen verbaut er sich die Möglichkeit des Interessenausgleiches zwischen entgegengesetzten Wertvorstellungen, indem er ihnen als reinen Glaubensinhalten nur die Alternative von Sieg oder Unterdrückung offenläßt, wie er das für den Kampf zwischen Liberalismus und Sozialismus ausführt[6].

Die Rechtsidee dagegen hat einen dauerhaften Interessenausgleich zum Ziel. Sie ist zwar in ihrem Entwicklungsgrad von der kulturellen Stufe der Rechtsgemeinschaft abhängig[7], entnimmt ihren Geltungsanspruch aber nicht aus der aktuellen Zustimmung einer Mehrheit, sondern aus der ihr als Idee innewohnenden Überzeugungskraft[8]. Diese Überzeugungskraft läßt die Rechtsidee zum festen Bestandteil des objektiven Rechtsgeistes werden, so daß man lange Zeit glaubte, ein unabhängig vom Menschen bestehendes christliches Naturrecht oder ein absolutes Vernunftrecht annehmen zu müssen[9].

Die Verpflichtungskraft der Rechtswerte geht so weit, daß sie in der Regel auch von demjenigen eingesehen wird, der gegen die Norm verstößt und dafür zur Rechenschaft gezogen wird. Der Dieb weiß das Rechtsinstitut des geschützten Eigentums meist grundsätzlich zu schätzen, und der Mörder nimmt selbstverständlich den Rechtswert der körperlichen Unversehrtheit für sich in Anspruch. Beide erkennen zumindest unterbewußt in der Rechtsordnung als solcher die gesicherte Basis ihrer eigenen Lebensführung.

2. Die Rechtszweckmäßigkeit

Bevor wir auf die Grundwerte des Rechtes eingehen können, muß geklärt werden, ob es neben der Gerechtigkeit und der Rechtssicherheit

---

[6] Th. *Geiger*, aaO S. 356. — Vgl. unten § 10 bei A. 88 f.
[7] *Schmitthenner*, Staatsrecht S. 7: Sie kommt auf höheren Stufen des geschichtlichen Daseins „zu klarerem Bewußtsein".
[8] *Schmitthenner*, aaO S. 5 A. 2: Die menschliche Erkenntniskraft ist nur deshalb „Vernunft", weil sie die Idee u. a. des Rechts aufzufassen vermag. Die Idee des Rechts würde bestehen bleiben, auch wenn alle Menschen wahnsinnig würden.
[9] Um dem Problem des irrenden Zeitgeistes zu entgehen (vgl. oben § 6, 4), sprechen Weinkauff und der BGH von einer vorgegebenen objektiven Ordnung der Werte, ersterer auch vom Naturrecht: *Weinkauff*, Naturrechtsgedanke S. 1690 ff.; *BGHSt* 6, 46 (52) betr. die Ethik.

§ 7 Der Wertgehalt des Rechts

einen selbständigen Rechtswert der Zweckmäßigkeit gibt. Heinrich *Henkel* faßt darunter im wesentlichen die Verfolgung der Zwecke zusammen, die er dem Recht in der „Natur der Sache" real vorgegeben sieht. Sie reichen von den anthropologischen Naturgesetzlichkeiten bis zur Sachlogik. Recht ist dann die „vernünftige Zweckregelung" der Lebensinteressen der Sozietät „in den Grenzen verpflichtender Ideen"[10].

Wenn mit der Zweckmäßigkeit nichts anderes gemeint wäre als eine allgemeine Sachgerechtigkeit, wäre die Sonderstellung gegenüber dem Gerechtigkeitswert nicht einzusehen. Es handelte sich dann um die mit dem Kausalgesetz auskommende Abschätzung, ob bestimmte Mittel für die Erreichung eines Zweckes und bestimmte Zwecke ihrerseits als Mittel zur Erreichung eines höheren Zweckes tauglich sind[11]. Das Kriterium wäre die Erreichung oder Nichterreichung des bezweckten Erfolges. Wie in der soziologisch betrachteten Politik käme es im Rahmen der Zweckmäßigkeit nicht darauf an, die ideelle Werthaftigkeit des Erfolges zu beurteilen.

Das drückt sich in dem Wort „Zweckmäßigkeit" aus, das auf den „Zweck" abstellt, dem von vornherein die Eigenschaft anhaftet, noch nicht das eigentliche Ziel, sondern seinerseits nur Mittel zu sein. Daß unzweckmäßiges Recht unrichtig sein kann, führt nicht zu der Anerkennung der Zweckmäßigkeit als eines Wertes, der mit dem Gerechtigkeitswert in Konflikt geraten könnte.

Tatsächlich ergeben sich die in der Literatur erörterten Spannungen erst aus einer Zweckmäßigkeit, die auf ein bestimmtes ethisches Ziel abgestellt ist. Insofern zeigt sich der Einfluß Gustav *Radbruchs*, der den mit dem Staatszweck untrennbar verbundenen Rechtszweck[12] als einen *ethischen Zweck* bezeichnet hat. Die sittlichen Güter, die den Inhalt der ethischen Pflichten bestimmen, sind für ihn die *Einzelpersönlichkeit*, das *Kollektiv* und das *Kulturwerk*[13]. Die entsprechenden Formen des Zusammenlebens nennt er die individualistische Gesellschaft, die überindividualistische Gesamtheit und die transpersonale Gemeinschaft[14] mit den schlagwortartig formulierten zugehörigen Zielen der Freiheit, der Nation und der Kultur. „Die drei möglichen Rechts- und Staatsauffassungen ergeben sich aus der Betonung verschiedener Elemente eines

---
[10] H. *Henkel*, Rechtsphilosophie S. 332 und S. 294.
[11] Die Stufenfolge Mittel — Zweck — Ziel dürfte dem allgemeinen Sprachgebrauch entsprechen. Sie findet sich z. B. bei H. J. Wolff, Gerechtigkeit S. 107.
[12] *Radbruch*, Rechtsphilosophie S. 146.
[13] *Radbruch*, Rechtsphilosophie S. 147 f., 151 f. und Vorschule S. 26. — Zum hier verwandten Begriff der Ethik vgl. oben § 6 A. 56.
[14] Dazu verweist *Radbruch*, Rechtsphilosophie S. 152 A. 2, auf *Beck* DJZ 1935, Sp. 279 ff. (281): „Eine in der Verwirklichung einer Idee, der Schaffung eines Werkes verbundene, irgendwie organisierte Gemeinschaft, nennt die französische Theorie Institution."

unteilbar Ganzen[15]." Trotz seines vielzitierten Wertrelativismus[16] hat Radbruch damit bereits die Notwendigkeit einer Synthese bejaht, so wie er auch erklärt hat, die völlige Preisgabe der Menschenrechte zugunsten eines der beiden anderen Werte schaffe „absolut unrichtiges Recht"[17].

Wie gesagt ergeben sich die Spannungen zwischen dem „Rechtswert" der Zweckmäßigkeit einerseits und der Gerechtigkeit oder Rechtssicherheit andrerseits erst, wenn man ethische Wertungen einfließen läßt[18]. In der Regel wird die Zweckmäßigkeit am *Gesamtwohl* gemessen, und es kommt zu der Meinung, im Polizeistaat habe das Prinzip der Zweckmäßigkeit vorgeherrscht[19]. Wenn man die Zweckmäßigkeit des Präventionsbedürfnisses gegen die Gerechtigkeit des Schuldprinzips im Strafrecht stellt oder den Zweck der Wahrheitsforschung gegen die gerechte Einschränkung staatlicher Zwangsmittel im Strafprozeß[20], dann besteht die Spannung zwischen dem Allgemein- und dem Einzelwohl. Das gleiche gilt, wenn der Zweckgesichtspunkt die Berücksichtigung der individuellen Gefährlichkeit des Täters verlangt, während die Rechtssicherheit zur Typisierung der Voraussetzungen einer Sicherungsmaßregel führen müßte[21].

Die Tendenz, die Zweckmäßigkeit mit dem Gesamtwohl in Verbindung zu bringen[22], mag sprachlogisch damit zusammenhängen, daß man heute im abendländischen Bewußtsein nicht geneigt ist, das Gesamtwohl des Kollektivs als den absolut höchsten Gemeinschaftswert anzusehen. Diesen Mittelwert nennt man also „nur" einen Zweck, während man sich scheut, die Verfolgung eines ideellen Endzieles, etwa die Schonung der Menschenwürde, als zweckmäßig zu bezeichnen. Radbruch hat nach dem II. Weltkrieg wiederholt betont, die Zweckmäßigkeit des Rechts *für das Gesamtwohl* (im Sinne unserer Terminologie) dürfe der individuellen

---

[15] *Radbruch*, Rechtsphilosophie S. 154.
[16] So noch: *Radbruch*, Vorschule S. 27.
[17] *Radbruch*, Vorschule S. 28.
[18] Beispiele: *Radbruch*, Rechtsphilosophie S. 170. — Entsprechend handelt es sich bei der Berücksichtigung der individuellen Zwecke des Erklärenden gegenüber dem Rechtssicherheitsbedürfnis an der generellen Nichtigkeit formal mangelhafter Erklärungen um die gerechte Bewertung des Einzelwohles (Beispiel: H. *Henkel*, Rechtsphilosophie S. 349).
[19] *Radbruch*, Rechtsphilosophie S. 173; — H. *Henkel*, Rechtsphilosophie S. 342.
[20] Beispiele bei H. *Henkel*, Rechtsphilosophie S. 346 f.
[21] Beispiel: H. *Henkel*, Rechtsphilosophie S. 349.
[22] In gleicher Weise bezieht Herbert *Krüger*, Staatslehre S. 738 f., die „sachliche Notwendigkeit" oder die „Sachgerechtigkeit" auf die Interessen der Gesamtheit. Vgl. auch aaO S. 713: Zweckmäßigkeit sei der Maßstab des Verwaltungs-, Gerechtigkeit der Maßstab des Rechtswertes.

Gerechtigkeit und der Rechtssicherheit nicht generell und im Übermaß übergeordnet werden[23].

Ein eigenständiger Rechtswert der Zweckmäßigkeit läßt sich also nicht feststellen.

3. Die Rechtsgerechtigkeit

Als klassischer Rechtswert gilt die Gerechtigkeit. Versucht man, sie als absoluten, unabhängig von Zeit und Raum gültigen Wert zu definieren, dann kommt man notwendigerweise nur zu abstrakten Umschreibungen. Seit *Aristoteles*[24] hält man die Gleichheit für den Schlüssel der Gerechtigkeit, und zwar die verhältnismäßige Gleichheit, die sich in den berühmten Prinzipien äußert: „Jedem das Seine gewähren" (suum cuique tribuere) und „Gleiches gleich, Ungleiches ungleich behandeln".

Die verhältnismäßige Gleichheit gilt nach Aristoteles nur für den Bereich der austeilenden Gerechtigkeit (iustitia distributiva), die er auf das Verhältnis des Staates zu seinen Staatsangehörigen zugeschnitten hatte und deren Maßstab er in der Würdigkeit sah[25]. Die austeilende Gerechtigkeit verwirft Willkür und Regellosigkeit und verlangt darüber hinaus ein sachliches Maß, das den zu regelnden sozialen Interessen angemessen ist[26].

Dagegen sah Aristoteles die ausgleichende Gerechtigkeit (iustitia commutativa) auf den Verkehr zwischen Gleichberechtigten beschränkt und glaubte, hier mit einer arithmetischen, absoluten Gleichheit auszukommen[27]. Heute wird man aber davon ausgehen können, daß auf dem fraglichen Gebiet — vor allem des Privatrechts, insbesondere des Schuldrechts — genauso wenig ohne den Maßstab der Angemessenheit auszukommen ist wie im Bereich der iustitia distributiva.

Stellt also die Gerechtigkeit immer auf eine angemessene Differenzierung oder Gleichbehandlung ab, so läßt sich der Inhalt der Rechtsidee nicht ohne sachliche Differenzierungsmaßstäbe konkretisieren[28], die eine

---

[23] *Radbruch*, Unrecht S. 353, verwendet das Wort „Gemeinwohl" im Sinne des Textes, und in Vorschule S. 28 ist von der Zweckmäßigkeit für das „überindividualistische Volksganze" die Rede.

[24] *Aristoteles*, Ethik, insbes. V 5 bis 8.

[25] *Aristoteles,* Ethik V 5 a. E., V 6 Abs. 2, V 10 Abs. 2.

[26] H. *Henkel*, Rechtsphilosophie S. 309. Es kann hier nicht verfolgt werden, ob die austeilende Gerechtigkeit (und dann wohl auch die soziale Gerechtigkeit, s. u.) vorwiegend mit dem öffentlichen Recht in Verbindung zu bringen ist. So *Radbruch*, Rechtsphilosophie S. 126; skeptisch dagegen: H. *Henkel*, aaO S. 312. Schutz gegen Machtmißbrauch wird jedenfalls auch im Privatrecht gewährt.

[27] *Aristoteles*, Ethik V 5 a. E., V 7 Abs. 3, V 10 Abs. 2; — *Radbruch*, Rechtsphilosophie S. 125 f., der im Gegensatz zu Aristoteles das Strafrecht mit Recht zur austeilenden Gerechtigkeit zählt.

[28] *Radbruch*, Rechtsphilosophie S. 146. — H. *Henkel*, Rechtsphilosophie S. 321, kommt auch erst über die Natur der Sache zur Konkretisierung.

Beurteilung des Wertverhältnisses der jeweils beteiligten Interessen ermöglichen[29]. Diese Maßstäbe liefert der ethische Gemeingeist[30] der konkreten staatlichen Gemeinschaft. So meint z. B. Aristoteles, die Demokratie sehe die Würdigkeit als Maßstab der austeilenden Gerechtigkeit in der Freiheit, die Aristokratie aber in der Tüchtigkeit[31].

Es kommt also darauf an, in welches Verhältnis die Ethik die erwähnten sittlichen Güter, vor allem aber die Einzelpersönlichkeit und das Kollektiv, zueinander stellt. Man sollte daher statt von den Rechtswerten der Gerechtigkeit und der Zweckmäßigkeit von der individuellen Gerechtigkeit[32] (im Dienst des Einzelwohles) und von der sozialen Gerechtigkeit[33] (im Dienst des Gesamtwohles) sprechen, um bei der Zusammenschau und endgültigen Abwägung der Rechtswerte unter dem Prinzip des Gemeinwohls auf die entscheidenden Wertgesichtspunkte abstellen zu können[34]. Die Spannung zwischen Einzel- und Gesamtwohl ist nämlich, abgesehen von der zwischen Gerechtigkeit und Rechtssicherheit, das Zentralproblem von Recht und Staat.

Um zu inhaltlich bestimmten Gerechtigkeitsvorstellungen zu gelangen, bedarf es einer Verschmelzung der abstrakten Gerechtigkeitsprinzipien mit gewissen ethischen Wertvorstellungen[35], die deshalb in den Bereich

---

[29] *H. J. Wolff*, Gerechtigkeit S. 113.
[30] *Radbruch*, Rechtsphilosophie S. 147 und Vorschule S. 26: die Ethik.
[31] *Aristoteles*, Ethik V 6 Abs. 2. Aristoteles erkennt auch sonst den Zusammenhang zwischen Ethik und Gerechtigkeit: In Ethik V 5 Abs. 2 und 3 Abs. 1 f. geht er nämlich davon aus, daß das Gesetz die Ausübung der Tugend gebiete und daß jede gesetzliche Vorschrift gerecht sei.
[32] Die individualisierende Gerechtigkeit (Einzelfallgerechtigkeit, Billigkeit), die mit der generalisierenden Gerechtigkeit in einem Spannungsverhältnis steht, kann sich dagegen sowohl für das Einzelwohl als auch für das Gesamtwohl einsetzen. Vgl. oben in A. 18 und bei A. 21. Allgemein: *Radbruch*, Rechtsphilosophie S. 127 und Vorschule S. 24; — *H. Henkel*, Rechtsphilosophie S. 320 f., 326 ff.
[33] *Coing*, Rechtsphilosophie S. 188, für den Bereich des Gemeinschaftsverhältnisses (vgl. S. 179). — Der Ausdruck wird durch die Sozialstaatsklausel des Grundgesetzes nahegelegt. — Vgl. unten § 7, 5 Abs. 2 und § 21, 2 Abs. 2.
[34] *H. Henkel*, Rechtsphilosophie S. 371 ff., operiert schon jetzt bei der Behandlung des Gemeinwohles als der höchsten Wertidee der Sozialordnung mit der wechselseitigen Bedingtheit und Durchdringung von Einzel- und Gesamtwohl.
[35] *Burke*, Reflections S. 357, nennt die Rechtswissenschaft als „collected reason of ages" eine Kombination der Prinzipien ursprünglicher Gerechtigkeit mit einer Unzahl von Erfahrungen aus erkannten menschlichen Irrtümern. — Vgl. *H. Henkel*, Rechtsphilosophie S. 321. — *Radbruch*, Rechtsphilosophie S. 126, meint, der formalen Gerechtigkeitsidee könne die geringere Strafwürdigkeit des Diebstahls im Verhältnis zum Morde entnommen werden. In Wirklichkeit ist dieser Schluß erst nach einer Abwägung der betroffenen Rechtsgüter möglich. Die Feststellung der Gleichheit oder Ungleichheit der Personen und Güter wird von der Gerechtigkeitsidee vorausgesetzt: So *Radbruch* selbst aaO S. 126; — *H. J. Wolff*, Gerechtigkeit S. 113.

§ 7 Der Wertgehalt des Rechts

der Rechtsgerechtigkeit gehören, weil sie kategorisch, unbedingt zu befolgende Gebote oder Verbote enthalten[36]. Wir wollen diese inhaltserfüllten Gerechtigkeitsvorstellungen dem objektiven Rechtsgeist zurechnen und sie als *rechtsethische* Forderungen bezeichnen.

Die Rechtsethik ist allerdings nur ein Teil dessen, was vom Rechtsbewußtsein erfaßt wird. Da das positive Recht auch einfache ethische Wertungen positiviert oder durch Verweisung in sich aufnimmt, sind die entsprechenden Parallelvorstellungen im Volksbewußtsein einschließlich der rechtsethischen Wertungen als „rechtliche Wertvorstellungen"[37] zu bezeichnen. Das Bewußtsein des Unrechtmäßigen ist ein Ausschnitt daraus[38].

Wie die Ethik intensivere Wertvorstellungen zum Inhalt hat als die Sitte[39], so ist die Rechtsethik noch gebieterischer als die Ethik. Während die Sitte z. B. angibt, welche Mittel der Kindererziehung (z. B. Stockschläge auf die Hand) grundsätzlich mißbilligt werden, wäre bereits die Sittlichkeit im Spiel, wenn Eltern ausschließlich mit Verboten und Schlägen an einem Kinde „herumerziehen". Hier würden die ethischen Vorstellungen von der Menschenwürde und der Familiengemeinschaft dazu führen, die „Rabeneltern" dem Druck gesellschaftlicher Verachtung auszusetzen.

Ein Verstoß gegen die Rechtsethik, und zwar gegen ein Gerechtigkeitsgebot aus den ethischen Anschauungen über den Schutz der Menschenwürde, liegt erst vor, wenn das seelische oder leibliche Wohl des Kindes gefährdet ist. In dieser Situation beschränkt sich der Zuschauer nicht mehr darauf, sich verächtlich abzuwenden, sondern erhebt die Forderung: „Hier muß eingeschritten werden[40]." Die Rechtsethik reagiert nicht nur mit gesellschaftlichem Druck, sondern mit Zwang. Sie beschränkt sich nämlich von vornherein auf die Anforderungen, die für das gedeihliche Zusammenleben in der Gesellschaft unabdinglich sind[41].

---

[36] H. J. *Wolff*, Gerechtigkeit S. 112 f.
[37] Vgl. *BGHZ* 11 Anh. 34 (51).
[38] *BGHSt* 2, 194 (201 f.).
[39] Vgl. H. *Henkel*, Rechtsphilosophie S. 118.
[40] Diese Forderung bleibt allerdings unvollkommen, wenn sie nicht (direkt oder durch Verweisung auf den Gemeingeist) in das positive Recht aufgenommen worden ist. Vgl. § 1666 BGB. — *Pawlowski*, Recht S. 513, 515, erkennt, daß die unbedingte Verpflichtungskraft des Rechts aus der sittlichen Wertung stammt und von deren Lebendigkeit abhängt. Seine Begriffe von Sittlichkeit und Moral (517) i. S. von Zukunft und Tradition bedürfen aber der Synthese (und der Abgrenzung gegen die Rechtsethik).
[41] H. J. *Wolff*, Gerechtigkeit S. 113: Die Gerechtigkeit verlangt „etwas praktisch Notwendiges..., das unter allen Umständen von jedermann getan werden kann und soll". — Deshalb kann *Radbruch*, Unrecht S. 353, sagen, daß unrichtiges Recht der Gerechtigkeit weichen müsse, wenn der Widerspruch ein „unerträgliches Maß" erreiche. — *BVerfG* JZ 1965, 355 (wie § 6 A. 73) bezeich-

Es handelt sich also um die Rechtsethik und nicht um den rechtsethisch irrelevanten Teil der Ethik oder der Sitte, wenn ein Verstoß gegen die Vorstellungen von sozialer Ordnung wegen Verletzung der Rechtswerte als schlechthin unerträglich empfunden wird. Daraus ergeben sich zwingende Verbote oder Gebote. Andererseits sind die Wertungen „gut" oder „schlecht" die für den ausschließlich ethischen Gemeingeist typischen Wertungen, nach denen auch das verwerfliche Sozialverhalten noch erträglich scheint, so daß es nicht unbedingt unterbunden zu werden braucht. Die begriffliche Unterscheidung wird nur dadurch erschwert, daß auch im ethischen Bereich bisweilen von Gerechtigkeit und Ungerechtigkeit die Rede ist[42]. Wir wollen daher in der Rechtsethik mit H. *Henkel* den Ausdruck „Rechtsgerechtigkeit" verwenden. Es ist auch nicht immer einwandfrei zu klären, ob eine gesetzliche Verweisung auf die Gewohnheitsethik oder auf die Rechtsethik abzielt[43]. Nicht selten finden rechtsethische Grundsätze über die Generalklauseln Eingang in das positive Recht.

Ein typisches rechtsethisches Prinzip ist z. B. weitgehend im Rahmen der §§ 242, 826 BGB entwickelt worden. Es verlangt, daß sich jede Rechtsausübung in den Grenzen von Treu und Glauben und im Rahmen der guten Sitten halten müsse[44]. Das Verbot des Rechtsmißbrauchs ist heute als allgemeines Rechtsprinzip anerkannt und gilt auch im öffentlichen Recht, und zwar nicht nur im Rahmen des Art. 2 I GG, sondern auch gegenüber Grundrechten, deren Einschränkung oder Inhaltsbestimmung

---

net diejenigen in der Rechtsüberzeugung der Staatengemeinschaft fest verwurzelten Rechtssätze des Völkergewohnheitsrechts als vertraglich unabdingbar, „die einer dem Bestand des Völkerrechts als einer internationalen Rechtsordnung unerläßlich sind...", und beruft sich zugleich auf zahlreiche namhafte Autoren. — BGHZ 11, Anh. 34 (42) bindet den Verfassungsgesetzgeber an die „unabdingbaren Gebote der Gerechtigkeit". — Es handelt sich um die gleiche Unabdinglichkeit, die als opinio necessitatis eine Gewohnheit zum Gewohnheitsrecht erhebt *(Schmitthenner,* Staatsrecht S. 540), wobei die Unabdinglichkeit durchaus „nur" im Rechtssicherheitswert bestehen kann. — Herbert *Krüger,* Staatslehre S. 737: Es gibt einen Grad von Sozialunverträglichkeit, der „ihre Stempelung zum Unrecht notwendig macht". — Vgl. die Vorstellung von der sittlichen Notwendigkeit des Rechtsgesetzes bei Kant, Schelling und Fichte: Konrad *Huber,* Maßnahmegesetz S. 137, 140.

[42] Vgl. oben § 6, 5 in A. 68 und H. *Henkel,* Rechtsphilosophie S. 304: „gerechter Preis", „gerechter Lohn", „soziale Gerechtigkeit". — Der Unterschied zwischen Ethik (Sittlichkeit) und Rechtsethik kommt dagegen in BGHSt 2, 194 (202) klar zum Ausdruck.

[43] Vgl. die begriffliche Unschärfe in BGHZ 17, 327 (332) betr. § 826 BGB: „Verstoß gegen das Rechts- und Sittlichkeitsbewußtsein des Volkes, das Anstandsgefühl aller billig und gerecht Denkenden". (Geht es nun um Sittlichkeit oder Rechtsethik?)

[44] *Enneccerus-Nipperdey,* Allg. Teil 2, § 239 S. 1441, 1443, 1445.

§ 7 Der Wertgehalt des Rechts

die Verfassung nicht ausdrücklich vorsieht[45]. *Dürig* knüpft dabei an die Privatrechtslehre an und spricht von den immanenten ethischen Schranken aller Rechte[46].

Das Verbot des Rechtsmißbrauchs ist für die Rechtsethik typisch, weil es deren kategorischen Charakter beleuchtet: Es setzt sich gegen die Privatautonomie, aber auch gegenüber der Gestaltungsfreiheit des Gesetzgebers durch[47]. Das Verbot unterstreicht andererseits, daß die Rechtsethik vorwiegend limitierend wirkt[48]. H. J. *Wolff* formuliert das Gerechtigkeitsprinzip geradezu als das Gebot, „auf die Verfolgung eigener Interessen insoweit zu verzichten, als dadurch die Befriedigung objektiv wertvollerer Interessen anderer Menschen vereitelt wird"[49].

Aus der Gerechtigkeitsidee scheint uns eine Begrenzung auf Verbote allerdings nicht ableitbar zu sein. Der *vorwiegend* verbietende Inhalt der Gerechtigkeit geht sicher darauf zurück, daß sich ein Verbot im Gemeingeist leichter konkretisiert[50] und eher unabweisbar erscheint als eine Forderung. Man darf ja zweierlei nicht vergessen. Einmal bleibt auch die Rechtsethik trotz ihrer Geistnatur, und obwohl sie keiner Objektivation durch Gewohnheit bedarf, an das Volksbewußtsein gebunden. In der Wendung „Treu und Glauben" kommt mehr die Überzeugungskraft des Wertes, im Maßstab der „guten Sitten" dagegen mehr die Bedeutung der *gemeinsamen* Überzeugung zum Ausdruck. Zum anderen sind die Grundwerte des Rechts und die schon etwas konkreteren rechtsethischen Prinzipien keine unmittelbar anwendbaren Normen[51]. In der Regel geschieht die nähere Begrenzung des Prinzips durch Gesetz,

---

[45] Immanente Grundrechtsschranken nach Art der Schrankentrias des Art. 2 I GG erkennen an: *Scheuner*, DÖV 1956, 69; *Bachof*, JZ 1957, 337 und JZ 1958, 288 f. — H. J. *Wolff*, Verwaltungsrecht I § 33 V a 2 S. 168 f.; — *Nipperdey*, Persönlichkeit S. 767 f. und z. B. S. 819; — *Wintrich*, Grundrechte S. 31; — W. *Geiger*, Grundrechte S. 24 f., 53. — *Maunz*, Staatsrecht § 14 I 2 S. 100. — Mit einer Anwendung der Schranken des Art. 2 I GG auf alle Grundrechte kommen zum gleichen Ergebnis: *Wernicke* in Bonner Komm. Art. 2 II 1 b; — v. *Mangoldt-Klein*, Komm. Art. 2 IV S. 176; — *Giese-Schunck*, Komm. Art. 2 II 4 S. 15. — Vgl. die generelleren Grundsätze in BVerwGE 1, 48 (52); 7, 125 (139); BVerfGE 7, 377 (404 f.). — A. A.: *Hamann*, Komm. Art. 19 B 6 S. 197.
[46] *Dürig*, Komm. Art. 2 I RNr. 74. — Entgegen der Auffassung *Dürigs*, aaO RNr. 74 Nr. 6, umfaßt die Rechtsethik alle immanenten Grundrechtsschranken, da sie weder auf vorwerfbares Verhalten beschränkt ist noch das Gesamtwohl aus ihrer Wertung ausklammert. Vgl. unten § 8, 1 und § 19 A. 29.
[47] Im Rahmen der Rechtsfortbildung contra legem: *Enneccerus-Nipperdey*, Allg. Teil 2, § 239 S. 1443 und im Rahmen der Verfassungsrechtsprechung.
[48] So ganz generell: H. J. *Wolff*, Gerechtigkeit S. 114. — Vgl. H. *Henkel*, Rechtsphilosophie S. 309; — *Weinkauff*, Naturrechtsgedanke S. 1690; — W. *Geiger*, Grundrechte S. 79.
[49] H. J. *Wolff*, Gerechtigkeit S. 113, im Anschluß an Leonard *Nelson*.
[50] *Maunz-Dürig*, Komm. Art. 20 RNr. 73, betr. die Bundesrepublik.
[51] *Larenz*, Wegweiser S. 300; — *Esser*, Grundsatz S. 52.

Rechtsprechung, Rechtsdogmatik oder durch Gewohnheitsethik[52]. Die positiv gestaltende Wirkung der Rechtsethik nimmt also normalerweise den abklärenden Weg über die Objektivation, wobei auch die Rechtsgrundsätze entstehen, die vom Richterrecht und von der Rechtsdogmatik entwickelt werden und gewöhnlich unmittelbar auf den einzelnen Fall anwendbar sind[53]. Als Beispiel sei der Grundsatz der Vertragsfreiheit genannt.

Eine (unabdingbare!) Forderung der Rechtsethik setzt eine repräsentative Tendenz innerhalb der Rechtsgemeinschaft voraus, die von niemandem ernsthaft in Zweifel gezogen werden kann. Es ist in der freien Gesellschaft ziemlich unwahrscheinlich, daß sich eine solche Tendenz nicht in der Gesetzgebung oder wenigstens im Gewohnheitsrecht durchsetzen sollte[54]. (Voraussetzung ist allerdings, daß es sich um eine gesetzlich faßbare Angelegenheit handelt, z. B. um eine Sozialleistung.) Daraus folgt in der freien Gesellschaft eine Vermutung gegen positive Gestaltungsforderungen der Rechtsethik. Sie erklärt, daß der das gesamte Recht beherrschende, ethische Grundsatz von Treu und Glauben und den guten Sitten rechtsethisch vorwiegend als immanente *Grenze* jeder Rechtsausübung verstanden wird[55]. Das Bundesverfassungsgericht kann deshalb zum Problem der gesetzgeberischen Unterlassung ausführen: „Ein Recht zu schaffen, das den Idealen der sozialen Gerechtigkeit, der Freiheit, Gleichheit und Billigkeit entspricht, ist eine ewige Aufgabe des Gesetzgebers, an welcher der einzelne Staatsbürger nur durch die Ausübung des Wahlrechts mittelbar Anteil hat. Das Bundesverfassungsgericht ist keine gesetzgebende Körperschaft, und es ist sicher nicht seine Sache, sich an die Stelle des Gesetzgebers zu setzen[56]." In diesem Zusammenhang sind soziale Gerechtigkeit, Freiheit und Billigkeit als ethische und nicht als rechtsethische Begriffe zu verstehen.

---

[52] *Larenz*, Methodenlehre S. 315.

[53] *Larenz*, Wegweiser S. 300: Der Rechtsgrundsatz setzt sich direkt durch, soweit keine Einschränkungen wirksam werden. — *BVerfGE* 13, 318 (328) spricht vom normähnlichen Charakter höchstrichterlicher Rechtsgrundsätze.

[54] So im Ergebnis *Enneccerus-Nipperdey*, Allg. Teil 1, § 33, IV A. 25 S. 220, die die Kulturbedingtheit des Rechts als Grund dafür angeben, daß das Naturrecht des 18. Jhdts. und die heutige Naturrechtslehre zu weitgehenden Übereinstimmungen mit dem geltenden Recht führten. — Vgl. W. *Geiger*, Grundrechte S. 72 f.

[55] *Wernicke*, in Bonner Kommentar Art. 20 II 3 e, spricht von einer „Vermutung" für die Richtigkeit des positiven Rechts. — Von einer vorwiegend „kritischen" (also negativen) Funktion des geistigen Rechts gehen aus: *Wernicke* aaO und *v. Mangoldt-Klein*, Komm. Art. 20 VI 4 f S. 604.

[56] *BVerfGE* 1, 97 (100 f.). Vgl. *BayVGH*, Entsch. v. 26. 4. 1965, DÖV 1965, 420: „Sieht der Gesetzgeber davon ab, eine bestimmte Materie zu regeln, so kann diese Unterlassung grundsätzlich nicht als Verstoß gegen die Verfassung gerügt werden."

Anders könnte es in einer unfreien Gesellschaft liegen, in der aber keine Instanz vorhanden sein dürfte, die das positive Recht ergänzen könnte.

In der freien Gesellschaft sind allerdings Ausnahmesituationen nicht ausgeschlossen, in denen ein vorhandener rechtsethischer Gemeingeist gehindert ist, sich bei der Gesetzgebung durchzusetzen. Dann wäre eine zur Kontrolle der Gesetzgebung berufene Rechtsprechung ohne politische Gestaltungsbefugnis berechtigt, der Rechtsethik durch Gewährung neuer Rechtsansprüche Rechnung zu tragen. Eine solche Situation wäre z. B. denkbar gewesen, wenn das Bundesverwaltungsgericht kein *objektives* Fürsorgerecht vorgefunden hätte, als das *subjektive* Recht auf Fürsorgeleistung geltend gemacht wurde. Der Rechtsgeist in unserer Volksgemeinschaft würde es im Hinblick auf die Menschenwürde, auf die politischen Mitwirkungsrechte und auf sozialethische Gleichheitsgedanken[57] für eine unerträgliche[58] Situation erklärt haben, dem Armen nicht von Staats wegen ein Existenzminimum zu gewähren. Der eingeklagte Anspruch hätte als (unabdingbare) Forderung des rechtsethischen Gemeingeistes zuerkannt werden müssen.

Das wäre keine politische Gestaltung gewesen, weil keine schöpferische Gestaltungsfreiheit mehr bestanden hätte. Entsprechend hat Karl *Larenz* den gegenteiligen Fall charakterisiert. Solange das allgemeine Rechtsbewußtsein noch nicht so eindeutig reagiere, daß der Erlaß eines neuen Gesetzes nicht mehr abgewartet werden könne, sei eine Entscheidung nicht Sache der Rechtsprechung. Es handele sich dann vielmehr um eine „noch umstrittene rechtspolitische Frage" und damit um eine Aufgabe des Gesetzgebers[59]. Für die Gebiete der Sozialpolitik[60] wird man daher positive rechtsethische Forderungen grundsätzlich verneinen können[61]. In diesem Sinne ist H. *Henkel* zuzustimmen, der folgendes aus dem Be-

---

[57] BVerwGE 1, 159 (161 f.) brauchte diese Gedanken nur zur Interpretation der vorhandenen objektiv-rechtlichen Fürsorgepflicht der Fürsorgeträger heranzuziehen und ihr nunmehr einen Anspruch des Fürsorgeempfängers entsprechen zu lassen.

[58] Hier wäre das gesetzte Recht durch sein Schweigen in einen Widerspruch zum Gerechtigkeitsempfinden getreten, der das „unerträgliche Maß" im Sinne *Radbruchs* (oben A. 41) erreicht hätte. — *Leibholz*, Strukturprobleme S. 131, verwehrt es dem Gesetzgeber, sich seiner Verpflichtung zur Daseinsvorsorge in einer die sozialen Gerechtigkeitsvorstellungen „gröblich mißachtenden Form" zu entziehen.

[59] *Larenz*, Methodenlehre S. 321.

[60] Gerade die Wohlfahrt bezeichnet *Schmitthenner*, Staatsrecht S. 306, 304, als den Zweck politischer Gesetze, die nicht dem sittlichen Rechtszweck sondern den Interessen des Staates oder einzelner dienen und im letzteren Fall eine „Rechtswohltat" verschaffen. — H. *Krüger*, Verfassungswandlung S. 158, hält diese Definition des politischen Gesetzes für unübertroffen.

[61] *Nipperdey*, Persönlichkeit S. 806 f. — Vgl. *v. Mangoldt-Klein*, Komm. Art. 20 VII 2 c S. 607 f., wo auf die Konkretisierungsbedürftigkeit des Sozialstaatsprinzips abgestellt wird. — Vgl. BVerfGE 1, 97 (105).

reich der Rechtsgerechtigkeit ausklammert, nämlich die Forderungen auf einen angemessenen Anteil an Nahrung, Kleidung, Behausung, Verkehrsmöglichkeiten, Ausbildung, Krankenhausbetreuung, Altersversorgung usw., auf einen gerechten Preis und gerechten Lohn[62].

Die große praktische Bedeutung der Rechtsethik liegt nicht in konkreten positiven Gestaltungen, für die angesichts des erforderlichen und denkbaren consensus vor allem das Strafrecht in Frage käme. Gerade hier aber zeigt sich, daß in der freien Gesellschaft positiv kaum noch etwas zu wünschen übrig ist. Abgesehen davon würde das Moment der Rechtssicherheit nichtpositivierten Bestrafungsnormen entgegenstehen.

Wichtig ist der rechtsethische Gemeingeist in der Abwehr von Fehlgriffen[63] und von avantgardistischen Neuerungen auf Kosten der hergebrachten Ordnung. Hier offenbart sich, daß das geistige Recht seiner Seinsweise als objektiver und tradierter[64] Geist entsprechend in erster Linie traditionsgebunden und konservativ[65] ist. Daraus zieht es ja auch einen guten Teil seiner Kraft, eine allgemeine Tendenz in den Vorstellungen der Rechtsgenossen darzustellen. Damit ist nun auch von der Seite des Rechts der Wesensunterschied zur Politik noch einmal unterstrichen. Das Recht ist seinem Wesen nach nicht schöpferisch und nicht revolutionär, sondern als lebendiger Geist geschichtlich, traditionsgebunden und evolutionär[66].

4. Gemeingeist und Politik

Um das Verhältnis von rechtsethischem Gemeingeist und positivem Recht zu verstehen, muß noch geprüft werden, welcher Art derjenige Inhalt des positiven Rechts ist, der von der Rechtsethik nicht positiv gefordert wird. Das kann man sich am gesetzten Recht gut klarmachen. Das Gesetz ist das Ergebnis einer Entscheidung des Gesetzgebers. Dieser

---

[62] H. *Henkel*, Rechtsphilosophie S. 303 f.
[63] Vgl. unten § 10, 3 bei A. 81 f. und W. *Geiger*, Grundrechte S. 81.
[64] N. *Hartmann*, Problem S. 289. — *Burke*, Reflections S. 357: Die Rechtswissenschaft sei die gesammelte Vernunft von Jahrhunderten. — *Scheuner*, Staat S. 662: Anschauungstradition anerkannter Werte.
[65] Vgl. die Zitate bei Herbert *Krüger*, Verfassungswandlung S. 164 f. — Außerdem: *Mohl*, Encyklopädie S. 325: Ursache der Staatsentstehung ist das „Bedürfnis einer Ordnung und Rechtserhaltung". — *Radbruch*, Geist S. 16. — *Küster*, Gewaltenproblem S. 406, wenn er die richterliche Gewalt mit dem „Gedächtnis" vergleicht. — *Boehmer*, Freirechtslehre S. 14. — Hans *Huber*, Niedergang S. 81 f. — *Pawlowski*, Recht S. 514: bewertete Tradition.
[66] Vgl. G. *Jellinek* hier oben § 3, 3 vor A. 19. — *Welzel*, Gerechtigkeit S. 8: „Einheit des geschichtlichen Geistes". — Leopold *Ahlsen*, Hörspiel „Sie werden sterben, Sire" in: Theater heute, Heft 7 (Velber 1964) Ende der 9. Szene: „Gerechtigkeit ist eine schöne Sache! Sie leuchtet jedermann ein; sie besteht sozusagen für sich selber — die Gerechtigkeit braucht mich nicht. Ungerechtigkeit ist eine Tat. Sie bedarf des Urhebers, sie ist persönlich."

§ 7 Der Wertgehalt des Rechts

ist bei seiner Entscheidung an die Forderungen des rechtsethischen Gemeingeistes gebunden, so daß ihm in zwei Fällen kein rechtspolitischer Gestaltungsraum bleibt:

1. wenn die Rechtsethik eine positive Lösung vorschreibt,
2. wenn sie eine bestimmte Lösung verbietet.

Im ersteren Fall ist das geforderte Gesetz ein „Rechtsgesetz" im Sinne Friedrich *Schmitthenners*, das mit notwendiger Konsequenz aus dem rechtsethischen Gemeingeist hervorgeht[67]. In beiden Fällen ergibt eine Zuwiderhandlung des Gesetzgebers ein unrichtiges Gesetz.

In allen anderen Fällen entsteht ein Gesetz, dessen Inhalt das Ergebnis einer politisch gestaltenden Entscheidung ist und rechtsethisch nicht deshalb kritisiert werden kann, weil jemand eine andere Lösung für zweckmäßiger oder vernünftiger hält. Es ergäbe sich eine klare Einteilung, wenn man in diesen Fällen mit Schmitthenner vom „politischen Gesetz" sprechen könnte. Dieser Begriff trifft aber nicht zu, weil die fragliche politische Entscheidung durchaus ethische Werte verwirklichen kann, jedenfalls aber mit der Umwandlung in ein Gesetz zu einem Bestandteil der gesellschaftlichen Rechtsordnung wird und nunmehr ohne weiteres an den Rechtswerten der Rechtssicherheit und der generalisierenden Rechtsgerechtigkeit (Gleichbehandlung) teilnimmt. Daraus ergibt sich das rechtsethische Gebot, jedes ordnungsgemäß zustande gekommene und richtige Gesetz als Recht zu respektieren.

Wir können den Begriff der politischen Rechtsordnung also mit dem herrschenden Sprachgebrauch für die rechtliche Regelung der Staatsleitung reservieren[68], womit derjenige sachliche Bereich der Rechtsordnung bezeichnet wird, der sich mit der politischen Willensbildung befaßt. Es kommt allerdings hinzu, daß der Verfassungsgesetzgeber bei der Schaffung der politischen Rechtsordnung einen besonders großen Raum gesetzgeberischer Gestaltungsfreiheit zur Verfügung hat.

Abzulehnen ist jedenfalls die Vorstellung, es gebe neben den sozialen Normen der Sitte, Ethik und Rechtsethik auch noch politische „Normen". Daß Politik eine Gestaltung zum Ziel hat, macht die politische Ideologie nicht zur Idee und das politische Programm nicht zur Norm. Idee und Norm setzen die Allgemeinverbindlichkeit ihres Wahrheits- bzw. Wertgehalts in der Sozietät voraus, in der sie ihren Geltungsanspruch erheben. Politische Gestaltungsvorstellungen sind hingegen „in der Regel Gegen-

---

[67] In der Abgrenzung zu politischen „Normen": G. *Jellinek*, Staatslehre S. 21: „unzweifelhaft"; — *Schmitthenner*, Staatsrecht S. 302—306, läßt das Rechtsgesetz im Unterschied zum politischen Gesetz oder Administrativgesetz (im Interesse der Wohlfahrt des Staates oder eines einzelnen) mit „nothwendiger Consequenz" aus der ratio iuris hervorgehen (S. 303).
[68] Vgl. oben § 5, 2.

stand des Zweifels, denn allgemein gültige politische Regeln können schon deshalb nicht aufgestellt werden, weil alle konkreten politischen Zwecke entweder relativ oder metaphysisch, in beiden Fällen aber Gegenstand individuellen oder parteimäßigen Meinens und Glaubens sind"[69].

Zugespitzt formuliert heißt das: Es gibt einen die Sitte betreffenden, einen ethischen und einen rechtsethischen, aber keinen spezifisch politischen Gemeingeist. Was man unter dem letzteren verstehen müßte, fällt entweder als echter objektiver Geist unter die vorgenannten Begriffe, bedeutet nur eine vorübergehende Strömung des Zeitgeistes oder widerspricht ohnedies den Gemeinschaftswerten. Eine bestimmte Eigentumspolitik ist z. B. in dem Augenblick ein Bestandteil der Ethik, in dem sie mit dem sittlichen Gemeingeist übereinstimmt. *Politisch im engeren Sinne* muß dann diejenige Ansicht heißen, die sich mit anderen Meinungen im Streit befindet, ohne daß Sitte, Ethik oder Rechtsethik eine (auch keine negative) Entscheidung liefern können. Das ist mit dem Ausspruch gemeint, der Bereich der Politik sei derjenige, in dem ein consensus omnium nicht bestehe, ja nicht einmal bestehen solle[70].

Bei diesem Versuch einer exakten Begriffsbildung ist nicht übersehen worden, daß der allgemeine Sprachgebrauch jede zielstrebige, schöpferische Tätigkeit in der Staatsleitung als Politik bezeichnet. Es bleibt dann aber gerade bei dem von uns bereits akzeptierten wertindifferenten Oberbegriff der Politik im weitesten Sinn (oben § 5, 2), und man kann z. B. von unsittlicher oder rechtsethischer Politik sprechen. Beide Politikbegriffe werden durch den Gesichtspunkt der Freiheit verbunden: Im weiteren Begriff kommt es darauf an, daß das Subjekt der Politik die Freiheit der Entscheidung in einem bestimmten Umfang für sich in Anspruch nimmt. Der engere Begriff meint den Raum, in dem objektiv eine von Bindungen durch den Gemeingeist freie Entscheidung getroffen werden kann. Jedenfalls sollte man bei der Behauptung, es gehe um rein politische Gesichtspunkte, immer fragen, welcher Politikbegriff gemeint ist und ob nicht in Wirklichkeit eine wertorientierte Entscheidung in Frage steht.

5. Individual- und Sozialgerechtigkeit

Wir haben uns klar gemacht, daß die inhaltlichen Motivationen der Prinzipien der Rechtsgerechtigkeit auf das Einzelwohl oder auf das Gesamtwohl abzielen, unabdingliche Forderungen darstellen und vorwie-

---

[69] G. *Jellinek,* Staatslehre S. 21, zur Erläuterung der „politischen Norm". Bei Jellinek stammt der Ausspruch allerdings aus einem umfassenden Wertrelativismus; vgl. unten § 9, 1 bei A. 16.

[70] *Fraenkel,* Strukturdefekte S. 87.

§ 7 Der Wertgehalt des Rechts

gend begrenzend in Erscheinung treten. Man kann diese „Vorgegebenheiten" des Rechts unter dem Begriff der „Natur der Sache"[71] zusammenfassen, wenn man sich darüber klar bleibt, daß das „Wesen der Lebensverhältnisse"[72] trotz aller zugrunde liegender Natur- und Sozialgesetzlichkeiten maßgeblich vom rechtsethischen Gemeingeist bestimmt wird[73]. Der Arbeitsschutz für Jugendliche z. B. mag uns heute als zwingende Folge naturgesetzlicher Gegebenheiten erscheinen. In Wirklichkeit ist es erst auf einer bestimmten zeitlich-räumlichen und wirtschaftlich ermöglichten Kulturstufe zu entsprechenden rechtsethischen Überzeugungen gekommen[74]. Wird der reale Lebenssachverhalt also unter dem geistigen Gesichtspunkt seines Wesens im Sinne seiner gesollten Natur erfaßt, so handelt es sich um Wertungen. Im vorliegenden Zusammenhang geht es um rechtsethische Wertungen, die in der Regel bereits in der Gewohnheitsethik oder im positiven Recht (einschließlich des Gewohnheitsrechts) einen deutlichen Niederschlag gefunden haben[75].

Die folgenden Beispiele rechtsethischer Forderungen sollen uns im übrigen den Unterschied zwischen der individuellen und der sozialen Rechtsgerechtigkeit verdeutlichen. Man wird allgemein sagen können, daß die Grundrechte in ihrer Richtung gegen den Staat (status negativus) mit der Ausgrenzung eines Freiheitsraumes dem Einzelwohl dienen sollen, während die Rechte auf Teilhabe an den vom Staat zu gewährenden Gütern auf Grund der geschichtlichen Entwicklung im unmittelbaren Zusammenhang mit dem Gesamtwohl gesehen werden[76]. Im Rahmen der Sozialgerechtigkeit kommen also die sog. „sozialen Grundrechte" (status positivus) auf Daseinsfürsorge (die Vorsorge einschließend) in Frage[77],

---

[71] H. *Henkel*, Rechtsphilosophie S. 321 mit S. 294. Es ist dort von den Vorgegebenheiten des Rechts die Rede, die in „realen Lebensverhältnissen" enthalten seien und deren „Sinnhaftigkeit und Zweckhaftigkeit" bezeichneten (S. 294).
[72] Heinrich *Triepel* (VVDStRL 3, Tagung 1926, Aussprache S. 51) spricht von „der überpositiven Lebensordnung" als Maßstab jedes Juristen.
[73] Die „Natur der Sache" beruhe auf „facts and socio-ethical attitudes and behaviour patterns linked with them": *Tammelo*, Rezension S. 151. — Im Rahmen der rechtsethischen Gerechtigkeitsvorstellungen kann es sich allerdings nur um Strukturen und Wertungen handeln, welche als unabdingbar erscheinen, also etwa um *Welzels* (Gerechtigkeit S. 243 ff.) „sachlogische Strukturen" und „elementare Seinsaspekte".
[74] Das zwingt durchaus nicht zum Wertrelativismus in bezug auf die herrschende Wertordnung. Vgl. unten § 10, 3 bei A. 77 ff.
[75] Vgl. unten § 10, 2 vor und in A. 38.
[76] Deshalb rechnet *du Pasquier*, Justice S. 92, die soziale zur generellen Gerechtigkeit und nicht zur Einzelfallgerechtigkeit (équité).
[77] Vgl. *Leibholz*, Strukturprobleme S. 130 f.; — W. *Geiger*, Grundrechte S. 29; — *Salomon*, Sozialer Rechtsstaat S. 31. — Der staatliche Eingriff zugunsten der gesellschaftlich und wirtschaftlich Schwachen gehört zur austeilenden Gerechtigkeit (H. *Henkel*, Rechtsphilosophie S. 314 f.) und zugleich mit der Daseinsvorsorge zur sozialen Gerechtigkeit: *Menger*, Sozialer Rechtsstaat

welche die kulturellen Belange umfassen. Daß sie nach herrschendem Rechtsbewußtsein in der Regel nur ethische und nicht rechtsethische Postulate darstellen, haben wir unter Darlegung eines Ausnahmefalles bereits zu zeigen versucht[78].

Es wäre hier noch hinzuzufügen, daß das Gesamtwohl und speziell die Daseinsfürsorge heute nicht mehr verfolgt werden können, ohne den Bürger zu Leistungen (Steuern, Wehrdienst) heranzuziehen und ihm Einschränkungen (Polizeipflichtigkeit) aufzuerlegen[79], die als Institutionen gewiß von der sozialen Rechtsgerechtigkeit verlangt werden. Im übrigen darf an dieser Stelle nicht unbeachtet bleiben, daß die Sezierung der Grundwerte des Rechts nicht zu deren isolierter Betrachtung, sondern zu einem ausgewogenen Gemeinwohlbegriff führen soll. Im größeren Rahmen wird also auch der status negativus ein Baustein des Gesamtwohles und der status positivus eine Voraussetzung des Einzelwohles sein.

Im Rahmen der abstrakten Gerechtigkeitsprinzipien ergeben die folgenden Gesichtspunkte[80] rechtsethische Rechtsgrundsätze und Rechtssätze aus der Natur der Sache. Ohne daß es hier auf die unbedingte Richtigkeit der Abgrenzung ankommt, wird man beispielsweise sagen können, daß sich dabei durchsetzen:

einerseits	andererseits
die Individualgerechtigkeit	die Sozialgerechtigkeit
a) Biologisch-psychische Gegebenheiten des Menschen	
Erziehungsrecht der Eltern als Freiheitsrecht. Kinder müssen sich unterordnen, solange sie sich in einem körperlichen und seelischen Entwicklungsprozeß befinden.	Arbeitsschutz für werdende Mütter und Jugendliche. Gleichbehandlung mit voll arbeitsfähigen Erwachsenen wäre ungerecht.

S. 28 ff.; — *Coing*, Rechtsphilosophie S. 188, unterscheidet die soziale Gerechtigkeit (= iustitia distributiva) im Gemeinschaftsverhältnis von der iustitia protectiva im Unterordnungsverhältnis (S. 179 f.). — Vgl. hierzu und zum folgenden: unten § 21, 2 Abs. 2 ff.

[78] Oben § 7, 3 bei A. 54—62. — Werner *Weber*, Grenzen S. 415, 431, zeigt an Hand der Entstehungsgeschichte und der bundesverfassungsgerichtlichen Auslegung der Sozialstaatsklausel des GG, daß sie weder in ihrer fürsorgerischen noch in ihrer freiheitsbeschränkenden Bedeutung ohne Konkretisierung justiziabel ist. Auf Ansätze zu rechtsethischen Forderungen [BVerfGE 8, 1 (17): rechts- und sozialstaatl. Grundprinzipien, (28): Verpflichtung des Gesetzgebers — und BVerfGE 17, 337 (355): angemessener Lebensunterhalt für Beamte — und BVerfGE 9, 124 (131): kostenloser Rechtsschutz für Unbemittelte] geht *Weber* in diesem Zusammenhang nicht ein. Er weist ausschließlich dem Gesetzgeber die Konkretisierung zu (S. 431) und warnt zu Recht vor einer vorschnellen richterlichen Rechtsschöpfung (S. 418).

[79] Die Auferlegung von Pflichten und Einschränkungen durch den Staat gehört zur austeilenden Gerechtigkeit: H. *Henkel*, Rechtsphilosophie S. 315. — Das doppelte Gesicht des Sozialstaates erfaßt Herbert *Krüger*, Staatslehre S. 733 f., 712 f., als Verwaltungswert der allgemeinen Wohlfahrt und als Staatswert der staatlichen Existenz.

[80] Die Vorbedingungen des Rechts entsprechen in vereinfachter Form den Darlegungen von H. *Henkel*, Rechtsphilosophie S. 160—287.

b) Das kulturbedingte Menschenbild

Verbot des Lügendetektors. Die Menschenwürde geht der Wahrheitsfindung insoweit vor.
Ganz allgemein: Die Grundsätze der Verhältnismäßigkeit[82] (Verbot des Übermaßes) und des geringstmöglichen Eingriffs, soweit sie dem Gesetzgeber und noch intensiver der Verwaltung zum Schutze des einzelnen Grenzen setzen.

Armenrecht vor Gericht[81]. Staffelung von Steuern und Geldstrafen nach dem Einkommen. — Die Menschenwürde gebietet ausreichenden Rechtsschutz für alle und ein Minimum an finanzieller Bewegungsfreiheit. Andererseits fordert das Gesamtinteresse die stärkere (empfindliche) Belastung des Wohlhabenderen.

c) Sozialstrukturen wie die Gemeinschaft, die Gesellschaft und das Machtverhältnis

Regelung der Gemeinschaftssphäre von Ehe und Familie oder weitgehende Abschaffung der Privatautonomie im gesellschaftlichen Bereich wären unverhältnismäßige Eingriffe.

Mißbrauch der Vermieterstellung wäre bei Wohnraumnot eine unverhältnismäßige Machtausübung.

d) Zweck- und Interessenstrukturen[83]

Weitgehende Abschaffung der Berufsfreiheit einschließlich Privatinitiative, Leistungsprinzip und Möglichkeit der Eigentumsbildung wäre unverhältnismäßiger Eingriff in die Grundlagen gesunder Wirtschaft.

Jeglichen Kraftwagenverkehr zum Schutz des Einzelwohles zu verbieten, wäre in Anbetracht des herrschenden Gesamtinteresses unverhältnismäßig.

e) Systemgerechtigkeit[84]

Durchbrechung des Gesellschaftsrechtssystems in einem Steuergesetz ist Ungleichbehandlung[85].

---

[81] *BVerfGE* 9, 124 (131): Der Gleichheitssatz in Verbindung mit der Sozialpflicht des Staates (Art. 20 I GG) gebiete „eine weitgehende Angleichung der Situation von Bemittelten und Unbemittelten im Bereich des Rechtsschutzes...". Bestätigt durch *BVerfGE* 10, 264 (270).

[82] *BVerfGE* 19, 342 (348 f.) bestätigt den Verfassungsrang dieses ungeschriebenen, rechtsethischen Verfassungssatzes. Vgl. die gleichbedeutende Zumutbarkeitsgrenze in *BVerfGE* 5, 85 (197).

[83] Dieser Bereich ändert sich mit dem Wandel des Gemeingeistes in besonders kurzen Zeiträumen.

[84] H. *Henkel*, Rechtsphilosophie S. 260 ff., behandelt „Institutionen des Soziallebens" wie körperschaftliche (Staat, Gemeinde, Kirche usw.), ideelle (persönliche Freiheit) und unpersönlich-sachordnende Institutionen (Kauf, Eigentum) sowie aaO S. 274 ff.) „sachlogische Strukturen" im Sinne dogmatischer Folgerichtigkeit des Rechts (Sippenhaftung widerspricht Schuldprinzip) als Vorgegebenheiten des Rechts. Im Zusammenhang mit der Gerechtigkeitsfrage scheinen mir bereits die im Text genannten Gesichtspunkte einzugreifen. Insbesondere wird der Freiheitsbegriff im wesentlichen vom Menschenbild und von den im Text genannten Strukturvorstellungen geprägt, welche auch das Staatsbild einschließen. Die Sippenhaftung verstößt auch schon gegen die Menschenwürde.

[85] *BVerfGE* 13, 331 (337 ff.). Vgl. *BVerfGE* 17, 1 (19, 33 f.). — Mit Recht betont *BVerfGE* 9, 20 (28), daß die Systemgerechtigkeit nur der Anknüpfungspunkt (ein „Indiz") für das Unwerturteil der Willkürlichkeit sei.

6. Die Rechtssicherheit

Das Beispiel der Systemgerechtigkeit zeigt deutlich, daß die Grundwerte des Rechts miteinander verknüpft sind. Die Einhaltung des Gesetzgebungssystems dient bestimmt auch der Rechtsgewißheit.

Die Rechtssicherheit bezeichnet den Form- oder Ordnungswert[86] des Rechts, das zunächst einmal das Leben der Rechtsgenossen gegen rechtswidrige Eingriffe seitens ihrer Mitmenschen schützt[87]. Das ist das selbstverständliche Minimum der Rechtsordnung, die ja das mitmenschliche Verhalten berechenbar machen soll. Der Starke mag sich zwar am stärksten und sichersten fühlen, wenn er auf sich allein gestellt ist. Die Bewunderung „natürlicher" und „dynamischer" Vitalität geht deshalb mit der Geringschätzung „einengender" und „statischer" Rechtsregeln einher. Die Völker bestehen aber nicht nur aus gleich Starken (die dann auch wieder eine Rechtsordnung brauchten). Der vital Überlegene wird auf einer gewissen Kulturstufe nicht mehr als der allein Lebensberechtigte angesehen. Für den Gemeingeist gilt daher das Aristoteleswort: „Aber die Menschen treten auch um des Lebens selbst willen zusammen — denn vielleicht ist schon im Leben allein ein Teil des Guten zu finden — und erhalten die staatliche Gemeinschaft schon um des bloßen Daseins willen aufrecht,...[88]."

Die Rechtssicherheit verlangt die Rechtsgewißheit für den Bürger wie für die das Recht handhabende Staatsgewalt, also Stetigkeit und Gleichmäßigkeit des Rechts und der Rechtsanwendung[89]. Auf seiten des Bürgers spricht man vom Vertrauensschutz.

Diesen Forderungen dient vor allem die Schaffung des gesetzten Rechts. „Es gehört ebensosehr zum Begriff des richtigen Rechts, positiv zu sein, wie es Aufgabe des positiven Rechts ist, inhaltlich richtig zu sein[90]." Die Rechtssicherheit steht also mit den Verweisungen auf den Gemeingeist[91] ebenso in Spannung wie mit den Billigkeitstendenzen der individualisierenden Gerechtigkeit. Andererseits kommen die generalisierende Gerechtigkeit und die Verfestigung des Gemeingeistes in Richterrecht und Dogmatik der Rechtssicherheit entgegen[92].

---

[86] *Herrfahrdt*, Rechtswissenschaft S. 19 ff.

[87] *Radbruch*, Vorschule S. 28, verweist den Gedanken der „Sicherheit durch das Recht" in den Bereich der Zweckmäßigkeit.

[88] *Aristoteles*, Politik III 6 Abs. 3.

[89] W. *Sauer*, Methodenlehre S. 249: Rechtssicherheit ist „die Form, die Ordnung, die Stetigkeit und Gleichmäßigkeit".

[90] *Radbruch*, Rechtsphilosophie S. 169.

[91] Die Spannung wird noch krasser, wenn man mit *Radbruch*, Vorschule S. 28, Verweisungen auf „eigene Werturteile" des Richters annimmt.

[92] Vgl. H. *Henkel*, Rechtsphilosophie S. 348.

Schließlich liegen Klarheit und Eindeutigkeit des Rechts im Interesse der Rechtssicherheit, die eine wirksame, d. h. aber auch durchsetzbare Ordnung bezweckt[93]. Der Wert der Rechtssicherheit steht hinter aller Förmlichkeit des Rechts wie sie in Fristen, Formen (Schriftlichkeit, Beurkundung) und z. B. in der Rechtskraftwirkung von Urteilen zum Ausdruck kommt.

Für den hier behandelten Formwert des Rechts ist z. B. die reine Ordnungsnorm[94] typisch, die keinen Inhaltswert hat, deren Wert vielmehr darin besteht, daß überhaupt eine Regelung vorhanden ist. Sie kann so unabdinglich sein wie ein Maß- und Gewichtssystem oder die Anordnung, welche Straßenseite zu befahren ist. Die Ordnung als solche ist dann Gegenstand einer konkreten rechtsethischen Forderung[95].

Der Formwert des Rechts entfaltet unabhängig von der inhaltlichen Gerechtigkeit des positiven Rechts eine so starke Verpflichtungskraft[96], daß er erst bei einem unerträglichen Widerspruch vor dem Inhaltswert zurücktritt[97]. Radbruch hat die Rechtssicherheit daher einen Teil der Gerechtigkeit genannt[98]. Heute wird man sie einen Teil des Gemeinwohles nennen können.

§ 8 Das Gemeinwohl als Rechts- und Staatsziel

1. Das Gemeinwohl

Der Begriff des Gemeinwohls macht uns die gleiche Schwierigkeit wie der Gerechtigkeitsbegriff. Es gibt nämlich (neben der ethischen) eine rechtsethische Wertvorstellung vom Gemeinwohl als einer unabdinglichen Richtschnur für die politische und gesellschaftliche Rechtsordnung[1], die vorwiegend negative Grenzen absteckt. Innerhalb dieser Grenzen ist ein weiter Spielraum für die verschiedensten politischen und ethischen Gemeinwohlvorstellungen. Als oberstes Rechtsprinzip kommt aber

---

[93] *Radbruch*, Vorschule S. 28; — H. *Henkel*, Rechtsphilosophie S. 335, 337.
[94] *Herrfahrdt*, Rechtswissenschaft S. 49.
[95] H. J. *Wolff*, Gerechtigkeit S. 114.
[96] *Welzel*, Recht S. 842.
[97] *Radbruch*, Unrecht S. 353; — *Aristoteles*, im Anschluß an die bei A. 88 zitierte Stelle: „vorausgesetzt, daß das Ungemach des Lebens nicht gar zu sehr überwiegt".
[98] *Radbruch*, Unrecht S. 357. — Die Rechtsprechung betrachtet sie als Teil der Rechtsstaatlichkeit, die jedenfalls das umfaßt, was wir als Rechtsethik bezeichnen (so *Leibholz*, Gleichheit S. 11): BVerfGE 2, 380 (403); 7, 194 (196).

Anmerkungen zu § 8
[1] *Enneccerus-Nipperdey*, Allg. Teil 2, § 239 III 5 S. 1441, sehen jede Rechtsausübung in ihrer „ethischen und sozialen Funktion" durch die „höheren Normen der Sittlichkeit und des Gemeinwohls" beschränkt.

nur das *rechtsethische* Gemeinwohl in Frage; und das ist die äußerste Grenze, die eine Rechts- und Staatsordnung nicht ungestraft übertreten kann.

Trotzdem hängen die Geltung eines Rechts und die Legitimität eines Staates auch davon ab, daß den *gewohnheitsethischen* Gemeinwohlvorstellungen des objektiven Volksgeistes in gewissem Umfang Genüge getan wird. Würden sie in zu vielen Fällen verletzt, so würde die gesamte Ordnung lebensfremd und als ein unerträglicher Verstoß gegen das rechtsethische Gemeinwohl erscheinen. Wenn wir das Beispiel der Individualgerechtigkeit heranziehen, so läge zwar kein einziger rechtsethischer Verstoß gegen einzelne Freiheitsrechte vor, aber viele kleine Freiheitsbeschränkungen ergäben eine insgesamt unerträgliche Einengung der Freiheitssphäre.

Wir betrachten im folgenden die intensivere Form des Gemeinwohles, nämlich das rechtsethische Leitbild. Es ist das abstrakteste, höchste Prinzip des Rechts und als solches Inhalt des objektiven Rechtsgeistes, weist also zeitliche und örtliche, geschichtliche und kulturgebundene Unterschiede auf.

Das Gemeinwohl kann genausowenig wie die Gerechtigkeit alleiniger Anknüpfungspunkt einer rechtlichen Aussage sein. Die erforderliche Konkretisierung verlangt stets eine auf den Sachverhalt abgestellte Abwägung der drei polaren[2] Rechtswerte der Rechtssicherheit, der Individualgerechtigkeit und der Sozialgerechtigkeit. Heinrich *Triepel* hat sich deshalb so nachdrücklich gegen die Verzerrungen der Rechtsidee gewehrt, die in den einschränkenden Beiwörtern „liberaler" oder „sozialer" Rechtsstaat lägen[3].

Mit der Berücksichtigung des Rechtssicherheitswertes des positiven Rechts (und unter Beachtung der Beschränkung auf ein *recht*sethisches Prinzip) dürften im übrigen H. *Henkels* Bedenken dagegen ausgeräumt sein, das Gemeinwohl als Rechtsprinzip anzuerkennen. Er befürchtet nämlich, daß der Gesetzesanwender dann einer Rechtsvorschrift unter Berufung auf das Gemeinwohl allzu leicht die Gefolgschaft versagen dürfe[4]. Andererseits billigt Henkel dem Gemeinwohl selbst einen Einfluß auf die Abwägung der drei Rechtswerte[5] und auf die sinndeutende Auslegung von Rechtsvorschriften zu[4].

---

[2] H. *Henkel*, Rechtsphilosophie S. 349 f., bezüglich *seiner* drei Rechtswerte. — In verschiedenen Rechtsgebieten ergeben sich dabei verschiedene Schwerpunkte, generelle Rangordnungen der Rechtswerte lassen sich aber nicht aufstellen: H. *Henkel*, aaO S. 345 ff.

[3] *Triepel*, VVDStRL 7 (1932) Aussprache S. 197.

[4] H. *Henkel*, aaO S. 378. Henkel gibt die Möglichkeit gesetzlichen Unrechts zu: aaO S. 456 ff.

[5] H. *Henkel*, aaO S. 350.

§ 8 Das Gemeinwohl als Rechts- und Staatsziel

Entscheidend ist das richtige Verständnis des *Gemein*wohls als eines rechtsethischen Interessenausgleichs zwischen dem Wohl der einzelnen und als einer wechselweisen Abhängigkeit des *Einzel*wohls und des *Gesamt*wohls[6]. Das Einzelwohl des Individuums hat ebenso einen Eigenwert wie das Gesamtwohl der Gesamtheit.

Das Individuum kann ohne die Gesellschaft nicht einmal gedacht werden[7]. Es ist in seiner physischen Entwicklung bis zum vollwertigen „eigenständigen" Menschen auf andere Menschen angewiesen und bleibt der Gesellschaft bis an sein Ende vielfältig verhaftet. Die Kürze seiner Lebenszeit und die Grenzen seiner Erfahrung sowie seiner seelisch-geistigen Kapazität würden dem isolierten Individuum gar nicht gestatten, zum „eigentlich geistigen Wesen" aufzurücken[8]. Aus beiden Gründen läßt sich die Aufgabe des Menschen in der Welt nicht ohne Bezugnahme auf die Gesellschaft erfassen[9]. Das könnte man am Geltungs- und Liebebedürfnis wie am seelisch-geistigen Austauschbedürfnis der Menschen auch psychologisch und medizinisch nachweisen. Der einzelne fürchtet die Einsamkeit über alles[10]. Er lebt von dem Gefühl der Zusammengehörigkeit und von der Vorstellung, „zu etwas nütze zu sein". Totalitäre Staaten finden bei der Jugend Anklang, weil sie ihr Gemeinschaftsaufgaben stellen. Man wird die aristotelische Weisheit, daß der Mensch ein geselliges Wesen sei[11], heute so ausdrücken: Der Mensch ist mit einer Seite seines Wesens ein soziales Geschöpf[12].

Er bleibt nämlich nach wie vor zugleich eine „auf sich selbst ruhende Potenz"[9]. Das Individuum aktualisiert alles Menschliche. Es allein kennt Freude und Schmerz. Alles Schöpferische, alles Einmalige ist individuell. Die Gesellschaft wird vom Individuum getragen — wie das Individuum von der Gesellschaft. Die Wechselbezüglichkeit des personalen und des objektiven Geistes gilt auch für das gesamte Sein von Individuum und Kollektiv.

Wie sich aus der sozialen Wesensseite des Menschen seine Angewiesenheit auf eine intakte Sozialordnung ergibt, so kann andererseits das

---

[6] Herbert *Krüger*, Staatslehre S. 674 ff., sucht den Ausgleich (S. 675 f., 780, 792) und sieht die Abhängigkeit (z. B. S. 725 f.) im Rahmen seiner „Staatswerte": Staatswert i. e. S. (Ziel: staatliche Existenz, Maßstab: Fruchtbarkeit), Rechtswert (Frieden, Gerechtigkeit) und Verwaltungswert (Wohlfahrt, Zweckmäßigkeit). — Vgl. die Abwägung zwischen Einzelwohl und Staatsräson in BGHSt 20, 342 (362 ff.).
[7] *Haenel*, Gesetz S. 216. Vgl. auch oben § 5, 3 bei A. 35 ff.
[8] N. *Hartmann*, Problem S. 290.
[9] *Haenel*, Gesetz S. 216, sieht das Individuum wegen seiner „psychisch-geistigen Zweckbestimmtheit" „ethisch" mit der Gesellschaft verbunden.
[10] Sigmund *Neumann*, Dekalog S. 27.
[11] *Aristoteles*, Politik I 2 Abs. 7, 1253 a u. III 6 Abs. 3; — *Cicero*, De re publica I 25 § 39, spricht von einer „sozusagen natürlichen Gesellligkeit".
[12] *Wertenbruch*, Rechtsstaatlichkeit S. 501, sagt: „... auch Bürger".

Gesamtwohl nicht ohne das Einzelwohl bestehen. Das Gesamtwohl kann sich "eben nur in Menschen und nicht in einem abstrakten Kollektivum verwirklichen"[13]. Es ist um des Individuums willen[14] zu schaffen, weil es einem höheren Eigeninteresse des Individuums dient.

Wenn wir unter dem Ausgleich der Allgemeininteressen und der Einzelinteressen das Gemeinwohl verstehen[13], dann bedeutet das zugleich den Ausgleich der Rechtswerte. Die Sozialgerechtigkeit streitet für das Gesamtwohl, die Individualgerechtigkeit steht für das Individuum ein und die Rechtssicherheit verknüpft die Interessen beider. Überschneidungen verschiedener Gesichtspunkte lassen das Gemeinwohl nur noch komplexer erscheinen. Es verlangt, daß "Autorität mit Freiheit, persönliche Initiative mit solidarischer Verbundenheit im gemeinsamen Ganzen, rechte Einheit mit fruchtbarer Vielfalt" verbunden werden[15].

2. Die Geltung der gesellschaftlichen Rechtsordnung

Auf Grund der vorangegangenen Überlegungen läßt sich nun feststellen, daß die gesellschaftliche Rechtsordnung lediglich "tatsächlich" gilt, wenn sie keine verpflichtende Kraft entfaltet, sondern nur durch eine staatliche Macht durchgesetzt wird. Die staatliche Macht nennt man in diesem Fall Gewalt[16], und das Ergebnis ist eine Gewaltherrschaft mittels nur positiven, inhaltlich aber unrichtigen Rechts. Diesem allein schon wegen des Rechtssicherheitswertes tatsächlich nicht vorkommenden Extremfall eines in jeder Beziehung unrichtigen Rechts steht die richtige Rechtsordnung gegenüber, welche normative Geltung (Sollensgeltung) besitzt. Diese beruht auf der Verpflichtungskraft der in der Rechtsordnung berücksichtigten, auf das Gemeinwohl abgestimmten Rechtswerte[17].

Die richtige positive Rechtsordnung entspricht also dem rechtsethischen Gemeingeist und nimmt auf den gewohnheitsethischen Gemeingeist Rücksicht[18]. Das setzt in Anbetracht der Wandelbarkeit des objektiven Geistes voraus, daß die richtige Rechtsordnung dem Gemeingeist gegen-

---

[13] H. *Henkel*, Rechtsphilosophie S. 374.
[14] Im Mittelpunkt der Wertordnung des GG steht deshalb die gemeinschaftsbezogene Persönlichkeit: BVerfGE 7, 198 (205); 4, 7 (15 f.).
[15] *Pastoralkonstitution*, Abschnitt 75 S. 96, vgl. auch Abschnitt 31 S. 39.
[16] Vgl. *Schmitthenner*, Staatsrecht S. 558.
[17] H. *Henkel*, Rechtsphilosophie S. 447 ff., insbes. S. 453. — Vgl. oben § 7, 1 und *Laun*, Staatslehre S. 67, der auf ethische Werte einschließlich der Gehorsamspflicht (Rechtssicherheitswert) abstellt.
[18] In diesem Sinne setzt *Schmidhäuser*, Rechtsordnungen, der staatlichen eine „gesellschaftliche" Rechtsordnung gegenüber, die also unserem (rechts-) ethischen Gemeingeist entspricht. — Vgl. zur Berücksichtigung der Gewohnheitsethik oben § 8, 1 Abs. 2; das gleiche meint wohl auch W. *Geiger*, Wandlung S. 17, mit der Orientierung am Naturrecht.

§ 8 Das Gemeinwohl als Rechts- und Staatsziel

über offen ist[19], d. h. ihm durch Bezugnahme und durch die Zulassung fortbildender Auslegung eine ständige Einwirkung gestattet.

Die Verpflichtungskraft richtigen Rechts stützt als Rechtsmacht die tatsächliche Geltung des positiven Rechts. Auf die Dauer kann positives Recht nicht tatsächlich gelten, wenn es nicht mit dem am Gemeinwohl orientierten Volksgeist übereinstimmt[20]. „Der geschichtlich objektive Geist ist es, der Macht und Recht in sich vereinigt ... Das innere Gelten des Rechts ist identisch mit der Macht, die es über die Menschen hat[21]."

Andererseits bringt erst das Hinzutreten der staatlichen Macht die volle Wirksamkeit des Rechts, nämlich die Gewißheit seiner Durchsetzung, mit sich[22].

3. Die Legitimität der politischen Rechtsordnung

Die Verpflichtungskraft einer richtigen politischen Rechtsordnung pflegt man in den Legitimierungsvorstellungen[23] zu suchen, die die Verfassung tragen. Da eine psychologische Deutung auch hier nicht befriedigen kann, liegt die Erklärung wiederum im Wirken des objektiven Geistes, dem man als objektivem Verfassungsgeist eine geistige Verfassung[24] zuschreiben muß.

Heller meint, die Legitimität der staatlichen Organisationsnormen hänge davon ab, ob der entscheidenden politischen Autorität die Bereitschaft geglaubt werde, dem richtigen Recht zu dienen. Das erfordere eine Prüfung der von der fraglichen Autorität gehandhabten Rechtsordnung[25].

---

[19] *Kägi*, Rechtsstaat S. 139 f., spricht von der „societé ouverte", in der sich die entscheidende Mehrheit der Idee der Gerechtigkeit verpflichtet weiß. — Vgl. *Häberle* Staatslehre S. 394: „Einheit in der Offenheit".
[20] *Welzel*, Recht S. 843: „nicht ohne Sinnhaftigkeit der Herrschaft"; — *Hessdörfer*, Rechtsstaat S. 117 f. unter Anführung des *Napoleon I.* zugeschriebenen Wortes: „Auf die Dauer ist es immer der Geist, der über das Schwert siegen wird." — Vgl. G. *Jellinek*, hier oben § 3, 3 a zur Staatsordnung.
[21] N. *Hartmann*, Problem S. 276. — Das ist der richtige Kern der Identitätsvorstellung *Krabbes*, vgl. oben § 3, 3 a. E.
[22] *Schmitthenner*, Staatsrecht S. 536; — H. *Henkel*, Rechtsphilosophie S. 108 f.
[23] *Heller*, Staatslehre S. 223; — H. *Henkel*, Rechtsphilosophie S. 104.
[24] H. *Henkel*, aaO 35 f., insbes. S. 32 u. 35 f., kennt eine Verfassung, die unobjektiviert in den Vorstellungen des Gesamtvolkes lebt. Sie erhalte ihre Verpflichtungskraft daraus, daß sie den sachlogischen Strukturen folge und geeignet sei, „die politische Einheit und damit das Leben und die Existenz des Menschen zu bewahren". — Die den objektiven Geist in sich aufnehmende Verfassung nennt *Ehmke*, Wirtschaft S. 52, eine „offene".
[25] *Heller*, Staatslehre S. 224. — *Schüle*, Demokratie S. 325, spricht von der Übereinstimmung zwischen den für die Politik und für die zwischenmenschlichen Verhältnisse maßgeblichen Werten . — *Pastoralkonstitution*, Abschnitt 31 S. 39: Die Beteiligung aller Bürger am sozialen Leben setze das Vorhandensein von Werten voraus, „die sie anziehen und zum Dienst an den anderen geneigt machen".

70 1. Teil: Die wissenschaftlichen Grundlagen der Staatsformlehre

Der legitimierende Wert der geistigen Verfassung liegt genauer gesagt in einer Organisationsform, der man den Erfolg einer richtigen gesellschaftlichen Rechtsordnung zutraut[26]. Dann würde sowohl die politische wie die gesellschaftliche Rechtsordnung dem gemeinsamen Ideal von Staat und Recht, dem Gemeinwohl, dienen[27].

Verliert eine positive Verfassung ihre Legitimität, so liegt eine Revolution nahe[28]. Die Revolution selbst ist der Versuch, eine neue politische und oft auch eine neue gesellschaftliche Rechtsordnung durchzusetzen. Er gelingt, wenn er einer Tendenz des objektiven Geistes entgegenkommt und eine bereits überlebte Ordnung ablöst[29]. Er bringt aber auch demjenigen Erfolg, der die Macht gewinnt und eine Ordnung aufrichtet, die sich recht und schlecht im weiten Rahmen der geistigen Verfassung hält, in den womöglich auch die abgelöste Ordnung paßte.

In allen anderen Fällen unterliegen die Revolutionäre oder sie errichten ein Gewaltregime.

Es ergibt sich also, daß abgesehen von positiven Verfassungsvorschriften über Verfassungsänderungen keine positive Rechtsordnung vorhanden ist, an der sich die Rechtmäßigkeit einer Verfassunggebung messen ließe. Insbesondere nimmt die bisherige Verfassung in ihren grundlegenden Normen immer die alleinige Legitimität für sich in Anspruch.

Die sog. verfassunggebende Gewalt ist daher genauso wie der natürliche Staat eine rein tatsächliche Erscheinung, weshalb sie auch als Revolutionsgewalt bezeichnet wird[30]. Nicht ihre Herkunft von einer bestimmten verfassunggebenden Gewalt macht eine Verfassung legitim, sondern wie gesagt ihre Übereinstimmung mit dem objektiven Volksgeist[31]. Daraus ergibt sich allerdings, daß derjenige, der die Verfassung formuliert, den Gemeingeist nur repräsentativ darstellen kann, wenn er die erforderlichen Kontakte zu ihm im Schöpfungsprozeß der Verfas-

---

[26] *Krabbe*, Rechtssouveränität S. 170 f. — *Aristoteles*, Politik V 7 Abs. 3, sieht die Auflösung richtiger Verfassungen darin begründet, daß sie sich nicht innerhalb der Grenzen der Gerechtigkeit halten. — *Augustinus*, De civitate dei IV, 4: „Remota itaque iustitia, quid sunt regna nisi magna latrocinia?". — E. *v. Hippel*, Grundbegriffe S. 28: Die Autorität des Staates beruhe auf der Beschützung des „Guten und Gerechten gegenüber egoistischen Sonderinteressen". — Ebenso: *Peters*, Verwaltungsstaat S. 22.

[27] H. *Henkel*, Rechtsphilosophie S. 108. — *Grimm*, Wissenschaft S. 436 r. Sp.: Gemeinwohl als Ziel der Politik.

[28] *Scheuner*, Staat S. 657, auch zum folgenden.

[29] N. *Hartmann*, Problem S. 278 f.

[30] *Friedrich*, New Belief S. 130.

[31] So im Ergebnis auch *Henke*, Verfassunggebende Gewalt S. 24 ff., der den hier gemeinten Verfassungsgeist umschreibt, ihn aber ohne Unterscheidung vom radikaldemokratischen Begriff „verfassunggebende Gewalt des Volkes" nennt.

sung wahrt. Trotzdem bleibt auch eine Zustimmung der qualifizierten Mehrheit der Aktivbürger — die demokratischen Legitimitätsvorstellungen entspricht — nur ein Akt der Verfassunggebung, der die richtige Verfassung verfehlen kann.

Wir kommen zu dem Ergebnis, daß es dem Staate aufgegeben ist, legitim zu sein, und daß es ein Hauptzweck der Staatslehre ist, die Legitimität natürlicher Staaten zu prüfen. Das abendländische Staatsideal zielt auf die Richtigkeit der gesellschaftlichen Rechtsordnung. Die erforderliche Methode der Staatslehre müßte daher geeignet sein, sich ein Urteil darüber zu bilden, wie man richtiges Recht schafft und handhabt und welche Organisation dafür nötig ist. Sieht die Staatslehre keinen Weg zur Erfassung der Rechtswerte, so entfällt eine entsprechende Bewertung konkreter Staatsformen. Wir müssen uns also dem Methodenproblem zuwenden.

§ 9 Die positivistische Methode

1. Juristischer und soziologischer Positivismus

Man kann es heute schon als ein historisches Überbleibsel bezeichnen, wenn eine Staatslehre, die den Staat nur als formales Rechtsgebilde betrachtet, „juristische" Staatslehre genannt wird. Hans *Kelsens* oder Paul *Labands*[1] rechtslogische Methode sind heute nicht mehr *die* juristische Methode[2]. Sie sind vielmehr eine historische Erscheinung des Rechtspositivismus. Die formale Logik aber ist nur ein Teil der heutigen juristischen Methode. Bis weit ins 19. Jahrhundert hinein hat es eine Staatslehre gegeben, die sich dessen bewußt war, daß die Prämissen des Staatsrechts nicht auf logischem Wege (und nicht allein im positiven Recht) gefunden werden können. Die formallogische Systematisierung setzt erst ein, wenn die Prämissen erfaßt sind[3].

---

[1] *Laband*, Staatsrecht S. VII (Vorwort zur 2. Aufl. 1887), hat die damalige juristische Methode in klassischer Weise beschrieben: Die rechtsdogmatische Methode liege „in der Konstruktion der Rechtsinstitute, in der Zurückführung der einzelnen Rechtssätze auf allgemeinere Begriffe und andererseits in der Herleitung der aus diesen Begriffen sich ergebenden Folgerungen". Das sei, „abgesehen von der Erforschung der geltenden positiven Rechtssätze , ... eine rein logische Denktätigkeit. ... Alle *historischen, politischen und philosophischen Betrachtungen* — so wertvoll sie an und für sich sein mögen —" seien „für die Dogmatik eines konkreten Rechtsstoffes *ohne Belang*" und dienten „nur zu häufig dazu, den Mangel an konstruktiver Arbeit zu verhüllen". (Hervorhebungen durch den Verfasser.)
[2] Das meinte schon Otto v. *Gierke*, Labands Staatsrecht S. 95. Mit Recht stellte es *Schwinge*, Methodenstreit S. 16, fest.
[3] *Schmitthenner*, Staatsrecht S. 15, 25. — Ebenso ganz allgemein für die Rechtswissenschaft: *Engisch*, Logik S. 84 ff.

Schon Georg *Jellinek* war über die formale rechtslogische Methode hinausgewachsen. Er zerschnitt seine eigenen weiterreichenden Erkenntnisse nur, weil er sich der herrschenden Methodentrennung verpflichtet fühlte. Fügt man G. Jellineks allgemeine Soziallehre des Staates und seine allgemeine Staatsrechtslehre[4] wieder zusammen, so erweist sich das Ganze als eine soziologische Staatslehre, die als solche allerdings über eine sozial-psychologische Erfassung des Rechts nicht hinauskommt[5].

Die soziologische Methode stellt eine wertfreie Erfassung sozialer Vorgänge dar und stützt sich dabei nur auf Tatsachen sowie auf eine kausale Gesetzlichkeit[6]. Ihr letztes Wort spricht die Statistik[7].

Auch diejenige Richtung der Soziologie, die sich durch das Verstehen sinnhafter Handlungen von der naturwissenschaftlichen Methode distanziert, bleibt auf das Erklären von Kausalitäten beschränkt[8]. Max *Weber* hat unmißverständlich erklärt, die Geltung von Werten zu beurteilen sei Sache des Glaubens, vielleicht auch Aufgabe spekulativer Betrachtung, „sicherlich aber nicht Gegenstand einer Erfahrungswissenschaft" wie der Soziologie[9].

Um sich in der Fülle individuellen Geschehens nicht zu verlieren, ist die Soziologie zu typisieren gezwungen. G. Jellineks abstrahierenden, induktiv (durch Vergleichung) gefundenen „empirischen Typ"[10] hat Max Weber zu seinem „Idealtyp"[11] weiterentwickelt, der einzelne empirische Kriterien besonders unterstreicht. Dadurch entsteht ein Abgrenzungsbegriff, der eventuell niemals rein verwirklicht wird[12]. Obwohl er gerade kein Ideal bedeuten soll, nach dem die Wirklichkeit zu gestalten wäre[13], haben wir bereits an G. Jellineks Lehre gesehen[14], daß es ziemlich ausgeschlossen ist, Staatslehre ohne Wertvorstellungen zu betreiben. So betont denn auch Hermann *Heller* die Verhaftung des Beurteilers an einen wertgebundenen Standort und legt dar, die Analyse eines

---

[4] Vgl. oben § 3, 3 A. 19, zu welchen Mißverständnissen diese Trennung fast notwendigerweise führen muß.

[5] Vgl. oben § 3, 3.

[6] *Laun*, Staatslehre S. 20, unter Berufung auf Auguste *Comte*; — *Heller*, Problematik S. 331.

[7] O. v. *Gierke*, Labands Staatsrecht S. 97.

[8] *Badura*, Methoden S. 167. — Vgl. R. *Lange*, Rechtswissenschaft S. 344—347.

[9] Max *Weber*, Objektivität S. 152.

[10] G. *Jellinek*, Staatslehre S. 36 ff.

[11] Max *Weber*, Objektivität S. 190 ff.

[12] *Draht*, Soziallehre S. 51.

[13] *Badura*, Methoden S. 168.

[14] Vgl. hier oben § 4, 1 bei A. 6.

§ 9 Die positivistische Methode

Gegenwartsbildes sei nur möglich, wenn man gewisse Entwicklungstendenzen als „zukunftsgestaltend" bewerte[15].

G. Jellinek meint dagegen, die Suche nach dem besten Staat verwandele alle Staatslehre in Politik. Der ideale Staatstypus sei bisher aber nicht durch wissenschaftliche Forschung, sondern durch Spekulation gefunden worden „und nicht etwa auf dem Wege kühl abwägender und behutsam vorwärts schreitender Spekulation". Der Wert eines idealen Staatstypus für das Handeln sei groß. Objekt theoretischer Wissenschaft bleibe aber das Seiende, nicht das Seinsollende. Alle Spekulation ruhe „in letzter Linie auf dem Boden subjektiver Überzeugungen, zwischen denen vielfach eine Übereinstimmung" unmöglich sei[16].

Im Grunde spürt man Jellineks Drang zu einer „kühl abwägenden Spekulation". Er glaubt eben nur, keine wissenschaftliche Methode dafür zu haben. Sonst müßte er seine richtige Erkenntnis: „Alles Schiefe, Einseitige, Widerspruchsvolle in den herrschenden staatsrechtlichen Anschauungen ist nicht zum geringsten Teile auf ihre unrichtige oder ungenügende Fundierung auf bestimmte Sätze der Staatslehre zurückzuführen"[17] auf das Verhältnis seiner Staatslehre zur Staatsphilosophie übertragen. Jellinek hält es nämlich für eine Aufgabe der Politik, unter teleologischen Gesichtspunkten Werturteile über staatliche Zustände abzugeben, nennt die Politik die Lehre vom Sein-Sollenden und stellt fest, daß selbst Vertreter der „rein juristischen" Methode im Staatsrecht ihren Untersuchungen „ein Bild fester politischer Anschauungen" zugrunde legten.

Nichts anderes bedeutet Heinrich *Triepels* Berufung auf das Wort *Stammlers:* „Jeder Jurist hat seine Rechtsphilosophie." Triepel meint mit Recht, jeder greife auf eine „überpositive Lebensordnung" zurück[18].

Im gleichen Sinn hatte bereits Otto *v. Gierke* vor einer Selbsttäuschung positivistischer Jurisprudenz gewarnt und gefolgert, die Abweisung philosophischer Vorfragen bedeute nur, daß irgendeine Weltanschauung „in unmethodischer und fragmentarischer Weise" zur Geltung gelange[19].

---

[15] *Heller*, Staatslehre S. 53, 55.
[16] Zum vorstehenden: G. *Jellinek*, Staatslehre S. 35 f., auch S. 665. — Ebenso Max *Weber*, Objektivität S. 152: Die Geltung von Werten zu beurteilen, sei Sache des Glaubens, vielleicht auch Aufgabe spekulativer Betrachtung, „sicherlich aber nicht Gegenstand einer Erfahrungswissenschaft". — Nach *Bergstraesser*, Max Weber S. 73 mit S. 72, teilt der Neukantianer Max Weber das geistige Verhalten „in ein wissenschaftlich wertfreies und ein dämonisch wertendes".
[17] G. *Jellinek*, aaO S. 12. Zum folgenden: S. 13, 15, 17.
[18] *Triepel*, VVDStRL 3 (Tagung 1926) Aussprache S. 51.
[19] O. *v. Gierke*, Labands Staatsrecht S. 23. Wörtlich heißt es dort: Der Jurist „wird z. B. diese oder jene Idee in sich tragen von dem Verhältniß zwischen Individuum und Allgemeinheit, ... von den Aufgaben und Schranken einer höchsten irdischen Gewalt, von den Beziehungen zwischen Gerechtigkeit,

Diesem Fehler verfällt denn auch G. Jellinek, indem er ausführt: „Wenn wir aber, fast möchte ich sagen: instinktiv, Hebung, Ausbildung, Vervollkommnung unserer Kultur von allen sozialen Institutionen verlangen, so ... kann das Wohlsein der Lebenden dem Wohlsein der Kommenden geopfert und selbst staatliche Tat gefordert werden, die unmittelbar in größerer Ausdehnung Unlust und Schädigung hervorruft[20]." Es folgt die Erkenntnis, an diesem Punkt berühre man die Metaphysik der Geschichte. „Ohne eine solche kann aber eine teleologische Untersuchung der sozialen Phänomene nie gründlich vorgenommen werden, weil die letzten Zwecke des Menschlichen rein empirischer Forschung unzugänglich sind." Wenn in diesem Zusammenhang von der modernen Weltanschauung und der herrschenden Geistesrichtung die Rede ist, „deren metaphysische Bestandteile die sozial-teleologischen Vorstellungen mit auswirken", dann hat uns G. Jellinek ein zweites Mal auf den objektiven Geist hingewiesen[21], den ein soziologischer Positivismus[22] nicht erfassen kann.

G. Jellinek und Heller folgend wendet Martin *Draht* die soziologische Methode auch auf psychische Erscheinungen an und nennt die sozialen, sittlichen oder religiösen Vorstellungen, Normen und Wertungen als geistige Realitäten „soziale Wirkungsfaktoren"[23]. Ob er ihren geistigen Gehalt quasi „rechtswissenschaftlich durch Rechtsauslegung" erfassen will, bleibt offen. Jedenfalls vermag eine soziologische Betrachtung nur eine demoskopische Summierung psychischer Vorstellungen zu erkennen, aber nicht den objektiven Gemeingeist mit seinen verpflichtenden und rechtfertigenden Wertgehalten.

2. Die soziologische Hilfsmethode

Heller sieht den Staat nicht wie das Recht in erster Linie als Sinngebilde[24]. Seine rechtswissenschaftliche Methode enthält aber wertvolle

---

Macht und Zweckmäßigkeit u. s. w. Derartige Ideen aber präjudizieren unausbleiblich der scheinbar noch so schroff auf sich gestellten juristischen Gedankenbildung." Mit eindrucksvollen Beispielen: *Triepel*, Staatsrecht S. 32—36, 38 f. — *Heller*, Problematik S. 328. — *Holstein*, Staatsrechtswissenschaft S. 36. — Im gleichen Sinne warnen vor einer positivistischen Selbsttäuschung: *Larenz*, Wegweiser S. 290; *Hollerbach*, Auflösung S. 265. — Für die Politikwissenschaft vgl. *Grimm*, Wissenschaft S. 436 mit Lit. in A. 16 f.

[20] *G. Jellinek*, Staatslehre S. 262; ebenso zum folgenden.
[21] *G. Jellinek*, aaO S. 262 f.; vgl. hier oben § 7, 1 bei A. 3.
[22] Ohne selbständige Wertung kommt man außer zum Gesetzespositivismus nur zum „soziologischen Positivismus": *Germann*, Positivismus S. 139.
[23] *Draht*, Soziallehre S. 57; ebenso zum folgenden.
[24] *Heller*, Staatslehre S. 42: „Der Staat ist nicht objektiver Geist..." — Das haben auch wir nicht behauptet, aber wir meinen, daß die Staatslehre den natürlichen Staat an der geistigen Wert- und Verfassungsordnung messen muß.

Hinweise für die Methode der Staatslehre. Heller läßt für die historischen, d. h. auch für die juristischen Sinngebilde eine „sinneswissenschaftliche" Methode maßgeblich sein. Er gibt auch in beschränktem Umfang zu, daß das historische Sinngebilde über sein geschichtliches Dasein hinausgreife, wir würden sagen, objektiver Geist sei. Aus der historischen Gebundenheit des Gegenstandes folgert Heller die Notwendigkeit, die eigenartige, sinneswissenschaftliche Interpretation des Rechts durch die Soziologie zu ergänzen. Die „wirklichkeitswissenschaftliche" (soziologische) Hilfsmethode soll die Entstehungsgeschichte und die „psychologisch-soziologische Grundsituation" des Rechts erfassen[25].

Die gleiche Aufgabe fällt der soziologischen Methode auch in der Staatslehre bezüglich des Staates zu[26], den sie vor allem als natürlichen Staat zu erfassen hat. Die Übertragung der hellerschen Gedanken auf das Staats-, insbesondere das Verfassungsrecht, bedarf im übrigen keiner besonderen Erläuterung[27]. Wir können uns also der sinneswissenschaftlichen Methode zuwenden, da die Mittel der soziologischen in der hier gebotenen Kürze bereits behandelt wurden[28].

Was Heller Sinneswissenschaft nennt, heißt heute — wie auch bei *Smend* — Geisteswissenschaft. Nur hat Smend *seine* verstehende, geisteswissenschaftliche[29] Methode gerade nicht auf die Bestimmung des Staates durch Werte, insbesondere durch die Rechtswerte, angewandt[30]. Sie bleibt also in Wahrheit eine psychologisch-soziologische Methode.

§ 10 Die herrschende juristische Methode

1. Die Grundlagen der juristischen Hermeneutik

Da die Staatslehre ein Urteil über die Richtigkeit der gesellschaftlichen und politischen Rechtsordnung abgeben und dem Staatsrecht auch in einer hermeneutischen Funktion dienen soll, muß sie sich an der geisteswissenschaftlichen Methode der herrschenden rechtswissenschaftlichen Hermeneutik orientieren. Die geltende juristische Methode ist nur auf dem Boden der Theorie vom objektiven Geist (oben § 6) und vom Wertgehalt des Rechts (§ 7) verständlich, so daß sich diese ontologischen

---

[25] *Heller*, aaO S. 46 f.
[26] *Badura*, Methoden S. 156, 158.
[27] Sie ist bei *Heller* unzweifelhaft vorgenommen: vgl. z. B. Problematik S. 344 ff. In dieser Abhandlung spricht Heller übrigens von einer „geisteswissenschaftlichen" Begriffsbildung (S. 329, 338, 350).
[28] Vgl. oben § 9, 1 bei A. 6 ff. und bei A. 23.
[29] *Smend*, Verfassung S. 7.
[30] *Smend*, aaO S. 74. Etwas anders ist Smends Einstellung zur Methode des Staats*rechts*, vgl. unten § 11 A. 4.

Lehren und die geisteswissenschaftliche Methode der Jurisprudenz wechselseitig bedingen. Letztere stellt also zugleich eine Bestätigung der genannten Lehren dar. Die hervorragende Rolle von Wissenschaft und Rechtsprechung ergibt sich aus der Schwierigkeit der „richtigen" Werterfassung (§ 6, 4).

Die juristische Hermeneutik geht davon aus, daß es in der heutigen abendländischen Kultur eine geistige Wertordnung gibt, die sich in der gesamten Kultur und insbesondere auch im positiven Recht ausdrückt[1]. Da zu dieser Wertordnung auch die Berechenbarkeit des Rechts (Rechtssicherheit) gehört, gilt es, das Gesetz zu respektieren, soweit seine Bindung reicht[2], und ihm durch rechtslogische Subsumtion im Rahmen eines dogmatischen Systems zu folgen, soweit das möglich ist.

Aufgabe der Rechtsprechung und der Rechtswissenschaft als hermeneutischer Wissenschaft bleibt es aber, das positive Recht mit der geistigen Wertordnung zu vermitteln[3]. Dabei ist zwischen Auslegung, Lückenfüllung und Rechtsfortbildung[4], d. h. letzten Endes das Gesetz abändernder Rechtsfindung[5], nur ein gradueller Unterschied, da der gemeinsame Richtpunkt das „richtige" Recht ist[6]. Daß es bei der Erfassung der geistigen Wertordnung weder um ein zeitlos gültiges Naturrecht geht noch um die kritiklose Übernahme herrschender Anschauungen, hat ein so vorsichtig abwägender Betrachter wie Karl *Engisch* folgendermaßen umschrieben: „Der Jurist muß, wenn er der Rechtsidee Geltung verschaffen will, lauschen auf die Stimme des objektiven Geistes. . . . Ohne Eigensinn muß er sich als Diener der herrschenden sozialen, ethischen und kulturellen Anschauungen fühlen, darf nicht Reaktionär und nicht Revolutionär sein wollen" und muß „sichere sittliche Tradition" beachten[7].

---

[1] *Enneccerus-Nipperdey*, Allg. Teil 1, § 33 IV S. 220.
[2] *Enneccerus-Nipperdey*, aaO § 51 II 3 S. 316 ff. Das Gesetz verpflichtet zum „denkenden Gehorsam", zu einer Lösung, die der Gesetzgeber bei Kenntnis der konkreten Situation vernünftigerweise selbst angeordnet hätte (aaO S. 320 und § 58 I 4 S. 339, § 59 I S. 346).
[3] *Larenz*, Methodenlehre S. 189 ff. (auch S. 320) „mit dem allgemeinen Rechtsbewußtsein"; S. 92: Ausrichtung der gesuchten Entscheidung an den Grundsätzen des richtigen Rechts. — *Enneccerus-Nipperdey*, aaO § 58 III S. 342: „Der Richter hat bei dieser ergänzenden Rechtsfindung das höchste Ziel des Rechts, die Fortentwicklung der Kultur und die Vervollkommnung des Menschengeschlechts, d. h. die Verwirklichung der Rechtsidee zu erstreben."
[4] Rechtsfortbildung war schon immer auch gesetzlich anerkannt. Vgl. Art. 4 Einl. Teil, Code Civil; § 49 Einl. PreußALR; § 137 GVG; § 45 II 2 ArbGG; § 11 IV VwGO; § 43 SGG.
[5] Vgl. *Enneccerus-Nipperdey*, Allg. Teil 1, § 59 S. 344 ff.; — *Boehmer*, Rechtsordnung II 1 S. 11 f., S. 165 ff. bes. S. 174—189.
[6] *Larenz*, Methodenlehre S. 92, vgl. auch S. 275. — Ähnlich: *Esser*, Grundsatz S. 259 f.
[7] *Engisch*, Einführung S. 192, 125. Damit ist unsere Charakterisierung des rechtsethischen Gemeingeistes oben in § 7, 3 bei A. 64 bis 66 bestätigt.

§ 10 Die herrschende juristische Methode

Die Versöhnung des Gegensatzes zwischen Gesetz und geistiger Wertordnung wird auch in der rechtswissenschaftlichen Hermeneutik darin gesehen, daß hinter beiden Erscheinungen der objektive Gemeingeist steht[8]. So nennt Karl *Larenz* das Gesetz objektivierten Geist und eine mindestens seit Platon bis Hegel ihrem Inhalt nach vernünftige Norm, die sich mit dem geschichtlichen Geist in ihrer Anwendung und Auslegung weiterentwickele[9].

Wenden wir uns nun der herrschenden objektiven Auslegungsmethode zu[10], so interessieren uns hier die grammatischen, systematischen und historischen Auslegungsmittel für sich genommen weniger. Es sei nur darauf hingewiesen, daß die systematische Auslegung auch rechtsdogmatische Überlegungen einbeziehen muß[11], womit sie bereits über Gesetz und Gesetzgeber hinausgreift. Die bewährte Rechtsdogmatik ist ihrerseits objektivierter Geist, bleibt aber wegen ihrer weniger starren Fixierung elastischer als das Gesetz. Der bewußte Gemeingeist der Rechtskennerschaft, der sie trägt, ist ganz besonders geeignet, zwischen der geistigen Wertordnung und dem positiven Recht zu vermitteln. Dementsprechend sind auch diejenigen Teile der Rechtsdogmatik wertorientiert, die sich zu einem Begriffssystem verfestigt haben[12], dessen Sinn vielfach gar nicht mehr ohne weiteres ersichtlich ist.

Der Kern der geisteswissenschaftlichen Hermeneutik liegt bei der teleologischen Auslegung[13], die zunächst einmal den entstehungszeitlich-objektiven Sinn und Zweck des Gesetzes erforscht. Mit der geltungs-

---

[8] *Coing*, Rechtsphilosophie S. 251: „Einen Fall nach positivem Recht entscheiden heißt also, ihn aus den Wertungen und Zwecksetzungen entscheiden, nach denen die Rechtsordnung selbst gebildet ist." — Vgl. *Forsthoff*, wie oben § 6, 5 bei A. 44.

[9] *Larenz*, Methodenlehre S. 240 mit A. 1; ebenso S. 193 f.

[10] Vgl. BVerfGE 11, 126 (129 ff.).

[11] Insbesondere das Verhältnis zu anderen Gesetzen läßt sich oft nicht ohne tiefschürfende dogmatische Überlegungen klären, z. B. das Verhältnis der Gewerbeordnung zu gewerberechtlichen Spezialgesetzen einerseits, zur allgemeinen Polizeiklausel andererseits. — Bei *Enneccerus-Nipperdey*, Allg. Teil 1, § 57 II 1 S. 334, wird in diesem Zusammenhang sogar auf die „gesamten leitenden Ideen der Zeit" verwiesen.

[12] *Esser*, Methodenlehre S. 104 f., spricht von dogmatisierten Tatbeständen und Begriffen, „mit denen eine bestimmte Interessenwertung vorgezeichnet ist".

[13] *Triepel*, Staatsrecht S. 37, sieht sie mit Recht im Zusammenhang mit dem wertenden Inhalt des Rechts. — *Schwinge*, Methodenstreit S. 16, unterstreicht den Gegensatz der formallogischen und der teleologischen Methode und nennt die „teleologisch-wertbeziehende" eine „typisch geisteswissenschaftliche Begriffsbildung" (S. 19).

zeitlich-objektiven[14] Betrachtung kommt dann die abschließende Vermittlung von Gesetz und geistiger Wertordnung zum Zuge[15]. Sie führt bei der schlichten Auslegung zur Bevorzugung derjenigen Deutung, die „den Anforderungen unseres Gesellschaftslebens und der Entwicklung unserer gesamten Kultur möglichst gerecht wird"[16], und bei der Lückenfüllung und Rechtsfortbildung zur Ausformung eines entsprechenden Rechtssatzes[17].

Gerade das Lückenproblem hat eine Auslegung nach Sinn und Zweck des Gesetzes und damit zugleich gemäß der geistigen Wertordnung seit jeher als unabweislich erscheinen lassen. Niemals war der Richter berechtigt, eine Entscheidung abzulehnen, weil keine positive Norm zur Verfügung stehe[18]. Die Geschlossenheit der Rechtsordnung (Rudolf *Stammler*) im Augenblick der Entscheidung bedeutet keinen Widerspruch zur geschichtlichen Wandelbarkeit der Rechtsordnung und zur Offenheit des positiven Rechts gegenüber dem Gemeingeist. Sie besagt, daß die Rechtsordnung zu jeder Zeit eine konkrete Entscheidung hergibt[19], nicht aber, daß diese Entscheidung zu jeder Zeit gleich sei. Die Frage ist nur, ob man sich, wie es der Rechtspositivismus tut, im Lückenfall mit der mechanischen Abweisung des Rechtsbegehrens begnügt, für das eine positive Rechtsgrundlage fehlt[20], oder ob man gemäß der hier dargelegten Lehre nach einer sinnvollen Lösung sucht.

Bejaht man letzteres, so hat man die ausschließliche Regelungszuständigkeit des positiven Rechts bereits verneint. Im Fall der echten Lücke fehlt eine positive Regelung. Schon der das Rechtsbegehren abweisende Umkehrschluß aus positivem Recht ist dem Gesetzgeber formal nicht mehr zurechenbar[21]. Nur das Eindringen in die geltenden Wertungen kann die Zulässigkeit des Umkehrschlusses gegenüber der Analogie rechtfertigen, die zum gegenteiligen Ergebnis führen würde[22]. Rechts-

---

[14] Begriffe von Adolf *Keller*, Kritik S. 161 ff.

[15] Vgl. *Larenz*, Methodenlehre S. 259; *Jagusch* in Leipz. Komm. § 2 I 3 a letzter Abs.

[16] *Engisch*, Einführung S. 77, nennt diese Formulierung bei *Enneccerus-Nipperdey*, Allg. Teil 1, § 56 III S. 335 „repräsentativ".

[17] *Enneccerus-Nipperdey*, aaO § 58 III und § 59 III, S. 342, 349.

[18] Vgl. Art. 4 Code Civil, zitiert bei *Coing*, Rechtsphilosophie S. 251; — *Enneccerus-Nipperdey*, aaO § 42 I 1 S. 274, § 58 I S. 336 und § 59 III S. 349; — *Engisch*, aaO S. 155 f. — Lückenfüllung als legitime Aufgabe der Gerichte: BayVerfGH, Entsch. v. 26. 4. 1965, DÖV 1965, 420 (421 f.).

[19] *Kelsen*, Positivismus S. 468 r. Sp. — Auch im Sinn des folgenden Halbsatzes: W. *Sauer*, Methodenlehre S. 303.

[20] *Kelsen*, wie A. 19. Zur Kritik vgl. *Germann*, Positivismus S. 138 f.

[21] *Bachof*, Auslegung S. 699 r. Sp. — *Enneccerus-Nipperdey*, Allg. Teil 1, § 58 II 3 S. 341, A. 26.

[22] *Germann*, Positivismus S. 138; — *Engisch*, Einführung S. 145.

§ 10 Die herrschende juristische Methode

quelle der Entscheidung des Einzelfalles ist dann also die geistige Wertordnung, die hinter dem positiven Recht steht[23].

Die Lücken erzeugende, restriktive Gesetzesauslegung liegt auf der gleichen Linie, ist ebenfalls „zu allen Zeiten von Rechtsprechung und Wissenschaft geübt worden"[24] und unterscheidet sich kaum noch von der heute grundsätzlich anerkannten[25] „Auslegung" gegen den Wortlaut des Gesetzes. Reichsgericht, Bundesgerichtshof und Bundesverwaltungsgericht haben erklärt, Sinn und Zweck des Gesetzes ständen höher als sein Wortlaut[26]. Sogar für das Gebiet des Strafrechts hat der Bundesgerichtshof die Theorie vom objektiven Gemeingeist bestätigt, indem er die Begrenzung des Gesetzes auf die vom Gesetzgeber ins Auge gefaßte Ausgangslage mit der Begründung ablehnte, das Gesetz sei „lebendig sich entwickelnder Geist"[27]. Damit ist zugleich klargestellt, daß auch die Rechtsfortbildung bei gleichbleibender Sach- und Rechtslage (im Hinblick auf den Gesamtzusammenhang des Rechts) nicht im Widerspruch zu den Wert- und Zweckvorstellungen des Gesetzgebers vorgenommen werden darf[28]. Davon wird nur für den Fall einer rechtsethischen Unerträglichkeit abzusehen sein. Das Fehlen einer positivrechtlichen Gemeinwohlschranke aller Grundrechte mag ein Beispiel dafür sein. In solchen Fällen lautet die Begründung der höchsten Gerichte: Das kann der Gesetzgeber nicht gewollt haben.

Gleichwohl wird die das Gesetz abändernde und ausgestaltende Rechtsfortbildung[29] selten offen zugegeben[30]. Anscheinend hat der Jurist meistens ein schlechtes Gewissen, sie zu betreiben. Das mag den Grund haben, daß die Rechtssicherheit ein hohes Maß an Gesetzestreue verlangt

---

[23] *Enneccerus-Nipperdey*, Allg. Teil 1, § 58 II Nr. 3 S. 341: Die unzweifelhafte Zulässigkeit der Analogie im Zivilrecht „beruht auf dem Gemeinwillen". Vgl. auch aaO § 42 I 1 S. 274 f. — *Coing*, Rechtsphilosophie S. 254: Das Richterrecht ist zu allen Zeiten „hingenommen und damit anerkannt worden".
[24] *Enneccerus-Nipperdey*, aaO § 59 II S. 348.
[25] *Bachof*, Auslegung S. 699 r. Sp.; st. Rspr. von RFH und BFH gemäß *Bachof*, aaO S. 698 l. Sp.; — *Bachof*, DÖV 1964 S. 11; — Bernd *Bender*, Methode S. 600 ff.
[26] RGZ 142, 36 (40); — BGHZ 2, 176 (184) u. 17, 266 (276); — BVerwG, Urt. v. 6. 7. 1961 DVBl. 1961, 853 (854); — BAG 13, 1 (14).
[27] BGHSt 10, 157 (159 f.); — vgl. *Jagusch* in Leipz. Komm. § 2 I 3 a letzter Absatz (mit Zitaten); RGSt 12, 372.
[28] W.-D. *Eckardt*, Gesetzesauslegung S. 34 f. — Umkehrschluß aus BAG 13, 1 (14) und BGHZ 17, 266 (276).
[29] Für ihre Anerkennung in verschiedenem Ausmaß vgl. oben A. 4 f.; — W. *Sauer*, Methodenlehre S. 240 f., S. 300 ff. bes. S. 302; — *Engisch*, Einführung S. 156—175, bes. S. 165, 170 f., 173, 175; — *Esser*, Methodenlehre S. 100 f., 103 Nr. 3; — *Larenz*, Methodenlehre S. 273 ff.; — BGHSt 2, 194 (203 f.); — BGHZ 3, 308 (315 f.); 4, 153 (157 f.); — BSG 2, 164 (168 ff. mit umfänglichen Rspr. Nachw.); BSG 6, 204 (211); — BFH BStBl. 52, III, 120 (121); — BVerfGE 3, 225 (242 ff.); 13, 318 (328).
[30] Vgl. die Hinweise bei *Enneccerus-Nipperdey*, Allg. Teil 1, § 59 II A. 11 a. E., S. 349 und *Esser*, Grundsatz S. 119 f.

1. Teil: Die wissenschaftlichen Grundlagen der Staatsformlehre

und jeder Verantwortliche es vermeiden möchte, diese Tugend zu untergraben. Zum anderen aber steht hinter dieser Haltung eine „streng rechtspositivistische" Staatstheorie[31], deren Ablehnung das Ziel der vorliegenden Arbeit ist.

2. Die geisteswissenschaftliche Methode der Jurisprudenz

Es ist nun zu fragen, ob die allgemein angewandte, neuere juristische Methode, die insbesondere für die Rechtsfortbildung bedeutsam ist, wissenschaftlichen Anforderungen entspricht oder der subjektiven Spekulation des Rechtsanwenders (im Sinne G. Jellineks) Tür und Tor öffnet. Es handelt sich um die gleiche geisteswissenschaftliche Methode, die bereits im Rahmen der schlichten Auslegung eingreift, wenn die grammatischen, systematischen und historischen Argumente versagen und wenn die Rechtsordnung auf Normen außerhalb des positiven Rechts verweist[32], die am geläuterten Gemeingeist geprüft werden müssen.

Wir haben gesehen, daß sich das Gemeinwohl als höchstes Rechtsprinzip in diesen Fällen regelmäßig nicht direkt in konkrete Entscheidungen umsetzen läßt[33]. Andererseits finden sich in Gesetz, Gewohnheitsrecht, Gewohnheitsethik und Sitte vielfältige Konkretisierungen der zum Gemeinwohl gehörenden Rechtswerte, an die Rechtsauslegung und Rechtsfortbildung anknüpfen können[34]. Im Falle des Widerspruchs zu positivem Recht (oben bei A. 28) setzen sich nur die intensiven Wertvorstellungen der Rechtsethik durch, in allen anderen Fällen kommen auch allgemeine gewohnheitsethische Anschauungen[35] zur Wertausfüllung in Betracht, insbesondere die von Josef *Esser* betonten standards[36].

Schließlich bietet das gesamte geistige Leben der Rechtsgemeinschaft einen Maßstab für das, was der objektive Geist ablehnt bzw. was allgemeiner Zustimmung gewiß ist. Dazu gehören überlieferte Rechtsüber-

---

[31] BGHZ 11 Anh. S. 34 (41 f.) — *Esser*, Methodenlehre S. 101, macht die Maxime der Gewaltenteilung verantwortlich. Im Sinne eines Systems der checks and balances dürfte sie aber nicht entgegenstehen.
[32] Oben § 6, 5 bei A. 61 ff.
[33] Oben § 7, 3 und 5.
[34] BGHZ 11 Anh. 34 (51) spricht von vollziehbaren rechtlichen Prinzipien (die wir Rechtsgrundsätze nennen) der Rechtsordnung und der „von ihr anerkannten, allgemeinen rechtlichen Wertvorstellungen".
[35] S. oben § 6 bei A. 56.
[36] *Esser*, Grundsatz S. 53: allgemeine Überzeugung im Sinne von public policy und common sense; S. 96 ff.: standards wie die des ordentlichen Kaufmanns, der Verkehrssicherheit, der Arbeitsloyalität u. a. (Esser trifft die hier vorgenommene und einer weiteren Bearbeitung harrende Unterscheidung von ethischen und rechtsethischen Gesichtspunkten nicht, nennt also auch den Maßstab von Treu und Glauben schlechthin einen standard.) — *Wieacker*, Gesetz S. 12 f.: standards, die „durch den Konsens der Rechtdenkenden ihrer Zeit abgestützt" sind. — Vgl. oben § 6 in A. 70.

zeugungen[37] (die Grundwerte des Rechts einschließend), die von Dogmatik und Rechtsprechung zu den Prinzipien und Grundsätzen bewährter Lehre fortentwickelt worden sind. Nimmt man das dogmatische System der Begriffe, Institute und Institutionen sowie das Präzedenzienfeld der dogmatisierten Tatbestände und der ständigen Rechtsprechung hinzu, so ergibt sich eine ziemlich geschlossene, weitgehend objektivierte geistige Ordnung bewährter Wertungen[38]. Daß wir uns an Objektivationen des Gemeingeistes zu halten suchen, entspricht der Seinsweise des objektiven Geistes, dessen Inhalte erst durch einen gewissen Zeitablauf abgeklärt und verfestigt werden[39]. Denn der endgültige, objektive Maßstab für richtiges Recht ist die Förderung des Gemeinwohls auf lange Sicht[40].

Wären objektiver und objektivierter Geist, besonders in Form des positiven Rechts, stets in Harmonie, so bedürfte es keiner Rechtswissenschaft. Gerade die Aufgabe, zwischen beiden zu vermitteln und den Zeitgeist noch dazu auf seine Richtigkeit zu überprüfen, macht die Rechtsanwendung zur Wissenschaft. Bei der Fortbildung des objektivierten Gemeingeistes hat der personale Geist als Träger des neuen Gedankens zunächst die Rechtskennerschaft zu überzeugen und dann im lebendigen Gemeingeist Anklang zu finden.

Die Überzeugungskraft einer neuen Lehre und Rechtsprechung beruht auf der Anknüpfung an die Tradition und in der Darlegung von Gründen für eine Neubewertung[41], welche die neue Lösung im Hinblick auf die Rechtswerte und die Natur der Sache als richtig erscheinen lassen[42]. In beiderlei Hinsicht ergeht zunächst der Appell an die Vernunft der Kenner, unter denen dann eine öffentliche Diskussion im Laufe der Zeit zu einer herrschenden Meinung führt. Die Anknüpfung der Dogmatik an

---

[37] *Esser*, Grundsatz S. 53: Rechtsethische Grundsätze. — *Triepel*, Staatsrecht S. 39: „Rechtsbewußtsein der rechtlich verbundenen Gemeinschaft".
[38] Vgl. zum vorstehenden: *Enneccerus-Nipperdey*, Allg. Teil 1, § 51 III 5 S. 322 und § 58 III S. 343; — *Wieacker*, Gesetz S. 12 bis 15. — *Esser*, Grundsatz S. 263, weist auf die Kontinuität des „Gemeinrechtsdenkens der Jurisprudenz" hin. Wir würden sagen: des von der Jurisprudenz repräsentierten Gemeingeistes.
[39] Vgl. hier oben § 6, 4.
[40] Deshalb kritisiert *Esser*, Methodenlehre S. 103, mit Recht das Fehlen einer Rechtstatsachenforschung außerhalb des Strafrechts (mit Kriminologie und Strafvollzugskunde). Sie hätte die Auswirkungen „dogmatischer Einheitslösungen" und, wie hinzuzufügen wäre, der Rechtsordnung schlechthin zu ermitteln. Für das Staatsrecht hat übrigens die Politikwissenschaft diese Aufgabe weithin übernommen.
[41] *Esser*, Grundsatz S. 164: „Eine bestimmte reale Sachproblematik erzwingt die Entwicklung einer Lösung..."
[42] *Esser*, Grundsatz S. 263 f.: Zu sprechen hat „die lebende Jurisprudenz mit ihrer an der aktuellen Sozialwirklichkeit orientierten, von dem Rechtsgewissen ihrer Zeit inspirierten Rechtsanschauung".

Normen des positiven Rechts ist in solchen Fällen oft systematisch nicht vertretbar und nur dem Bestreben nach Gesetzestreue zuzuschreiben. Rechtsinstitute wie z. B. culpa in contrahendo, Verkehrssicherungspflicht, faktisches Arbeitsverhältnis, nachbarrechtliches Gemeinschaftsverhältnis, allgemeines Persönlichkeitsrecht oder Gemeinschaftsvorbehalt der Grundrechte sind reine Schöpfungen der vom allgemeinen Rechtsbewußtsein getragenen Lehre und Rechtsprechung[43].

Die geistige Kommunikation[44] zwecks Prüfung aller denkbaren Gesichtspunkte auf ihre Überzeugungskraft und mit dem Ziel der Konvergenz[44] ist die abschließende Methode der Rechtswissenschaft als allgemeiner Geisteswissenschaft. Die geistige Wahrheit läßt sich am wirksamsten dadurch feststellen, daß viele Kenner von verschiedenen Gesichtspunkten aus zur Übereinstimmung kommen[45]. Das gilt für alle Geisteswissenschaften. Als Beispiel sei nur auf die Kunstwissenschaften hingewiesen, etwa auf die Musikwissenschaft. Auch dort ist in erster Linie das Urteil des Kenners maßgeblich, das sich im Urteil *der* (Musik-) Kritik objektiviert[46].

Bei den Normwissenschaften (Theologie, Ethik, Rechtswissenschaft, Politische Ethik) kommt nun allerdings die Bewährung des neuen dogmatischen Ergebnisses vor dem Gemeingeist hinzu, der die Verpflichtungskraft der neuen Erkenntnis erweisen oder verneinen wird[47]. „Die Sprache und Stimme des Volkes" sagt Wilhelm *Sauer* bezüglich der Suche nach der Gerechtigkeit „besitzen zwar keinen Erkenntniswert, aber erhöhen die Beweiskraft wissenschaftlicher Erkenntnis; sie haben ergänzende, überwachende, hinweisende..., vielleicht sogar berichtigende... Funktion[48]." Man nehme nur einmal das Beispiel vom Gemeinschaftsvorbehalt der Grundrechte. Wäre diese, die geschriebenen

---

[43] *Esser*, Methodenlehre S. 106: „Die dogmatische Formel ist nach langen Meinungskämpfen zustandegekommen." Sie ist „die Formalisierung einmal als richtig und glaubenswürdig erkannter Meinungen und Entscheidungen" wie bei der „dogmatischen Schwesterfakultät", der Theologie. Vgl. das Beispiel der culpa in contrahendo bei *Esser*, Grundsatz S. 162 f.

[44] Vgl. *Jaspers*, Philosophie II S. 50 ff. bes. S. 105 ff. und Einführung S. 25 ff.; — A. *Kaufmann*, Situation S. 142 r. Sp.

[45] Vgl. A. *Brunner*, Erkenntnistheorie S. 83.

[46] *v. Dettelbach*, Brevarium S. 14 ff. „Belangvoll ist überall nur das Urteil des Kenners, er allein ist imstande, aus der Seichtheit und Unverantwortlichkeit der Relativismen herauszuführen (S. 14)."

[47] *Enneccerus-Nipperdey*, Allg. Teil 1 § 42 I 1 S. 274 f. und § 58 II 3 S. 341, lassen Rechtsprechung und Lehre erst durch die Anerkennung seitens des „Gemeinwillens" gewohnheitsrechtliche Verbindlichkeit erlangen. — In der Kunst gibt es offenbar ein stärkeres und anhaltenderes Auseinanderklaffen von Gemeingeist und Urteil der Kunstkennerschaft, weil letztere nicht so sehr wie die Vertreter der Normwissenschaft auf die Zustimmung des Gemeingeistes angewiesen ist.

[48] W. *Sauer*, Methodenlehre S. 256. — *Wieacker*, Gesetz S. 15: vox Dei i. S. des „überpersönlich Herkömmlichen".

§ 10 Die herrschende juristische Methode

Grundrechte einengende Rechtsansicht nicht von der Vernunft geboten und schlechthin überzeugend, hätte sie sich vor der öffentlichen Meinung gewiß nicht halten können.

Betrachten wir nun noch die Entscheidung des Einzelfalles durch die Wissenschaft und vor allem durch den Richter, so sind zunächst alle Überlegungen zu übertragen, die als Ausgangsbasis bewährter Wertungen und als Kriterium für die Fortbildung der Dogmatik gezeigt worden sind. Je mehr die Dogmatik ihrer Aufgabe gerecht geworden ist, elementare Wertungskonflikte vorzulösen[49], desto stärker kann sie dem Richter als „Ariadnefaden", als „dogmatische Selbstkontrolle", dienen[50]. Im übrigen arbeitet der Richter mit der Vergleichung entschiedener Fälle und solcher, deren Entscheidung nicht zweifelhaft erscheint[51]. In der Auseinandersetzung mit diesen findet er die geistige Kommunikation, die seine Begründung einleuchtend macht. Insbesondere die Verallgemeinerungsfähigkeit der eigenen Entscheidung ist ein Prüfstein für das gerechte und zugleich der Rechtssicherheit dienende Urteil[52]. Der Richter soll die Überzeugung haben, unter den gleichen wesentlichen Umständen in einem anderen Fall genauso entscheiden zu müssen[53], d. h. nach einer Regel vorzugehen, die er selbst als „wohlberatener" Gesetzgeber aufstellen würde[54].

Da dieser Gesetzgeber bewährte Lehre und Überlieferung[55] zu beachten hätte, kann kein Zweifel darüber bestehen, daß die richterliche Rechtsfindung nicht in das subjektive Belieben des Richters gestellt ist, zumal der Maßstab der Generalisierungsfähigkeit bereits die Orientierung nur am Einzelfall verbietet. G. *Jellineks* Befürchtung subjektiver Spekulation dürfte mit Gustav *Boehmer* entgegenzuhalten sein, daß die Maxime des Art. 1 II und III SchweizZGB auch für uns gültig ist und „für eine rein subjektive Willensentscheidung, ohne Kontrolle objektiver Zweckvorstellungen und Werturteile" keinen Platz läßt[56]. Mit der

---

[49] *BayVerfGH* (A. 18) DÖV 1965, 420 (422); — *Wieacker*, Gesetz S. 14. — Man denke z. B. an dogmatische Fragen wie die Abgrenzung von Rechtsverordnung und Allgemeinverfügung sowie das Problem der rechtlich geschützten Interessen im Verwaltungsprozeßrecht.
[50] *Esser*, Methodenlehre S. 107, 101, 103.
[51] *Larenz*, Wegweiser S. 295 f. — *Wieacker*, Gesetz S. 15, betont den Erfahrungsschatz richterlicher Kasuistik.
[52] W. *Sauer*, Methodenlehre S. 241, unter Hinweis auf Ulpians Definition (l. 10 D 1, 1) „Iustitia est *constans* et *perpetua* voluntas ius suum cuique tribuendi." — Vgl. Larenz, Methodenlehre S. 235 f.
[53] *Steindorff*, Sitten S. 64.
[54] *Germann*, Positivismus S. 139.
[55] Vgl. oben bei A. 38.
[56] *Boehmer*, Rechtsordnung II 1 S. 175. — Vgl. *Coing*, Hermeneutik S. 24. — Art. 1 II und III *SchweizZGB*: „Kann dem Gesetz keine Vorschrift entnommen werden, so soll der Richter nach Gewohnheitsrecht und, wo auch ein solches fehlt, nach der Regel entscheiden, die er als Gesetzgeber aufstellen würde. Er folgt dabei bewährter Lehre und Überlieferung."

bewährten Lehre und Überlieferung bezeichnet diese Maxime das höchste Kriterium aller Rechtsverwirklichung, nämlich das Rechtsbewußtsein aller billig und gerecht Denkenden, das wir die richtige geistige Wertordnung genannt haben.

Die Kennerschaft bildet sich dann ihre Meinung über die Richtigkeit und Verallgemeinerungsfähigkeit der Einzelentscheidung durch die gründliche Aufdeckung und Erörterung aller Divergenzen, um im Instanzenweg und in der Diskussion veröffentlichter Entscheidungen zur Konvergenz zu kommen. Glücklicherweise respektieren sich bei uns Lehre und Rechtsprechung gegenseitig und gehen aufeinander ein. Dementsprechend hängt die Verbindlichkeit einer herrschenden Dogmatik von der Anerkennung durch die ständige Rechtsprechung ab und umgekehrt[57]. Sind Rechtsprechung und Dogmatik auf dem richtigen Wege, so führt die geisteswissenschaftliche Methode sie zur Übereinstimmung und schließlich durch die Sanktion der Rechtsgemeinschaft zur Schöpfung neuen Gewohnheitsrechts in Form einer herrschenden Meinung von Lehre und Rechtsprechung[58].

Mit Recht fordert Franz *Wieacker*, die Rechtsfortbildung sei im Einklang zu halten „mit den Traditionen der Judikatur und dem Konsens der Rechts- und Fachgenossen einschließlich der Wissenschaft"[59].

3. Jurisprudenz als Wertungswissenschaft

Es bedarf nun keiner Betonung mehr, daß eine Normwissenschaft keine mathematisch exakten Urteile abgeben kann. Eine reine Axiomatik im Sinne einer logischen Deduktion aus relativ wenigen Axiomen, d. h. weder ableitungsfähiger noch -bedürftiger, sondern unmittelbar einleuchtender Wahrheiten[60], kann die Rechtswissenschaft nicht sein. Ihre Prämissen, also insbesondere der einschlägige Rechtsgrundsatz (der sich eben nicht logisch aus den Rechtswerten ableiten läßt), die Bedeutung des zutreffenden gesetzlichen Tatbestands und der aus dem Lebensvorgang herauszuschälende, rechtlich relevante Sachverhalt sind gerade ihr

---

[57] *Raiser*, Rechtswissenschaft S. 1205, spricht vom „Konsens der Fachgenossen" (und weist auf die abweichende Situation in England und Frankreich hin); — ebenso: *Wieacker*, Gesetz S. 14 f.
[58] *BVerfGE* 15, 226 (232). — *Enneccerus-Nipperdey*, Allg. Teil 1, § 39 II 3 b S. 267 f., nennen das Ergebnis unter ähnlichen Voraussetzungen „ständige Rechtsprechung" oder „Gerichtsgebrauch". Als *Rechtsquelle* kommt mit den zit. Autoren nur eine wesentliche Übereinstimmung von Lehre und Rechtsprechung (ohne erheblichen Widerstand seitens der öffentlichen Meinung) in Frage, so daß man für diesen Fall an der im Text benutzten und allgemein üblichen Formel festhalten sollte.
[59] *Wieacker*, Gesetz S. 15.
[60] Johannes *Hoffmeister*, Stichwort „Axiom", S. 101 f.

§ 10 Die herrschende juristische Methode

Hauptproblem[61]. Im übrigen verlangt auch die Anwendung der juristischen Schlußverfahren wie gesagt eine Wertung, weil sie sonst entgegengesetzte Ergebnisse rechtfertigen würden[62].

Es bedarf also einer Synthese zwischen Problemdenken und Systemdenken[63], wobei der Schwerpunkt der Rechtsfortbildung beim Problemdenken liegt[64], während die dogmatische Verfestigung im Dienst der Rechtssicherheit eine Einordnung in das System verlangt. Die Rechtsordnung ist aber kein System im Sinne eines Axiomensystems[65], sondern ein System zur Harmonisierung der Normen[66]. Ihre Wertungen und Grundsätze sind elastisch und miteinander verflochten. Auch ihre Begriffe lassen eine logische Subsumtion nur in beschränktem Umfange zu. Die sog. unbestimmten Rechtsbegriffe herrschen vor. Sie sind wertbezogen oder im engeren Sinne normativ, d. h. gewinnen ihre Bedeutung erst durch den Rückgriff auf die geistige Wertordnung[67].

Man mag die Abwägung verschiedener Gesichtspunkte gegeneinander im Gegensatz zum rein deduktiven Verfahren ein topisches Verfahren[68] nennen, wenn man unter den topoi materielle Rechtsprinzipien und Rechtsgrundsätze versteht[69]. Wollte man nur oder auch an rein formal-

---

[61] Zum vorstehenden vgl. *Engisch*, Logik S. 86. — *Laun*, Staatsrechtslehrer S. 158: Die Ausgangspunkte juristischer Deduktion würden induktiv gewonnen. — Zur mehrstufigen Bewegung der die Antwort mitbeeinflussenden Fragen nach dem Sachverhalt und den geltenden Rechtssätzen als Voraussetzung einer der eigentlichen Rechtsanwendung erst folgenden Subsumtion: *Hruschka*, Rechtsanwendung. — *Coing*, Rechtsphilosophie S. 251: „Recht anwenden bedeutet Rechtsgedanken zur Geltung bringen, nicht unter rechtliche Allgemeinbegriffe subsumieren."

[62] Vgl. oben bei und in A. 22.

[63] *Esser*, Grundsatz S. 239 ff. und Methodenlehre S. 104; — *Raiser*, Rechtswissenschaft S. 1203 f. mit Lit. — *Boehmer*, Rechtsordnung II 1 S. 211, spricht von Weltanschauung und: Systembildung im Dienst der Rechtssicherheit. — Entsprechend *Schwinge*, Methodenstreit S. 27 ff.: Synthese zwischen dynamischem und statischem Denken (mit Nachweisen).

[64] *Ehmke*, Verfassungsinterpretation S. 57.

[65] *Viehweg*, Topik S. 59, spricht von einer unbestimmten Mehrheit von Systemen ohne streng nachprüfbare Zuordnung.

[66] *Esser*, Methodenlehre S. 104, im Anschluß an *Viehweg*.

[67] Vgl. *Engisch*, Einführung S. 108 ff. und hier oben § 6, 5 bei A. 61 ff. Man bezeichnet das gegenwärtige, der Interessenjurisprudenz folgende Stadium mit Recht als Wertungsjurisprudenz: *Larenz*, Methodenlehre S. 125 ff.; — H. *Henkel*, Rechtsphilosophie S. 229 f.; — vgl. auch *Boehmer*, Rechtsordnung II 1 S. 229 ff., unter Zitierung von Hermann *Weinkauff* (S. 231).

[68] *Coing*, Hermeneutik S. 22 f. im Anschluß an *Viehweg*, aaO.

[69] *Esser*, Methodenlehre S. 104, nennt Billigkeit und Natur der Sache; *Viehweg*, aaO S. 71, den Vertrauensschutz. — Die Wendung der heutigen Topiker von den rhetorischen zu objektiv werthaften topoi leugnet *Diederichsen*, Jurisprudenz S. 702 ff., indem er die topoi „unverbindliche Gemeinplätze" (703) und „subjektiv Meinungsmäßiges" (704) nennt.

86 1. Teil: Die wissenschaftlichen Grundlagen der Staatsformlehre

logische topoi im Sinne von *Aristoteles* und *Cicero*[70] anknüpfen, so wäre damit die Eigenart der Normwissenschaft als Wertungswissenschaft nicht getroffen. Aristoteles nennt nämlich „topoi" die Gesichtspunkte, „die sich gleichmäßig auf rechtliche, physikalische, politische und viele andere ... Gegenstände beziehen". Er unterscheidet von diesen topoi als „eigentümliche *Prinzipien* alle die, die zur Zahl der in eine einzelne Art und Gattung einschlagenden Sätze gehören, wie es z. B. in der Physik Sätze gibt ..."[71].

Zur Erfassung der Eigenart des juristischen Problemdenkens nennt Theodor *Viehweg* diese Prinzipien, die „bewährten Gesichtspunkte bestimmter Sondergebiete", *auch* topoi, verweist aber gleichzeitig die nach seiner eigenen Feststellung aus der Topik stammenden Schlüsse a simili, a contrario und a maiore ad minus nunmehr in den Bereich der juristischen Logik[72].

Die Denkzucht des juristischen Schlußverfahrens soll gewiß in ihrer Bedeutung nicht herabgesetzt werden. Sie ist im Rahmen des systematischen Denkens und damit im Dienst der Rechtssicherheit als des formalen Gleichheitsfaktors der Gerechtigkeit unentbehrlich, bedeutet aber nichts typisch Geisteswissenschaftliches. Man sollte sich daher trotz der Bezeichnung der Topik als einer Technik des Problemdenkens[73] ihrer zweifachen Deutungsmöglichkeit bewußt bleiben[74].

Es dürfte auch dem Wesen der Geisteswissenschaften nicht gerecht werden, wenn man der Jurisprudenz statt einer Methode lediglich einen Stil zubilligt, indem man davon ausgeht, daß nur das logisch streng nachprüfbare Verfahren eine Methode zu nennen sei[75]. Diese Auffassung ist

---

[70] *Viehweg*, Topik, gibt folgende Beispiele. *Aristoteles:* Topos aus dem Mehr und Minder (S. 9), und *Cicero* u. a.: Ähnlichkeit, Verschiedenheit, Entgegengesetztes (S. 12).

[71] *Aristoteles*, Rhetorik I 2.21 S. 1358 a der Ausgabe Bekker, Berlin 1831. Die dtsch. Übersetzung stammt von E. Rolfes, Einleitung S. III zur Topik des Aristoteles, 2. Aufl. 1922 Nachdruck 1948, Philos. Bibl. Bd. 12. — Hervorhebung vom Verfasser.

[72] *Viehweg*, aaO S. 20, 22.

[73] *Viehweg*, aaO S. 15.

[74] *Hennis*, Politik, geht es im Grunde um die geisteswissenschaftliche Deutung, obwohl auch er an den „dialektischen Syllogismus" als das Herzstück der aristotelischen Topik anknüpft (S. 100). Bekämpft er doch mit Recht das naturwissenschaftliche Wissenschaftsideal seit Descartes (S. 41 ff.) mit der Forderung, daß Werturteile zu fällen eine Aufgabe der praktischen Philosophie und mit ihr der Politikwissenschaft sei (z. B. S. 56). — Vgl. die textkritisch-historische Darlegung von *Kuhn*, Aristoteles, daß die Wahrscheinlichkeit als Anknüpfungspunkt für den dialektischen Schluß so wenig wie dieser selbst nach Aristoteles zum Bereich der Wissenschaft gehöre (bes. S. 107).

[75] *Viehweg*, Topik S. 51. Es folgt allerdings die beruhigende Feststellung: „Bei einiger Beanlagung ist er (der Stil) nachvollziehbar und trainierbar und erreicht als eingeübte geistige Attitüde hohe Grade von Verläßlichkeit."

dem naturwissenschaftlich orientierten Wissenschaftsbegriff verhaftet, dem sich Max *Weber* und Hans *Kelsen* verschrieben haben. Danach teilt sich alles geistige Verhalten in ein „wissenschaftlich wertfreies" und ein „dämonisch wertendes"[76].

Es ist an der Zeit, die Geringschätzung der Geisteswissenschaften wieder zu überwinden und damit den Wertrelativismus[77]. Es beruht auf einer Überbetonung der erkenntnistheoretischen Schwierigkeiten der Geisteswissenschaften, wenn man das bloß Wahrscheinliche oder bloß Meinungsmäßige[78] als ihren Gegenstand bezeichnet. Läßt doch gerade die naturwissenschaftliche Methode immer neue überraschende Erkenntnisse auf ihrem Gebiet offen. Wenn wir heute zugeben, daß die sozialen Werte zeitlich und örtlich bedingt, d. h. kulturgebunden sind, so bedeutet das keine Einschränkung ihrer Verpflichtungskraft. Wir können vielmehr in der kulturellen Entwicklung auch eine Höherentwicklung[79] der Werte erkennen, so daß sich heute im abendländischen Kulturkreis eine fast einheitliche soziale Wertordnung abzeichnet[80]. Sie hat sich der idealen Wertordnung der abendländisch-christlichen Hochethik in wesentlichen Punkten ständig angenähert, die ihrerseits kaum einem geschichtlichen Wandel ausgesetzt war.

Man darf beim Streit um diffizile Wertfragen nicht vergessen, daß die uns heute selbstverständliche Wertbasis eben gar nicht selbstverständlich, sondern das Ergebnis einer langen Entwicklung des Gemeingeistes ist. Da sich diese Wertbasis bewährt hat, wäre es unberechtigt, sie wegen ihrer Geschichtlichkeit abzuwerten. Wir brauchen dabei nur an die Abschaffung von Folter und Leibeigenschaft[81] und an den Siegeszug von Religions-, Wissenschafts- und Pressefreiheit zu denken. Änderungen dieser Wertentscheidungen sind schlechthin indiskutabel — und doch gilt es, gerade die fundamentalen Werte auch in unserem Kulturkreis immer wieder zu verteidigen. Wir haben Folterung und moderne Sklaverei sowie die Unterdrückung der genannten Freiheiten in naher Ver-

---

[76] *Bergstraesser*, Max Weber S. 73.
[77] Gegen die Mentalität des Wertrelativismus: H. *Krüger*, Staatstypen S. 237 f. — Er ist mit dem Subjektivismus verbunden (*Schwinge*, Irrationalismus S. 36). — *Heller*, Problematik S. 351: Die logisch-mathematische Rechtswissenschaft endet im „absoluten Relativismus".
[78] Vgl. die historische Darstellung bei *Hennis*, Politik, z. B. S. 96, 103, 106.
[79] *Flechtheim*, Wertproblem S. 194, 199.
[80] Vgl. *Nipperdey*, Persönlichkeit S. 821 und die dort Genannten. — Vgl. *Holstein*, Staatsrechtswissenschaft S. 35 f., zu den gemeinsamen deutschen Kulturideen.
[81] *Planitz-Eckhardt*, Rechtsgeschichte: Die völlige Abschaffung der Folter erfolgte in Preußen 1754, Österreich 1776, Bayern 1806 (S. 307); die letzten Reste der Leibeigenschaft wurden in Österreich 1781, Preußen 1807, Bayern 1808 aufgehoben (S. 253 f.). Für geschichtliches Denken liegt diese Zeit noch nicht sehr lange zurück.

gangenheit und Gegenwart vor Augen. Niemand kann sich hinter der Relativität aller Werte verschanzen, wenn es um diese und andere Grundfragen von Recht und Staat geht[82].

Jeder hat Zugang zu den Grundwerten unserer Sozialordnung. Wir lernen sie durch Erfahrung kennen und sprechen von Lebenserfahrung wie wir von Menschenkenntnis sprechen. Diese praktische Erkenntnis als Einsicht, Erfahrung oder Schau macht die große Masse unseres Wissens aus[83] und beherrscht unser Handeln fast ausschließlich. Das Einschätzen und Abschätzen wird uns durch die Erfahrung zur zweiten Natur. Dafür sei auf ein Beispiel aus der wertfreien Handlungssphäre hingewiesen. Jede selbstgesteuerte Fortbewegung setzt ein ständiges Entfernungsschätzen voraus. Das kann nur durch die Praxis erlernt werden, z. B. durch die Gehversuche des Kindes und durch die Fahrübungen des angehenden Autofahrers.

Auch die Wertschau ist durch Praxis erlernbar. Dementsprechend hat der Kenner des Rechts eine instinktive Sicherheit[84] in der Erfassung von differenzierten rechtlichen Wertungen, ein Judiz, „erlangt durch langes Studium, Beobachtung und Erfahrung"[85], das dem Laien notwendigerweise fehlen muß. Es handelt sich nach dem Gesagten um eine Mischung rationaler und irrationaler Faktoren[86], so daß das Judiz die „redliche Anspannung der Vernunft und des Gewissens" voraussetzt[87], sich aber auch durch den Appell an das entsprechende Vermögen des Gemeingeistes rechtfertigen kann.

Es ist eine irreführende Vereinfachung, wenn Theodor *Geiger* die Werturteile ausschließlich dem Bereich des Fühlens und Wollens zuweist[88], im gleichen Zusammenhang von Stimmung spricht und das Denken sowie das Erkennen als das ganz andere danebenstellt[89]. Das Rechtsgefühl als gewissenhafte Werterfahrung hat mit dem schwankenden Gefühl einer Stimmung nichts zu tun, kann aber sehr wohl zu einer Erkenntnis führen, die anderen ebenso zugänglich ist. Daß jeder Mensch bis zu einem gewissen Grad von sich aus zwischen Recht und Unrecht unterscheiden kann, ist ja auch weitgehend die Grundlage unseres Straf-

---

[82] *Holstein*, Staatsrechtswissenschaft S. 34: „... der Gerechtigkeitsfrage aus dem Weg gehen, heißt noch immer dem entschlossenen Unrechtswillen kampflos das Feld räumen und so selber an dessen Siege schuldig werden."
[83] N. *Hartmann*, Problem S. 381 f.
[84] Vgl. *Weinkauff*, Naturrechtsgedanke S. 1690.
[85] *Coke*, zitiert nach *Radbruch*, Geist S. 55.
[86] *Schwinge*, Irrationalismus S. 27 f., 31.
[87] *Weinkauff*, Naturrechtsgedanke S. 1690. — Ebenso *Welzel*, Gerechtigkeit S. 245, der beide: „Geisteskräfte" nennt (246).
[88] Th. *Geiger*, Demokratie S. 177.
[89] Th. *Geiger*, aaO S. 357, 360.

rechts. Muß der Täter nämlich „in einer seiner Gedankenwelt entsprechenden allgemeinen Wertung das Unrechtmäßige der Tat erkennen oder bei gehöriger Gewissensanspannung erkennen können"[90], so wird ihm ein schuldbefreiender oder -mindernder Verbotsirrtum nicht zugute gehalten.

Das fragliche Erkenntnisvermögen entwickelt der Kenner des Rechts in gesteigertem Maße. Wilhelm *Sauer* spricht eine Wahrheit aus, wenn er den inneren Erfahrungsreichtum des „großen Klinikers" der Rechtspraxis als unersetzlich bezeichnet[91]. Nicht umsonst nennt man sowohl Weisheit als auch Klugheit die Tugenden des idealen Richters. Damit sind wir wieder beim Ausgangspunkt[92]. In einer Haltung des Zweifelns wird man nicht zum weisen Richter. Der Pessimist ist nicht zur Werterfassung bestimmt. Wie in der Politik[93] so brauchen wir in der Rechtserkenntnis Vertrauen und Lebensoptimismus[94].

§ 11 Die Methode der Staatsrechtstheorie

1. Die Methode der Staatsrechtswissenschaft

Die dargestellte Methode der heutigen Rechtswissenschaft beherrscht auch die Staats- insbesondere die Verfassungsrechtswissenschaft[1]. Das ist selbstverständlich, wenn man den obigen Darlegungen von der Rechtfertigung des positiven Rechts folgt. Beruht die Geltung des (politischen) Staatsrechts auf seiner Vereinbarkeit mit dem am Gemeinwohl orientierten Gemeingeist — und das wird z. B. für die Wertordnung der Grundrechte und für die materielle Bedeutung der Kompetenznormen noch besonders deutlich werden —, so hat auch auf diesem Gebiet die Rechtswissenschaft die Aufgabe, das positive Recht mit der geistigen Wertordnung zu vermitteln (vgl. oben § 10, 1).

Im übrigen darf darauf verwiesen werden, daß wesentliche Impulse zur Überwindung eines einseitigen Positivismus von der Staatsrechts-

---

[90] Großer Senat für Strafsachen, BGHSt 2, 194 (202).
[91] W. *Sauer*, Methodenlehre S. 355. — Vgl. auch *Boehmer*, Rechtsordnung II 1 S. 211 f. und Freirechtslehre S. 13 f.
[92] Vgl. § 2, 2 letzter Absatz.
[93] Vgl. *Flechtheim*, Wertproblem S. 202.
[94] *Weinkauff*, Naturrechtsgedanke S. 1096, beklagt die Verbreitung von „Relativismus, Skepsis, Wissenschaftsaberglaube und mangelndem Rechtsgefühl" insbesondere bei den Juristen.

Anmerkungen zu § 11
[1] *Triepel*, Staatsrecht S. 39: Es gibt für Staats- und Privatrecht „nur *eine* juristische Methode".

wissenschaft gekommen sind. Erich *Kaufmann*[2] hat in den zwanziger Jahren den Anstoß gegeben. Günther *Holstein*[3] machte die Bezeichnung „geisteswissenschaftliche Methode" zum Allgemeingut, obwohl es sich bei ihm wie bei *Smend*[4], der die Bezeichnung aufgriff, um eine vorwiegend geistesgeschichtliche Methode handelte.

Neben E. Kaufmann ist *Triepel* der eigentliche geistige Vater der geisteswissenschaftlichen Methode des Staatsrechts, wie wir sie heute verstehen. Triepel spricht von einer „teleologischen" Methode[5]. Er distanziert sich deutlich vom bloßen Historismus[6], der dem status quo zu sehr verhaftet ist, und gibt wie E. Kaufmann Werten Raum, die sich nicht unmittelbar aus dem historischen Rechtsbewußtsein ableiten lassen, sondern ihren sachlichen Grund, ihre Vernünftigkeit, in sich selbst tragen[7].

---

[2] *E. Kaufmann*, Kritik, z. B. S. 100, und Gleichheit: Die „Legitimitäts- und Wertauffassungen" „des Zeitalters und der deutschen Volksgemeinschaft" sind für die „Auslegung zweifelhafter gesetzlicher Begriffe und für die Anwendung der Gerechtigkeitsprinzipien" maßgeblich (S. 18). Nur die „gerechte und sittliche Persönlichkeit" kann diese Auffassungen „erfassen und weiterbilden" (S. 16 f., vgl. außerdem oben in und bei § 3 A. 41). — „...Staat und Gesetz stehen unter dem Recht (20)." Man wird hier an *Haenel* (Gesetz S. 217 f.) erinnert. Daß E. *Kaufmann* dieses Werk Haenels gut kannte, beweist seine eigene Feststellung, Smend wiederum sei von dieser Haenel-Schrift beeinflußt (VVDStRL 4 Aussprache S. 79). — Vgl. VVDStRL 4 Aussprache, wo E. *Kaufmann* sich auch auf Holstein bezieht: „institutionelle, geistesgeschichtlich orientierte Auffassung des Rechtes (S. 80); Interpretation unter Besinnung auf das „objektive Ethos" der Rechtssätze (S. 81).

[3] *Holstein*, Staatsrechtswissenschaft S. 31 (vgl. Smend, Verfassung S. 7). Holstein knüpft (S. 33) an O. v. Gierke sowie (S. 28 f.) an Triepel und E. Kaufmann an. S. 29: Bedeutung „der schöpferischen Persönlichkeit und der objektiven Werthaltigkeit des Institutionellen". S. 30: Rechtsordnung zurückführbar auf „Summe psychologischer, soziologischer, ethischer Wertvorstellungen objektiver Art" i. S. des Volksgeistes der historischen Schule. — Wenn *Holstein* seine „geisteswissenschaftliche" Methode kurz dadurch charakterisiert, daß sie die „ideengeschichtlichen Zusammenhänge unserer Rechtskultur" zur „Erfassung des positiven Rechts" benutze (S. 31), so erweist sich seine Methode als vorwiegend „geistesgeschichtliche". Diesen Terminus verwandte Holstein in seinem Diskussionsbeitrag VVDStRL 3 S. 55 ff., der im übrigen schon das wesentliche des Aufsatzes über die „Staatsrechtswissenschaft" enthielt.

[4] *Smend*, Meinungsäußerung S. 47: „...geisteswissenschaftliche Entwicklung" eines grundrechtlichen Kultursystems „als eines geschichtlich begründeten und bedingten geistigen Ganzen..."; S. 51: „Wertkonstellation" der Grundrechte „geisteswissenschaftlich, insbesondere geistesgeschichtlich zu verstehen und auszulegen." — *Jerusalem*, Methode S. 163, hat die geisteswissenschaftliche Methode Holsteins und Smends richtigerweise als eine Anknüpfung an den Kollektivismus der Historischen Schule bezeichnet, zu dem er sich dann selbst radikal bekennt (S. 182, 188, 196). Vgl. die hier vertretene abweichende Ansicht: oben § 6, 3 und 4.

[5] *Triepel*, Staatsrecht S. 37, 39.

[6] *Triepel*, Staatsrecht S. 25; — so auch *Heller*, Problematik S. 323, 336 f.

[7] *Triepel*, Staatsrecht S. 39 f. und VVDStRL 3 Aussprache S. 51 u. 52. — In der völligen Ablehnung des Eigenwertes geistiger Inhalte, den wir in ihrer Überzeugungskraft sehen, bleibt dagegen *Heller* (Problematik S. 352 f. und Staatslehre S. 46 f.) einer ausschließlich historisch gebundenen Geistessystematik (Problematik S. 354) verhaftet. Vgl. hier oben § 3, 3 nach A. 20.

§ 11 Die Methode der Staatsrechtstheorie 91

E. Kaufmann wiederum hat die praktische Seite dieser Methode deutlicher herausgearbeitet, die Tatsache, daß die Gerechtigkeitsidee der Repräsentation durch den geläuterten personalen Geist bedarf².

Heute gilt die Erkenntnis, daß jede Verfassungsvorschrift aus dem Ganzen der Verfassung heraus verstanden werden muß⁸. Diese Interpretation der Verfassung als einer sinnvollen Einheit⁹ entspricht einem Grundsatz der allgemeinen geisteswissenschaftlichen und insbesondere der juristischen Hermeneutik¹⁰. Die damit geforderte Widerspruchsfreiheit¹⁰ setzt eine geistige Gesamtkonzeption voraus, die auch neue Probleme zu bewältigen vermag. Diese Aufgabe kann nur die an den Rechtswerten orientierte geistige Wert- und Verfassungsordnung meistern¹¹. Dementsprechend hat das Bundesverfassungsgericht in ständiger Rechtsprechung erkannt, daß das Grundgesetz eine wertgebundene Ordnung aufgerichtet habe, deren oberste Prinzipien (Art. 1 u. 20 GG) in Art. 79 III GG geschützt seien¹². Diese Prinzipien seien „Ausdruck eines auch der Verfassung vorausliegenden Rechts", dem die einzelnen Verfassungsbestimmungen untergeordnet seien¹³.

Auf die richtige geistige Wertordnung zielt das Bundesverfassungsgericht, indem es dem Gesetzgeber im Rahmen des Gleichheitssatzes verbietet, „Gesetzlichkeiten, die in der Sache selbst liegen, und die fundierten allgemeinen Gerechtigkeitsvorstellungen der Gemeinschaft" zu mißachten¹⁴. Im gleichen Sinne greift die Lehre auf das soziale Substrat herrschender Rechtsanschauungen und das legitime Rechtsbewußtsein¹⁵ zurück, auf das Urteil aller billig und gerecht Denkenden¹⁶ oder auf die

---

⁸ *Ehmke*, Wirtschaft S. 52.
⁹ *Ehmke*, Verfassungsinterpretation S. 77. — Literaturnachweise bei *Ossenbühl*, Verfassungsauslegung S. 654 A. 62. Vgl. hier oben § 10, 1 nach A. 18.
¹⁰ *Coing*, Hermeneutik S. 14, 18 f., 23 f.; — W. *Geiger*, Grundrechte S. 59.
¹¹ Sie ist nämlich das lebendige „Selbstverständnis eines Gemeinwesens" (vgl. *Ehmke*, Verfassungsinterpretation S. 65), das in der Verfassung objektiviert ist.
¹² BVerfGE 6, 32 (40). Vgl. auch BVerfGE 7, 198 (205) m. Nachw.; 12, 45 (51); 13, 97 (110); 14, 288 (301).
¹³ BVerfGE 1, 14 (32), vgl. auch 3, 225 (233); von einem vorverfassungsmäßigen Gesamtbild sprechen BVerfGE 2, 380 (403) und BVerwGE 1, 159 (161); BGHZ 11, Anh. 34 (42): Bindung des Verfassungsgesetzgebers an die „unabdingbaren Gebote der Gerechtigkeit". — Ossenbühl, Verfassungsauslegung S. 656 f. (Lit. in A. 97), bleibt mangels rechtsontologischer Grundlegung im hermeneutischen Zirkel. Zu letzterem vgl. *Gadamer*, Wahrheit S. 178 f., 275 ff.
¹⁴ BVerfGE 9, 338 (349), vgl. auch BVerfGE 2, 266 (285).
¹⁵ *Ipsen*, Gleichheit S. 175 f.; aaO S. 119: *Triepel*, *Leibholz* und *Aldag* haben den Gleichheitsmaßstab im jeweiligen vernünftigen Rechtsbewußtsein gesehen. — Vgl. *Schrader*, Recht S. 242.
¹⁶ *Bachof*, Grundgesetz S. 40; — *Maunz-Dürig*, Komm. Art. 20 RNr. 73; — *v. Mangoldt-Klein*, Komm. Art. 19 V S. 560. — Auf „die in der Rechtsgemeinschaft herrschenden Wertanschauungen" stellen ab: *Bender*, Methode S. 599 a. E., und W.-D. *Eckardt*, Gesetzesauslegung S. 32 f., 36.

durch ein langüberliefertes Herkommen geprägte und durch das Allgemeininteresse bestimmte allgemeine Rechtsauffassung[17]. Überhaupt ist die Anknüpfung an die geistesgeschichtliche Tradition bei der Verfassungsauslegung wegen der generalklauselartigen Weite der materiellen Verfassungsbestimmungen geradezu unentbehrlich, aber eben auch nur im Rahmen einer geisteswissenschaftlichen Auslegung zulässig[18].

Den deutlichsten Beweis für die Anerkennung unserer Methode im Staatsrecht liefert die herrschende Meinung über die immanenten Grundrechtsschranken positiv-rechtlich nicht einschränkbarer Grundrechte oder Grundrechtsbezirke (Wesensgehalt)[19]. Bewußt oder unbewußt wird bei der hier erforderlichen Abwägung inhaltlich auf das geläuterte Rechtsbewußtsein der Rechtsgemeinschaft abgestellt. Auch das allgemeine Verständnis des „Rechts" in Art. 20 III GG als eines überpositiven Wertgehalts[20] ist nur auf dem Boden der geisteswissenschaftlichen Methode möglich. Entsprechendes läßt sich zur Auslegung von Verfassungsgrundsätzen (z. B. Rechts- und Sozialstaat) und von unbestimmten Verfassungsbegriffen[21] (z. B. Gleichberechtigung, Kunst) sagen. Im übrigen gilt auch im öffentlichen Recht, daß dem positiven Recht im Interesse der Rechtssicherheit und der generellen Gerechtigkeit so weit wie möglich gefolgt werden muß. Rechtsethische *Korrekturen* werden erst zulässig, wenn sie zwingend erforderlich sind, um ein „jeder Vernunft widersprechendes Ergebnis" zu vermeiden[22].

Die geisteswissenschaftliche Methode bekämpft vor allem Ernst *Forsthoff*, der sich selbst außerhalb der herrschenden Richtung sieht[23]. Er erkennt einerseits dem Verfassungsgesetz einen Charakter sui generis zu und warnt vor der zivilistischen Hermeneutik[24], andererseits unterstellt er die Verfassung als Gesetz den Methoden, die „für die Gesetzes-

---

[17] Ernst Rudolf *Huber*, Wirtschaftsverwaltungsrecht I S. 201.
[18] Der Verfassungsgeber kann unmöglich alles das bedacht haben, was er laut Lehre und Rechtsprechung mangels ausdrücklicher abweichender Regelung an Rechtstradition übernommen hat. Zur Anknüpfung an die Tradition vgl. *BVerfGE* 10, 285 (298); 14, 263 (278); 15, 256 (264); 17, 172 (182); 19, 303 (314); *BVerwGE* 6, 101 (104) u. Lit. bei *Ossenbühl*, Verfassungsauslegung S. 658 ff.
[19] Vgl. oben § 7 A. 45 f., unten § 19 A. 20 ff.
[20] *Maunz*, Staatsrecht § 10 II 3 d S. 64, bes. a. E.; — *Wernicke* in Bonner Komm. Art. 20 II 3 e; — *v. Mangoldt-Klein*, Komm. Art. 20 VI 4 f. S. 603 f.; — *Maunz-Dürig*, Komm. Art. 20 RNr. 72 f.; — *Hamann*, Komm. Art. 20 B 8 a S. 212; — *Hessdörfer*, Rechtsstaat S. 84, 131 f., wo der öffentlich-rechtliche Grundsatz von Treu und Glauben als Anwendungsfall behandelt wird.
[21] Vgl. *Bachof*, Grundgesetz S. 40.
[22] *Hessdörfer*, Rechtsstaat S. 85, 44. — Vgl. unten § 19, 3 Abs. 3 ff. mit Lit.
[23] *Forsthoff*, Verfassungsauslegung, Vorwort S. 7, und Rechtsstaat S. 390. — *Ossenbühl*, Verfassungsauslegung S. 659, bezeichnet die herrschende Methode, die vor allem das BVerfG handhabt, als die „geisteswissenschaftliche".
[24] *Forsthoff*, Verfassungsauslegung S. 25.

§ 11 Die Methode der Staatsrechtstheorie 93

auslegung im allgemeinen gelten"[25]. Der scheinbare Widerspruch löst sich dadurch, daß *Savignys* Auslegungsmethode der grammatischen, logischen, historischen und systematischen Interpretation als maßgeblich erklärt wird, eine Methode, die eben das teleologische Element der heutigen zivilistischen Hermeneutik nicht ausdrücklich enthält[26]. Demgegenüber heißt es im Verwaltungslehrbuch, mit den „in der Rechtsgemeinschaft wirksamen Gedanken und Überzeugungen" solle „auf jenes allgemeinere und höhere Recht verwiesen werden, ohne das eine positive Rechtsordnung nicht verstanden und interpretiert werden kann, mag man es nun Naturrecht oder wie sonst immer nennen"[27].

Im Grunde ist sich Forsthoff der Eigenart der Verfassung voll bewußt. Er führt selbst den Eigentumsbegriff als Beispiel dafür an, daß Verfassungsbegriffe eine Eigenständigkeit besäßen und in einem logischen und politischen Bezugssystem durchaus eigener Art Sinngehalte gewönnen, „die jeder spezialgesetzlichen Fixierung und auch der Voraussicht des Urhebers in hohem Maße entrückt" seien[28].

Handelt es sich hierbei und bei den vorgenannten allgemeinen Rechtsüberzeugungen etwa nicht um die „weiteren geistigen Zusammenhänge" einschließlich eines Menschenbildes, deren Berücksichtigung an anderer Stelle als „geisteswissenschaftliche Methode" verdammt wird?

Wenn formale Gesetzeselemente und alle anderen Auslegungsmittel grundsätzlich unbeachtet bleiben sollten[29], wäre Forsthoffs Besorgnis zu teilen. Sie träfe ebenfalls zu, wenn einer „unkontrollierbaren, weil subjektiven Vorstellungen Raum gebenden" Auslegung[30] das Wort ge-

---

[25] *Forsthoff*, aaO S. 39, auch zum folgenden.
[26] Übrigens weisen *Enneccerus-Nipperdey*, Allg. Teil 1, § 59 III S. 349, daraufhin, daß Savignys Anweisung, das Recht aus sich selbst zu ergänzen, als Gegensatz zur damaligen Naturrechtslehre zu verstehen sei. Durch die doch schließlich entscheidende Tat habe Savigny aber die „richtige Auffassung" von der zu allen Zeiten geübten umbildenden und ausgestaltenden Fortentwicklung des Rechts durch Wissenschaft und Rechtsprechung bestätigt. — *Larenz*, Methodenlehre, meint, die auf Savigny folgende Begriffsjurisprudenz dürfe ihm nur mit Vorbehalten im Ansatz zugerechnet werden (S. 16, vgl. insbes. S. 11, 13, 15).
[27] *Forsthoff*, Lehrbuch § 7 B 1 S. 132. Diese Stelle ist noch eindeutiger als der von *Hollerbach*, Auflösung S. 247 A. 43 u. S. 248 A. 46, zitierte Passus auf S. 4 des Lehrbuches.
[28] *Forsthoff*, Sozialer Rechtsstaat S. 24. — Diese Einbettung in den objektiven Geist ist nach h. M. bei der Verfassung viel stärker zu berücksichtigen als beim gewöhnlichen Gesetz: Vgl. Herbert *Krüger*, Verfassungsauslegung S. 687; — *Ehmke*, Verfassungsinterpretation S. 62 ff. mit umfangreichen Literaturhinweisen; — Hans *Huber*, Diskussionsbeitrag dazu, VVDStRL 20 S. 116 f.; — *Bachof*, Verfassungsrichter insbes. S. 45 f.; — *Böckenförde*, Gesetz S. 335 f.
[29] Zum vorstehenden: *Forsthoff*, Umbildung S. 44.
[30] *Forsthoff*, VVDStRL 12, Schlußwort S. 128. Insoweit hat Forsthoff allgemeine Zustimmung gefunden.

redet würde. Das ist auch die alte Befürchtung der positivistischen Geisteshaltung, die wir noch bei Georg *Jellinek* nachgewiesen und hier im Hinblick auf die Grundlagen der geisteswissenschaftlichen Methode zu entkräften versucht haben.

In Wahrheit dürfte es Forsthoff darum gehen, eine rigide Verfassungsentscheidung für den Liberalismus zu verteidigen[31]. Denn es ist nicht einzusehen, warum ein Ausgleich der Eigeninteressen von Individuum und Gemeinschaft im Sinne des Gemeinwohles[32] ein nur „gängiger Wert" sein und einen geringeren Entscheidungscharakter haben sollte als die Wertentscheidung für den liberalen Rechtsstaat[31]. Es läßt sich nun einmal nicht ohne Wertabwägung feststellen, wo die Grenzen eines Grundrechts liegen und was zu seinem Wesensgehalt gehört. Der Liberalismus eröffnet dem Individuum nur von vornherein einen weiteren Freiheitsbereich. In Anbetracht des auch von Forsthoff als notwendig anerkannten *materialen*, liberalen Rechtsstaats (mit verfassungsrichterlicher Gesetzeskontrolle)[33] ist übrigens klar, daß nicht erst der materiale, *soziale* Freistaat des Grundgesetzes die kritisierte starke Stellung des Verfassungsinterpreten bedingt[34].

Entscheidend ist letzten Endes die Frage, worin die Verpflichtungswirkung und damit die Bestandskraft einer Verfassung[35] liegt und wer sie mehr gefährdet, derjenige, der das entstehungszeitliche oder derjenige, der das geltungszeitliche Verständnis der Verfassungswerte zugrunde legt[36]. Wir meinen, aus dem Wesen der geistigen Verfassung nachgewiesen zu haben, daß hier nicht anders als bezüglich der gesellschaftlichen Rechtsordnung[37] der gegenwärtige Sinn des Rechts erfaßt werden muß. Es hängt natürlich alles davon ab, wie man das Wesen der Wertordnung auffaßt. Forsthoff scheint nur die Alternative zwischen einem psychischen und einem naturrechtlich absoluten Wertsystem in Erwä-

---

[31] Vgl. *Forsthoff*, Verfassungsauslegung S. 38 f. und 32 f. — *Heller* hat auf den historischen Zusammenhang des deutschen Positivismus mit einer individualistischen Ethik hingewiesen (Problematik S. 328).

[32] Vgl. das von *Forsthoff*, Umbildung S. 44, als Auslegungsziel abgelehnte Menschenbild aus BVerfGE 4, 7 (15). — *Imboden*, Staatsformen S. 115: „... die in der bewußten Bejahung der bestehenden Antinomien reale und dem menschlichen Bewußtsein konforme Konstitution ist das Werk der Reife."

[33] *Forsthoff*, Maßnahme-Gesetze S. 232 f. und Verfassungsauslegung S. 36 f.

[34] *Forsthoff*, Verfassungsauslegung S. 33, 39.

[35] *Imboden*, Staatsformen S. 115: „Im Wissen um die Komplexität der Ordnungsprinzipien liegt das Geheimnis aller wahrhaft stabilen staatlichen Ordnungen."

[36] Herbert *Krüger*, Verfassungsauslegung S. 686, vgl. auch S. 685: Eigenleben der Verfassung mit ihrem „geronnenen Inhalt" nur denkbar, wenn man sie auf einen Gott zurückführt. Also geltungszeitliche Interpretation aus der Sicht eines idealen gegenwärtigen Verfassungsgebers (S. 687 ff.).

[37] Vgl. oben § 8, 2 und 3.

§ 11 Die Methode der Staatsrechtstheorie 95

gung zu ziehen. Nur so kann er im Hinblick auf Nationalsozialismus und Kommunismus mit der "Vertauschbarkeit der Werte" operieren[38].

Uns geht es um die traditionelle Wertordnung, die vom Volke getragen und von der Kennerschaft unter Vernunftsgesichtspunkten weiterentwickelt wird[39]. Dabei findet eine stete Wechselwirkung zwischen personalem und objektivem Geist statt. Da nur die geschichtliche Erfahrung das letzte Wort sprechen kann, ergibt sich für die Verfassungsauslegung die Notwendigkeit eines "vorsichtigen Konservativismus"[40].

Wenn Forsthoff meint, eine formelle Bestimmung *oder* eine gesicherte Verfassungsauslegung im Sinne des Art. 79 III GG hätten der Weimarer Verfassung Abwehrkräfte gegen die nationalsozialistische Machtübernahme gegeben[38], so durchbricht er mit der Anerkennung dieser Alternative bereits sein eigenes Postulat der Legalität. Das damalige Fehlen der fraglichen Verfassungsdogmatik aber beweist, daß es sich auch vor 1933 um die Repräsentation der richtigen geistigen Verfassung[41] (gegenüber einer starken Strömung des Zeitgeistes) handelte, nicht um die Frage der formalen Legalität, die eben ohne geistiges Fundament zu sinnwidrigen Ergebnissen führen muß. Mit dem Mißbrauch der Macht hat man einfach nicht gerechnet, sonst hätte sich der objektive Gemeingeist gewappnet, auf welche Weise, verfassungsgesetzlich oder in der Dogmatik oder "nur" im lebendigen Rechtsgeist, das wäre nicht entscheidend gewesen. Gesetzesform ohne Legitimität gewährt jedenfalls einer Verfassung keinen dauerhaften Bestandsschutz, wobei der Rechtssicherheitswert des Verfassungsgesetzes als solchen durchaus nicht übersehen werden soll[42].

Insofern ist die vom Bundesverfassungsgericht herausgestellte Spannung Individuum — Gemeinschaft[43] im Sinne der hier dargelegten Auf-

---

[38] *Forsthoff*, Verfassungsauslegung S. 27.
[39] *Hollerbach*, Auflösung S. 251, meint mit einem nicht psychologistisch mißzuverstehenden integren Staats- und Rechtsbewußtsein im Ergebnis dasselbe.
[40] Diesen fordern: *Forsthoff*, Verfassungsauslegung S. 24; — *Nipperdey*, Würde S. 17. — H. *Krüger*, Verfassungsauslegung S. 687: "behutsame" Hilfestellung.
[41] Im übrigen hätte die von *Forsthoff* zitierte Lehre Carl *Schmitts* über die Schranken der Verfassungsänderung (Verfassungslehre S. 102 ff.) kaum etwas geholfen. War es doch gerade Carl Schmitt, der die rechtsstaatlichen Prinzipien gegenüber dem politischen Bestandteil der Verfassung abwertete (aaO S. 41) und der das *Subjekt* der verfassunggebenden Gewalt (Monarch oder Volk) als Kriterium für Verfassungsvernichtung (aaO S. 103 f.) und Staatsform (aaO S. 204 f., 23) heranzog. Auch unter den Beispielen für die Grenzen der Verfassungsänderung gegenüber der Verfassungsbeseitigung finden rechtsstaatliche Gesichtspunkte keine Erwähnung, es sei denn, man zählt das föderalistische Element dazu. Es geht ja auch nur um die "grundlegenden *politischen* Entscheidungen der Verfassung" (aaO S. 104 ff.). (Hervorhebung durch Verf.)
[42] *Hollerbach*, Auflösung S. 250 f.
[43] BVerfGE 4, 7 (15); — BVerwG Urt. v. 4. 11. 1965 (1 C 6/63) MDR 1966, 260.

fassung[44] nach beiden Seiten hin ernst zu nehmen. Von einer Ausklammerung staatlicher Institutionen aus dem Wertsystem[45] kann also im Rahmen einer wohlverstandenen Gemeinwohltheorie nicht die Rede sein. Auch geht es bei der von Forsthoff bekämpften sozialstaatlichen Interpretation der Grundrechte[46] weder um einen ebenfalls von Forsthoff abgelehnten Verzicht auf Staatlichkeit noch um eine Ausklammerung des Staatsbegriffs aus dem Grundrechtsverständnis[47], sondern gerade um eine stärkere Bindung des Individuums an die Gesellschaft und deren Organisation, den Staat. Damit der Staat den erforderlichen Raum für politische Entfaltung behält und damit er politische Konfliktsituationen meistern kann[48], sollen die Eigeninteressen des Individuums nicht auf Kosten der Gesamtheit gehen. Mit dieser Tendenz ist auch das Verfassungsprinzip der Sozialstaatlichkeit von Hans Peter *Ipsen*[49] zum ersten Mal auf den Plan gerufen worden.

Die geisteswissenschaftliche Erfassung der Spannungslage zwischen Individuum und staatlicher Gemeinschaft kann also Forsthoffs berechtigten Forderungen durchaus gerecht werden, die Staatlichkeit nicht den Grundrechten zu opfern[50] und an Krisenzeiten zu denken[51]. Als Inhalt des lebendigen objektiven Geistes vereint nämlich die geistige Verfassung die Beständigkeit traditioneller Wertungen mit Flexibilität gegenüber den Forderungen des Augenblicks, während die sog. „rigide" Verfassung i. S. des Legalitätsideals von Forsthoff eventuell gerade zu

---

[44] Vgl. hier oben § 8, 1 bei A. 6 ff.
[45] Das befürchtet *Forsthoff*, Verfassungsauslegung S. 19, lehnt aber S. 20 auch das Gegenteil ab.
[46] *Forsthoff*, aaO S. 32.
[47] *Forsthoff*, Rechtsstaat S. 391, 393. — Vgl. *Dürig*, Komm. Art 2 I RNr. 25: Die Entfaltungsfreiheit des Art. 2 I GG ist durch die Ermächtigung des Staates zu einer politischen Sozialgestaltung im Rahmen der Verfassung, insbesondere des Art. 19 II GG, eingeschränkt. — Das Prinzip der sozialen Rechtsgerechtigkeit, das seinerseits der Politik Schranken setzt (vgl. oben § 7, 3—5), würde dagegen auch ohne das Sozialstaatsprinzip gelten: Vgl. *Forsthoff*, Sozialer Rechtsstaat S. 28 f., wo der Anspruch auf Fürsorge schon vor *BVerwGE* 1, 159 bejaht worden ist (vgl. oben § 7 A. 57).
[48] *Forsthoff*, Rechtsstaat S. 396, meint dagegen, die geisteswissenschaftliche Verfassungsrechtstheorie sei unpolitisch, da sich dem Staat bei politischen Konfliktsituationen „auf der Ebene der Wertabwägung keine Lösungen anbieten". — Als Gegenbeispiel sei auf die „wesentliche Handhabe" des GG i. S. einer Sozialstaatlichkeit, nämlich auf Art. 14 II mit 14 I 2 GG verwiesen (*Ipsen*, Enteignung S. 85). Die Wertabwägung erlaubt es, in Notzeiten eine stärkere Sozialbindung des Eigentums geltend zu machen als sonst, z. B. in verstärktem Maße Wohnraum zu bewirtschaften. Vgl. *BGHZ* 6, 270 (279, 286).
[49] *Ipsen*, Grundgesetz S. 16 ff.
[50] *Forsthoff*, Verfassungsauslegung S. 20 f., ist nicht der einzige, der eine zu individualistische Auslegung des Art. 12 GG durch das BVerfG kritisiert. — Vgl. im Sinne des Textes z. B. *BVerfGE* 4, 7 (15 f.) betr. Investitionshilfe.
[51] *Forsthoff*, Rechtsstaat S. 397 f.

starr ist, um eine neue Situation, insbesondere eine Krisenlage, meistern zu können[52].

2. Die Methode der Staatslehre

Wir können nunmehr als Ergebnis festhalten, daß die Staatslehre sich der soziologischen Methode als Hilfsmethode bedient, um die Gegebenheiten des natürlichen Staates und alle sozialen Faktoren einschließlich der psychischen Vorstellungen zu erfassen, die das geistige Leben innerhalb des Staates begleiten.

Die Wertungen[53] dagegen, die zur Erfassung der richtigen geistigen Wertordnung und Verfassung führen, sind wie in der Rechtswissenschaft nur der geisteswissenschaftlichen Methode zugänglich.

Wäre die Staatslehre nur der Philosophie zugewandt, so könnte man sogar sagen, sie sei eine noch stärker geisteswissenschaftliche Disziplin als die Staats*rechts*lehre, da sie nicht an Gesetzesrecht und damit auch nicht an grammatische Auslegungselemente gebunden sei. Das stimmt aber schon deshalb nicht, weil es jede Geisteswissenschaft mit der Auslegung von Texten (ihrer Wegbereiter) zu tun hat. Zum anderen besagt die geisteswissenschaftliche Methode der Staats*rechts*lehre ja gerade, daß das positive Recht erst aus der geistigen Wertordnung heraus verstanden werden kann. Die Staatslehre ist die Theorie dieses Vorverständnisses.

In ihrer hermeneutischen Funktion[54] muß sie auch die Elemente der staatsrechtlichen Methode in sich aufnehmen, die wie die Gründung auf den Gesetzeswortlaut in besonderem Maße der Rechtssicherheit zugute kommen. Treffen sich also Staatsrechtslehre und Staatslehre in der hier dargestellten geisteswissenschaftlichen Methode, so zeigt sich darin nur das doppelte Gesicht jeder juristischen Methode, auf der einen Seite der Rechtsanwendung zu dienen und andererseits im Dienste der Rechtstheorie „und damit letzten Endes der Rechtsphilosophie" zu stehen[55].

Im Gegensatz zu der rechtsphilosophischen Abstinenz[56] der oben in den Abschnitten 1—3 des § 3 dargestellten Staatsauffassungen haben wir

---

[52] In diesem Sinne: H. *Krüger*, Staatslehre S. 293.
[53] Eine wertende Staatslehre bejahen ausdrücklich: *Bäumlin*, Demokratie S. 37; — *Badura*, Methoden S. 135 (mit Hilfe einer Theorie der Gerechtigkeit). — Vgl. *Imboden*, Souveränitätslehre S. 27 f.
[54] *Ehmke*, Verfassungsinterpretation S. 64, 66; zum vorhergehenden: S. 56.
[55] *Larenz*, Methodenlehre Vorwort S. IV. — O. *v. Gierke*, Labands Staatsrecht S. 22: „... wissenschaftliches Staatsrecht ohne philosophische Grundlegung undenkbar".
[56] *Heller*, Staatslehre S. 57, erkennt aber die Staatsphilosophie als „unvermeidliche" Voraussetzung der Staatslehre an, die eines Menschen-, Welt- und

die reale geistige Seinsweise von Recht und Verfassung in unsere Betrachtung einbezogen. In der hier beleuchteten geisteswissenschaftlichen Methode haben wir eine Erkenntnisweise vorgefunden, die zwar menschlicher Unvollkommenheit verhaftet ist, es aber vermeidet, die zugrunde liegende Weltanschauung stillschweigend (und das heißt auch als indiskutabel) vorauszusetzen. Wir glauben, im Wesen der geistigen Wertordnung und des Zuganges zu ihr genügend Elemente der Versachlichung aufgezeigt zu haben, um unsere Methode als wissenschaftlich bezeichnen zu dürfen.

Damit haben wir einerseits eine Methode abgelehnt, die beanspruchen müßte, allein aus der Vernunft heraus die kategorischen Imperative eines apriorischen Wertsystems zu erkennen, und andererseits vermieden, uns allein auf Rechtsgefühl oder Glauben verlassen zu müssen[57]. Dabei haben wir den großen Wert betont, den die Fundierung sozialer Normen im religiösen Glauben darstellt[58]. Er bietet die Basis des Seinsvertrauens, ohne das man eigentlich keine Normwissenschaft betreiben kann[59].

Die verfassungstheoretische Methode, die uns zu erlauben scheint, was G. *Jellinek* verschlossen schien, nämlich die kritische Wertung von Recht und Verfassung[60], hat Horst *Ehmke* durch den Hinweis auf den „Konsens aller ‚Vernünftig- und Gerecht-Denkenden' " charakterisiert. Zu den ersteren gehören nach Ehmke vor allem die Rechtslehrer und die Richter (woraus sich die Bedeutung der herrschenden Lehre und der ständigen Rechtsprechung erschließe), zu den zweiten, in mehr kontrollierender Funktion, das ganze Gemeinwesen (woraus die Bedeutung einer anerkannten politischen Tradition hervorgehe). Das Kriterium der Vernünftigkeit liege in der Überzeugungskraft[61]. Damit sind der objektive

---

Geschichtsbildes bedürfe. — Vgl. auch die Ansicht G. *Jellineks* hier oben § 9, 1 bei A. 17—21.

[57] Vgl. aber die Staatsauffassungen hier oben unter § 3, 4.

[58] Hier oben § 3, 4 b bis A. 38.

[59] In diesem Sinne sagt *Heller*, Problematik S. 322: „Ein im Zentralsten erschüttertes Lebensgefühl sucht heute nach berechenbaren Sicherheiten, die keine geisteswissenschaftliche Erkenntnis zu bieten vermag." — Eine ähnliche Erschütterung, und zwar auf Grund einer zur seelisch-geistigen Entwurzelung führenden Technisierung, charakterisiert mit Recht: *Vilmar*, Barbarei S. 122 f.: „Wenn ein Volk — das ist die ... unwiderlegliche Lehre der Geschichte — keine anderen geistigen Kräfte mehr erzeugt, als räsonnierende, kritische, negative und destructive, wie zu seiner Zeit Griechenland die Alexandriner erzeugte, und Rom" seine Imperatoren erwürgte, „dann ist seine Zeit aus, und ... die Auflösung und unwiderrufliche Vernichtung bricht herein..."

[60] Vgl. hier oben § 9, 1 bei A. 16.

[61] *Ehmke*, Verfassungsinterpretation S. 71 f.

§ 11 Die Methode der Staatsrechtstheorie 99

Gemeingeist und seine Richtigkeit im Sinne unserer Ausführungen angesprochen. Man wird darin die Synthese unserer Zeit für die Gedanken sehen können, die den Epochen des Naturrechts und der historischen Rechtsschule zugrunde gelegen haben[62, 63].

---

[62] Vgl. *Larenz*, Methodenlehre S. 83.
[63] *Schmitthenner*, Staatsrecht, kommt dieser Synthese schon recht nahe, ist aber beiden Epochen noch zu stark verpflichtet: Einmal bleiben die Objektivationen des Volksgeistes bei der Entwicklung einer „geschichtlich-organischen" Methode des allgemeinen Staatsrechts (S. 15 ff.) gegenüber der rationalen Erkenntnis dominierend (S. 24). Zum anderen erhält der Staat einen von menschlicher Weisheit unabhängigen Rang (S. 5, vgl. S. 536: eigentlich Stiftung Gottes). — Das Gewohnheitsrecht unterliegt aber bereits dem Maßstab der Rechtsidee, weil die Gewohnheit auf Irrtum statt auf vernünftiger Einsicht beruhen könne (S. 541).

Zweiter Teil

Die Staatsform der Bundesrepublik

„Das Problem der Staatsform ist die schwierigste und zugleich die krönende und abschließende Frage der Staats- und insbesondere der Verfassungstheorie."

Rudolf Smend[1]

§ 12 Die Bedeutung der Staatsform

In der Betrachtung der Staatsform treffen sich die beiden Aufgaben der Staatslehre, die Staatswirklichkeit zu erfassen[2] und ein Urteil über die Richtigkeit verschiedener Staatstypen abzugeben. Dieses Urteil setzt einen natürlichen Staat voraus, d. h. eine positivrechtlich organisierte Herrschaft. Unter dem Aspekt des Staates läßt sich eben nur eine soziale Erscheinung beurteilen, die ein institutionalisiertes Eigenleben führt und nicht nur eine willkürliche Folge zufälliger Ereignisse ist[3]. Zum natürlichen Staat gehört somit über das gesetzte Verfassungsrecht hinaus auch die Verfassungswirklichkeit[4] mit ihren berechenbaren und von den Beteiligten unangefochten in Anspruch genommenen Regeln, bei denen es sich vielfach um Gewohnheitsrecht handeln wird. In diesem Sinn soll die Gesamtheit der für die Staatsleitung geltenden Regeln als positive Verfassung bezeichnet werden[5].

Herkömmlicherweise teilt man die Staatsformen nach den Arten der (positiven) Verfassungen ein[6]. Als Verfassungsfrage wird die Staatsform

---

[1] *Smend*, Verfassung S. 110.
[2] Im Sinne nicht wertender Begriffe bedeutet das Bestehen eines Staates bereits, daß ein Volk eine politische Form oder Verfassung gefunden hat. Vgl. *Hermens*, Verfassungslehre S. 165 ff.
[3] Vgl. *Hermens*, aaO S. 167 f.
[4] Die Grenzen sind natürlich flüssig. Der zeitweiligen Regierung von Kammerdienern oder Maitressen wird man mit G. *Jellinek* (Staatslehre S. 665 A. 1) keinen Einfluß einräumen, wohl aber dauernden Erscheinungen von einigem Gewicht, wie etwa dem beherrschenden Einfluß einer mit Waffengewalt präsenten ausländischen Macht.
[5] Der Begriff entspricht etwa dem des „positiven" Rechts, wie es in der Praxis gehandhabt wird. Carl *Schmitts* (Verfassungslehre S. 20 ff.) positiver Verfassungsbegriff der politischen Gesamtentscheidung bedeutet dagegen einen rein politischen Verfassungsgeist ohne ethischen Einschlag.
[6] G. *Jellinek*, Staatslehre S. 664. — Auch die formaljuristische Staatsformlehre G. *Jellineks* beachtet die Verfassungswirklichkeit (aaO S. 708, vgl. auch S. 17): Das ausdrücklich als Königreich bezeichnete Italien sei durch die kon-

auch in der staatsrechtlichen Praxis angesehen. Die Verfassungsgesetze pflegen nämlich eine Staatsformbezeichnung zu enthalten.

Am Begriff der Staatsform zeigt es sich deutlich, daß uns der staatsrechtliche Positivismus absolut gesetzte Begriffe hinterlassen hat, deren formalisierter Inhalt die Fixierung einer bestimmten historischen Anschauung darstellt[7]. Wir sind dabei zu übersehen geneigt, wie sehr auch der Positivismus im Dienste ethischer Wertungen stand, im 19. Jahrhundert vor allem im Dienste des Liberalismus[8], der sein Instrument in der freien bürgerlichen Gesetzgebung sah. Dem genügte der formale Rechtsstaat der Legalität und eine Staatentypik, die von der Form der staatlichen Willensbildung ausging[9]. Diese Vorstellung hat sich im Begriff der Staats*form* inzwischen „juristisch verabsolutiert...", weshalb ihre methodischen und sachlichen Bedingtheiten" aus dem Bewußtsein geschwunden sind[10].

Wo wir heute von Staatsformen[11] sprechen, haben *Platon* und *Aristoteles* das Wort „politeia" (Staatsverfassung, Staat)[12] benutzt. *Cicero*[13] gebrauchte den Ausdruck „genera rerum publicarum" (Arten von Gemeinwesen), was bei seiner Verehrung für Platon auch auf die Wortbedeutung in Platons Werk hinweist. *Machiavelli*[14] teilt „alle Staaten" ein,

---

kreten geschichtlichen Verhältnisse zu einer parlamentarischen Monarchie geworden. — *Dürig*, Staatsformen S. 743 l. Sp., berücksichtigt die Verfassungswirklichkeit einer als Demokratie bezeichneten Diktatur, aber nicht „heimliche und faktische Machtverschiebungen, die rechtlich keinen Niederschlag gefunden haben...".

[7] *Böckenförde*, Gesetz S. 215 ff., bes. S. 217.
[8] *Böckenförde*, aaO S. 214 mit Nachweisen; — *Badura*, Methoden S. 49.
[9] *Smend*,Verfassung S. 115: Der Liberalismus verzichtet auf eine spezifische Legitimität seiner Staatsform.
[10] Vgl. *Böckenförde*, aaO S. 15.
[11] Wenn wir den neuzeitlichen Staats- und Staatsformbegriff im folgenden der Einfachheit halber auch für die Antike und das Mittelalter verwenden, dann benutzen wir ihn „unspezifisch" (Herbert *Krüger*, Staatslehre S. 3).
[12] *Platon*, Staatsmann p. 302 b, 303 b. (*Andreae* übersetzt politeiai hier allerdings als „Staatsformen", während er den Titel von Platons „Politeia" wie üblich mit „*Staat*" übersetzt.) — *Aristoteles*, Politikon 1278 b 7, 1279 a 22 und 38 f., 1279 b 3 (von *Rolfes* als „[Staats-]Verfassung" übersetzt, nur im letzten Fall einmal als „Staatsform"). — In den griechisch-deutschen Wörterbüchern findet sich die Wortbedeutung „Staatsform" für „politeia" nicht, sondern in diesem Bedeutungszusammenhang nur: „Staatsverfassung, Staat" (*Jacobitz-Seiler*, 2. Abt. 3. Aufl. 7. Abdruck Leipzig 1897; — W. *Pape*, 2. Bd. 3. Aufl. Nachdruck Graz 1954; — Hermann *Menge*, Langenscheidts Taschenwörterbuch, 1. Teil 25. Aufl. Berlin 1957; — *Gemoll-Vretska*, 6. Aufl. München/Wien 1957), zusätzlich „Zustand des Staates" (Franz *Passow*, 2. Bd. 4. Aufl. Leipzig 1831) und „Einrichtung des Staates" (*Menge-Gütling*, Teil I von Hermann Menge, 2. Aufl. Berlin 1913). Nur *Benseler-Autenrieth*, 9. Aufl. Leipzig 1891, fügen noch die „Verfassungsform" hinzu.
[13] *Cicero*, De re publica I 28 § 44, I 45 § 69; in I 44 § 68 a. E. ist auch einmal von „rei publicae modus" (Art) die Rede.
[14] *Machiavelli*, Fürstenspiegel I.

§ 12 Die Bedeutung der Staatsform

Bodin[15] kennt „trois estats, ou trois sortes de Republiques" und *Montesquieu*[16] „trois espèces de gouvernements". Es kommt uns hier nicht darauf an, das erste Auftauchen des Begriffes Staatsform herauszufinden. Jedenfalls erscheint dieser Begriff erst in der Neuzeit. *Kant*[17] spricht von den „Staatsformen" der Autokratie, Aristokratie und Demokratie, hält aber die republikanische (im Gegensatz zur despotischen), dem Rechtsbegriffe gemäße Regierungsform (oder -art) mit ihrem repräsentativen System für wesentlicher als die Staatsform[18]. Auch bei Robert *v. Mohl* wird die antike Dreiteilung von einer ihm wesentlicher erscheinenden Einteilung nach „Staatsgattungen" überlagert, unter denen sich der Rechtsstaat befindet[19].

Im Gegensatz zu Mohl, der Zweck und Grund der Staaten bei ihrer Typisierung ins Auge faßte[20], verweist G. *Jellinek* diese, für „ideale Typen" geltenden Gesichtspunkte in den Bereich seiner sozialen Staatslehre und beschränkt sich in seiner Staats*rechts*lehre aus methodischen Gründen[21] auf eine formalrechtliche „Einteilung der Staatsformen" „nach der Art der staatlichen Willensbildung"[22]. Seitdem scheint der Begriff der Staatsform auf eine formalrechtliche Bedeutung fixiert und auf die antike Dreiteilung bzw. die Zweiteilung Machiavellis und G. Jellineks in Monarchie und Republik (oder heute in Monokratie und Demokratie) festgelegt zu sein.

Man kann sich damit abfinden und feststellen, die Einteilung der Staatstypen sei heute „unter Berücksichtigung der Staatsformen" nicht mehr fruchtbar; es komme auf die „Methoden der Ausübung staatlicher Hoheitsgewalt", d. h. auf die Rechtsstaatlichkeit an[23].

Folgt man dagegen Werner *Kägis* Forderung nach einer „Verfassungstheorie auf rechtsstaatlicher Grundlage"[24] (gemeint ist ein materialer Rechtsstaat), so liegt es nahe, sich auf einen Staatsformbegriff zu be-

---

[15] *Bodin*, Republique II 1 S. 252.
[16] *Montesquieu*, De l'Esprit I. Bd. II 1.
[17] *Kant*, Frieden 1. Definitivart. Abs. 3.
[18] *Kant*, aaO letzter Abs.
[19] *Mohl*, Staatsrecht S. 14 f., S. 6 ff.
[20] *Mohl*, Staatsrecht S. 4 f.
[21] Hier oben § 9, 1, bes. bei A. 16.
[22] *G. Jellinek*, Staatslehre S. 661, 665.
[23] *Fraenkel*, Staatsformen S. 319; — einen ähnlichen Eindruck machen die Ausführungen von *Maunz-Dürig*, Komm. Art. 20 RNr. 1 f., 47, 58 ff.; — im gleichen Sinn, aber ohne entscheidende Abstellung auf den Rechtsstaat: *Nawiasky*, Staatslehre 2 II S. 136 f.; — vgl. auch oben § 1 A. 4 f. — G. u. E. *Küchenhoff*, Staatslehre S. 156, helfen nicht weiter, wenn sie die Staatsform nach der „Art der Ausübung der Staatsgewalt" beurteilen wollen, die Form der Willensbildung aber als eine solche Art behandeln.
[24] *Kägi*, Rechtsstaat S. 131.

104   2. Teil: Die Staatsform der Bundesrepublik

sinnen, der dem seit G. Jellinek eingetretenen Methodenwandel gerecht wird. Herbert *Krüger* vermißt mit Recht die praktischen Konsequenzen der bei Juristen und Politologen verbreiteten Ablehnung des Positivismus in der Staatsformlehre[25].

Die herrschende geisteswissenschaftliche Methode gestattet es dem Staatsrecht und der Staatslehre, ja verlangt es, bei der Begriffserfassung auf wertende Sinn- und Zweckvorstellungen zurückzugreifen. Das ist im ersten Teil dieser Arbeit dargelegt worden. Vor dem kurzen Zwischenspiel des Positivismus hat die Staatsformlehre seit der Antike im Zeichen der Suche nach der besten Staatsform gestanden[26] und immer war die öffentliche Gewalt um ihre Legitimation bemüht[27].

G. Jellinek war sich hinsichtlich der Staatstypen noch bewußt: „Das Suchen und Finden idealer Typen entspricht einem tiefen, unabweislichen Bedürfnis der menschlichen Natur, das namentlich praktisch von der größten Bedeutung ist[28]." Es ist aber auch staatsrechtlich von zentralem Interesse, weil sich das Vorverständnis einer Verfassung in den staatstheoretischen Unterscheidungsmerkmalen niederschlägt, nach denen eine grundlegende Einteilung der Staatsverfassungen vorgenommen wird.

Die geisteswissenschaftliche, juristische Staatsformtheorie fragt teleologisch wieder nach dem Zweck und normwissenschaftlich wieder nach der Rechtfertigung des Staates und seiner Einrichtung, d. h. seiner Verfassung. Die Legitimität einer Staatsform nennt Smend ihren „Wertgeltungsanspruch"[29]. Er hängt im abendländischen Kulturkreis von einer Staatsorganisation ab, der man den Erfolg zutraut, eine richtige gesellschaftliche Rechtsordnung zu schaffen und sie richtig zu handhaben[30]. Die obersten Maßstäbe für diese Richtigkeit sind das ethische und das rechtsethische Gemeinwohl als Synthesen von Individualismus und Kollektivismus[31].

Diese Legitimierungsfunktion der Staatsformbezeichnung macht sie zum höchsten normativen Prinzip einer Verfassung, in der sich der oberste Staatszweck widerspiegelt. Nur wer eine Werterfassung und -verwirklichung für praktisch unmöglich hält, insbesondere wer die Anwendung der geschilderten geisteswissenschaftlichen Methode der

---

[25] Herbert *Krüger*, Staatstypen S. 233.
[26] *Fraenkel*, Staatsformen S. 317 und Lit. hier oben in § 2 A. 8.
[27] *Kaiser*, Staatslehre Sp. 590.
[28] G. *Jellinek*, Staatslehre S. 35.
[29] *Smend*, Verfassung S. 115; vgl. *Fraenkel-Bracher*, Demokratie S. 72.
[30] Vgl. hier oben § 8, 3.
[31] Vgl. hier oben § 8, 1.

§ 12 Die Bedeutung der Staatsform

Rechtswissenschaft ablehnt, wird darauf verzichten können, eine wertgerichtete Typisierung der Staatsverfassungen vorzunehmen.

Mit der Legitimierungsfunktion der Staatsform hängt übrigens ihr Integrationswert eng zusammen. Die Staatsform bedeutet nämlich eine Symbolisierung[32] der besonderen Art der staatlichen Einheit. Daraus folgt das Erfordernis einer offiziellen Bezeichnung, die ihrem Zweck entsprechend sinnfällig, einfach und doch umfassend sein muß.

Aus dem Gesagten ergibt sich bereits die Arbeitshypothese, daß die Staatsform eine Organisation charakterisieren soll und insoweit auf formale Elemente angewiesen ist. Zugleich muß sie aber erkennen lassen, welche Wertvorstellung das Zusammenspiel innerhalb dieser Organisation beherrscht und das Wirken der Organisation rechtfertigt, lenkt und reguliert. Diese Doppelnatur[33] zeigt sich darin, daß die modernen Verfassungen außer den Organisationsnormen ausdrückliche, inhaltliche Rechtssätze enthalten, besonders sinnfällig in Form von Grundrechten.

Es gehört also zum Wesen einer Staatsform, daß sie den Anspruch rechtfertigt, in der jeweiligen historischen und kulturellen Situation die beste zu sein. Verfehlt ein konkreter Staat diesen aufgegebenen Sinn, so wird die Staatsformbezeichnung zu einer kritischen und abwertenden Beurteilung. Es fallen dann die positive Staatsform und die richtige Verfassung bei einer Betrachtung von innerhalb oder auch von außerhalb des fraglichen Staates auseinander.

Die vorliegende Arbeit beschränkt sich auf die Herausarbeitung einer einzigen Staatsform am Beispiel der Bundesrepublik Deutschland. Diese Form ist vom Nährboden der abendländischen Kultur und von einer gewissen wirtschaftlichen Basis abhängig. In diesem Rahmen sehen wir aber nur *einen* grundlegenden Gegentyp, der sich entweder individualistisch auf das Einzelwohl (Rousseau) oder kollektivistisch auf das Gesamtwohl (Kommunismus) beruft und letzten Endes — jedenfalls in der Praxis — auf das Prinzip unbeschränkter Machtausübung zurückzuführen ist. Die weitere Unterscheidung innerhalb der damit gekennzeichneten beiden Staatsformen scheint uns nicht mehr an die Grundfragen des Staates zu rühren. Es handelt sich dann nur noch um die konkreten Ausgestaltungen der Einsetzung und der Befugnisse oberster Staatsorgane, die man als verschiedene Regierungsformen[34] zu bezeichnen pflegt.

---

[32] *Smend*, Verfassung: Symbolisierung des unformulierbaren Inhalts des von der Verfassung geregelten Staatslebens (S. 56), des Verfassungstypus (S. 109).
[33] Vgl. oben § 1.
[34] Vgl. G. u. E. *Küchenhoff*, Staatslehre S. 158, die der Regierungsform ebenfalls weniger gewichtige Unterscheidungskriterien zuordnen.

Die Untersuchung geht von der Betrachtung der möglichen Einteilungsgesichtspunkte aus und kommt dann nach dem Beispiel der Bundesrepublik Deutschland zu einer Synthese formaler und materialer Gesichtspunkte.

§ 13 Formale Einteilung der Staatsformen

1. Die Anzahl der Herrschenden

Jede Staatsformlehre, die an die Art der staatlichen Willensbildung anknüpft, wird erklären, die aristotelische Dreiteilung nach der Anzahl der Herrschenden[1], nämlich ob einer, mehrere oder alle herrschen, sei unerreicht[2]. Dabei richtet sich die Typisierung der positiven Verfassungen zunächst einmal nur nach der Organisation der Herrschaft, d. h. der politischen Machtausübung. Georg *Jellinek* führt diese Möglichkeiten sogar auf einen so formalen Gegensatz zurück wie den zwischen der rein psychischen staatlichen Willensbildung innerhalb einer physischen Person (Monarchie) und der juristischen Mehrheitswillensbildung innerhalb eines nur juristische Realität besitzenden Kollegiums (Republik)[3]. Er behandelt nämlich die Legitimation des Staates in seiner *sozialen* Staatslehre (mit der soziologisch-psychologischen Methode), glaubt aber, die Staatsform um einer vermeintlichen wissenschaftlichen Exaktheit willen formaljuristisch im Rahmen der Staats*rechts*lehre erfassen zu müssen[4].

Ganz abgesehen von der Nutzlosigkeit der formalen Einteilung für den hier verfolgten Gesichtspunkt der Legitimierung der positiven Verfassung, ist sie heute auch in sich nicht mehr unterscheidungskräftig[5]. Der moderne Einherrscher stützt sich ebenso auf eine führende Gruppe wie in der Demokratie nur eine Gruppe die Herrschaft ausübt[6]. Demnach

---

[1] *Aristoteles*, Politik III, 7. — Ihm folgen darin u. a. *Bodin*, Republique II, 1 S. 251 f.; — *Montesquieu*, De l'Esprit I. Bd. II 1 und 2 Abs. 1; — *Kant*, Frieden, Erster Definitivartikel, Abs. 3 ff. — Die seit *Machiavelli*, Fürstenspiegel I u. II, übliche Zweiteilung in Republiken und Alleinherrschaften ist auch nur eine Vereinfachung der aristotelischen Einteilung.

[2] So *Dürig*, Staatsformen S. 743 r. Sp., und *Imboden*, Staatsformen S. 24.

[3] G. *Jellinek*, Staatslehre S. 665 f. — Die mögliche Mehrheit von Regenten (z. B. im Doppelkönigtum) paßt nicht in dieses Schema.

[4] Vgl. einerseits hier oben § 3, 3 unter a), b) und andererseits G. *Jellinek*, aaO S. 665. Am Beispiel der Staatsform erweist sich Jellineks methodologisch bedingte Zweiteilung der Staatslehre geradezu als verhängnisvoll, wirkt sich seine formale Staatsformlehre doch auch heute noch aus. *Imboden* (Staatsformen S. 24) beurteilt Georg Jellineks „bis heute repräsentativste" deutsche Staatstheorie bezüglich der Staatsformlehre mit Recht als Verlegenheitslösung.

[5] H. *Krüger*, Staatstypen S. 234.

[6] *Thoma*, Demokratie S. 5 f.; — *Jahrreiß*, Demokratie S. 91.

gibt es eigentlich nur noch die Herrschaft mehrerer, und zwar die Herrschaft von wenigen[6].

An die Art der Willensbildung knüpft auch der neuere Versuch an, von der Zusammensetzung der verfassungsändernden Gewalt auszugehen. Das Verfahren der Verfassungsänderung spiegele nämlich die Gestaltungsprinzipien der gesamten Verfassung[7]. Wenn dabei z. B. die verfassungsändernde Gewalt des Supreme Court in den Vereinigten Staaten von Amerika einbezogen wird, dann beleuchtet diese Art der Betrachtung ein mehr oder weniger kompliziertes Zusammenspiel mehrer Instanzen — im Gegensatz zur Einherrschaft —, aber weder die gestaltende noch die legitimierende Kraft innerhalb der Verfassung.

2. Heteronomie und Autonomie

Wenn man die alte Dreiteilung überhaupt noch aufrechterhält, dann verbindet man mit der nun zur Monokratie[8] erweiterten Monarchie die Vorstellungen von Autorität, Machtaufbau von oben nach unten und Heteronomie[9], mit der Aristokratie dagegen die Repräsentation[10] und mit der Demokratie den Machtaufbau von unten nach oben und die Autonomie[11].

Max *Imboden* erkennt darin zugleich verschiedene Bewußtseinsstufen, von der unbewußten Identifikation mit dem Monarchen bis zur bewußten Entscheidung durch die Gesamtheit, oder doch die Mehrheit[12]. Diese Entscheidung könne aber nur im übersehbaren Bereich annäherungsweise verwirklicht werden. In der „realen Demokratie" nach dem Muster der Schweiz seien alle drei Gestaltungsprinzipien offen anerkannt. Dabei liege die wertmäßige Auszeichnung aber in der Autonomie, die vor allem Würde und Wert verleihe[13].

Damit ist jedoch nach des Autors eigener Ansicht kein inhaltlicher Wert gemeint. Läßt er die Staatsform von der Ausgestaltung eines kom-

---

[7] *Imboden*, Staatsformen S. 99, zum folgenden S. 100. Er stellt diese Einteilung neben die Erfassung eines komplexen Strukturbildes (vgl. dazu hier unten bei A. 14).
[8] Vgl. *Dürig*, Staatsformen S. 744 ff., der die absolute und die konstitutionelle Monarchie (nicht die parlamentarische Monarchie nach dem Muster Englands) sowie eine kommissarische und eine souveräne Diktatur hierzu zählt. Dürig beschränkt sich auf die Alternative zwischen Monokratie und Demokratie.
[9] *Dürig*, aaO S. 743 l. Sp.; — *Imboden*, Systeme S. 128.
[10] *Imboden*, Systeme S. 128; — vgl. *Dürig*, Staatsformen S. 749 l. Sp.
[11] *Dürig*, aaO S. 743 l. Sp.; — *Imboden*, aaO S. 129.
[12] *Imboden*, Staatsformen S. 25—32 und Systeme S. 128 f. — Zum folgenden: *Imboden*, Staatsformen S. 32.
[13] *Imboden*, Systeme S. 131—134.

plexen Strukturbildes abhängen[14], so betont er zugleich den Vorrang des Organisatorischen vor einer konstitutionellen Wertordnung. Zum Strukturbild gehöre nur die persönliche Freiheit als Vorbedingung für die Ausübung der politischen Rechte. Die Verfassung sei aber kein Mittel zur Überwindung des zur Wertindifferenz neigenden Rechtspositivismus. Sie bleibe das Gefäß eines „auch in der Wert-Orientierung wechselnden und änderbaren Inhaltes"[15]. Deshalb muß sich Imbodens Kritik am marxistisch-kommunistischen Staat darauf beschränken, daß dieser Staat nicht die keiner Rechtfertigung bedürfende Ordnung schlechthin, sondern ein Instrument der kommunistischen Partei, ein Werkzeug der Revolution sei[16].

Ganz entsprechend meint Günter *Dürig* bei der Behandlung der „souveränen Diktatur", die Staatstheorie habe keine „gesicherten Tatbestandsmerkmale zur Erfassung moderner Führersysteme". Daher bleibt ihm bei legaler Machtergreifung als Merkmal des Umschlags zur Diktatur nur das formale Merkmal der absoluten Einherrschaft, nämlich der Augenblick, in dem das Volk den Diktator nicht mehr „wegwählen" könne. Sicherstes Indiz sei die Anmaßung richterlicher Befugnisse durch den Diktator[17].

Deutlicher wird die mangelhafte Unterscheidungskraft formaler Theorien angesichts der Erscheinung der sogenannten Volksdemokratie. Dürig meint, das Fehlen der Gewaltenteilung im Verhältnis von Parlament und Regierung, das Fehlen der Verfassungsgerichtsbarkeit und des richterlichen Prüfungsrechts seien auch für die westliche Demokratie nichts Außergewöhnliches. Der einzige normative Unterschied zwischen Volksdemokratie und westlicher Demokratie sei die fehlende richterliche Unabhängigkeit[18]. Der wirkliche Unterschied liege in der Nichteinhaltung der Spielregeln der Demokratie als einer „Methode politischer Willensbildung". Das Organisationsrecht der Minderheit vor, bei und nach der

---

[14] Gesichtspunkte dafür seien: Umfang der Dezentralisation, monistische bis trinitarische Gliederung der Staatsgewalt, Anzahl der Herrschenden in den einzelnen Funktionsgruppen, die eben behandelte Art der Herrschaftslegitimation (zusammen die Legalstruktur) sowie die politische Idealstruktur (z. B. Idee der Volkssouveränität) und die Sozialstruktur (z. B. Parteien u. Verbände in ihrem Einfluß auf die staatliche Willensbildung). *Imboden*, Staatsformen S. 89—99.

[15] *Imboden*, Staatsformen S. 111 f., Zitat S. 112. — Abstrakt gesehen trifft das zu. Die konkrete, historische Verfassung muß aber die werthaften Grundprinzipien des Gemeinschaftslebens verbürgen, wenn sie legitim sein will.

[16] *Imboden*, Systeme S. 54 ff.

[17] *Dürig*, Staatsformen S. 746. — Es ergibt sich aber keine Abgrenzung zu der legitimen Form, nämlich der von *Dürig* gegenübergestellten „kommissarischen Diktatur" (S. 745 l. Sp.).

[18] *Dürig*, aaO S. 750 r. Sp.

§ 13 Formale Einteilung der Staatsformen

Wahl setze nämlich die Anerkennung eines Mehrparteiensystems und einer parlamentarischen Opposition voraus.

Volksdemokratien, die schon verfassungsmäßig oder doch faktisch klar erkennbare Einparteienstaaten seien, stellten deshalb eine selbständige Staatsform dar. Das könne man aber für die „DDR" noch nicht sagen, die die Selbstbezeichnung als Volksdemokratie sorgfältig vermeide, auch wenn sie durch die Einheitsliste beim Wahlvorgang und die systematische Einbeziehung der Opposition in die Regierung den überkommenen Demokratiebegriff verwandelt habe. Es werde ja immer noch das Bestehen mehrerer Parteien vorausgesetzt[19].

Auch bei der näheren Betrachtung der Staatsform der Bundesrepublik bleibt Dürig bei dem Typ einer formalen, wenn auch „abwehrbereiten" Demokratie[20]. Die Festlegung von Wertentscheidungen, die auch die verfassungsändernde Mehrheit und damit das souveräne Volk als Staatsfundamentalnormen binden, erscheint ihm nur deshalb „demokratisch legitim", weil dadurch gerade dem Einzelmenschen und dem Volk für die Zukunft die Selbstbestimmung durch Mehrheitsentscheid erhalten werden solle[21].

Imboden und Dürig können offenbar vor allem deshalb nicht zu einer inhaltlich bestimmten Staatsform gelangen, weil sie in der Staatslehre an einer zwar zur Sozialwissenschaft hin offenen, aber der Werterfassung verschlossenen, positivistischen Methode festhalten[22].

3. Beschränkung der Macht

Ferdinand A. *Hermens* geht in seiner Verfassungslehre davon aus, daß die politische Form einen wesentlichen Einfluß auf das politische Handeln habe[23]. Regierungsformen (womit er dasselbe wie Staatsformen meint) seien bloße Mittel. Eine Erörterung von Werten sei nur im Zusammenhang mit den Mitteln zu ihrer Verwirklichung sinnvoll[24]. Diktaturen seien illegitim, weil ihnen wirksame Hemmungen gegen willkürliche Handlungen, d. h. die Unterordnung der herrschenden Personen unter Institutionen fehle. Solche Institutionen aber kennzeichneten den Konstitutionalismus[25].

---

[19] *Dürig*, aaO S. 750 f.
[20] Auch: *Dürig*, Grundrechtsverwirklichung S. 87: „militante Demokratie".
[21] *Dürig*, Staatsformen S. 751 r. Sp. f.
[22] *Dürig*, aaO S. 743 l. Sp.
[23] *Hermens*, Verfassungslehre S. 1.
[24] *Hermens*, aaO S. 170.
[25] *Hermens*, aaO S. 167 f.

2. Teil: Die Staatsform der Bundesrepublik

Im gleichen Sinne klassifiziert Karl *Loewenstein* die Staaten nach dem Merkmal der geteilten oder konzentrierten Machtausübung mittels der Begriffe Konstitutionalismus und Autokratie[26]. Im ersteren Fall ist die Macht zwischen mehreren Machtträgern verteilt und unterliegt ihrer wechselseitigen Kontrolle[27]. Dementsprechend werden die Grundrechte als Beschränkung der Staatsgewalt in die Kontrollmittel der Macht eingeordnet[28]. Der ideologische Unterbau der konstitutionellen Demokratie ist der freie Wettbewerb der Ideologien im „offenen Stromkreis" zwischen den Machtträgern Parlament, Regierung und Volk[27].

Obwohl die Unterscheidung der Staatsformen nach der Beschränkung der Macht richtigerweise berücksichtigt, daß die Form nur zur Erfüllung eines inhaltlichen Zweckes sinnvoll ist, bleibt der Inhalt noch zu unbestimmt. Der Zusammenhang mit der Methodenfrage braucht nicht nochmals betont zu werden.

§ 14 Inhaltliche Einteilung der Staatsformen

1. Die Nation

Auch bei Carl *Schmitt* bleibt der Inhalt der Staatsform auf den ersten Blick unbestimmt. Das Staatsformproblem soll nämlich durch die Frage nach der verfassunggebenden Gewalt gelöst werden[1]. Dementsprechend folgt aus der verfassunggebenden Gewalt des Volkes die Demokratie, aus der eines echten Monarchen die Monarchie (S. 23) und aus der verfassunggebenden Gewalt einer Minderheit die Aristokratie oder Oligarchie[2]. Im Grunde werden in den verfassunggebenden Gewalten auch die für die Verfassungen selbst konstitutiven Prinzipien gesucht. Deshalb heißt es, die politische Einheit werde in den verschiedenen Staatsformen durch verschiedene Gestaltungsprinzipien konkretisiert, nämlich in der Demokratie durch Identität, in der Monarchie durch Repräsentation. Die Nation sei im ersteren Fall gegenwärtig, in der Monarchie aber werde sie vom Monarchen absolut repräsentiert (S. 204 f.).

Die Nation ist überhaupt der Schlüsselbegriff für Carl Schmitts Verfassungslehre. Der Staat bedeutet für ihn einen „Gesamtzustand politi-

---

[26] *Loewenstein,* Verfassungslehre S. 26 ff. — *Friedrich,* Demokratie S. 168, unterscheidet konstitutionelle und totalitäre Staatsformen.
[27] *Loewenstein,* aaO S. 69.
[28] *Loewenstein,* aaO S. 233 ff.

Anmerkungen zu § 14
[1] Carl *Schmitt,* Verfassungslehre S. 204. Die Seitenzahlen im folgenden Text verweisen auf das gleiche Werk.
[2] Carl *Schmitt,* aaO S. 81: Die „entartete Gestalt" (S. 218) einer Staatsform erwähnt Carl Schmitt bezeichnenderweise nur bei der Aristokratie.

§ 14 Inhaltliche Einteilung der Staatsformen 111

scher Einheit und Ordnung" (S. 3), und zwar den politischen Status eines Volkes (S. 21). Die politische Einheit geht dabei dem Staat und seiner Verfassung in Gestalt des Trägers der verfassunggebenden Gewalt voraus. In der Demokratie ist es das Volk, das die Einheit des Staates auch beim Wechsel der politischen Form darstellt (S. 21). Volk wird im Sinne von „Nation" als aktionsfähige Einheit verstanden, die sich ihrer politischen Besonderheit bewußt ist und den Willen zur politischen Existenz hat (S. 79). Als politische Größe hat sie ein voraussetzungsloses „Recht auf Selbsterhaltung" (S. 22). In der Nation liegt für die nationale Demokratie die Substanz der demokratischen Gleichheit. Ein solcher Staat bedarf nationaler Homogenität genauso wie gemeinsamer Traditionen, politischer Ziele und Hoffnungen (S. 231 f.). „Demokratische Gleichheit" und „Volk" sind aber rein politische Begriffe und schließen die Gleichartigkeit als Mensch nicht ein[3]. Carl Schmitt behauptet sogar, wenn es einer politischen Klasse gelinge, den Staat zu beherrschen, so werde diese Klasse zum Volk dieses Staates[3].

Daß ein solchermaßen „politisches" Volk bei der Ausübung seiner verfassunggebenden Gewalt nicht an „Rechtsformen und Prozeduren" gebunden, sondern „immer im Naturzustande" ist (S. 79), verwundert nun nicht weiter. Dementsprechend muß das Rechtsstaatsprinzip bei Carl Schmitt zweitrangig werden, weil es nur die bürgerliche Freiheit garantiere und die staatliche Macht beschränke. Grundrechte und Gewaltenteilung könnten keine politische Form begründen. Die Freiheit konstituiere nichts (S. 200).

Das ist richtig, aber dann konstituiert eben die bindungslose politische Gewalt auch nichts. Hier wird, wie in der ursprünglichen Integrationslehre, der Ordnungswert des Rechts verkannt.

Auch der Inhaltswert des Rechts zählt gegenüber dem Volk im Naturzustand nicht. Die geistige Verfassung versteht Carl Schmitt als eine politische Gesamtentscheidung des Trägers der verfassunggebenden Gewalt, in der Demokratie des Volkes. Er unterscheidet sie vom nachfolgenden Verfassungsgesetz (S. 20 ff.). Die Legitimität dieser Verfassungsentscheidung, d. h. ihre Anerkennung als „rechtmäßige Ordnung", hänge lediglich von der „Macht und Autorität" der verfassunggebenden Gewalt ab (S. 87). „Sie bedarf keiner Rechtfertigung an einer ethischen oder juristischen Norm..." Die besondere Art politischer Existenz könne sich auch gar nicht legitimieren. Sie trage ihren Sinn in sich selbst[4]. Die

---
[3] Carl *Schmitt*, aaO S. 234. Daselbst: „Es gibt, wenn Demokratie überhaupt eine politische Form sein soll, nur eine Volks- und keine Menschheitsdemokratie."
[4] Carl *Schmitt*, aaO S. 87; ähnlich S. 76 zur Frage der Geltung der Verfassung. — Vgl. Carl *Schmitt*, Begriff S. 23, wo die Bindung des Politischen vom Ethischen her abgelehnt wird.

dynastische Legitimität beruhe auf der Autorität des Monarchen, die demokratische dagegen auf der staatstragenden politischen Einheit des Volkes (S. 90).

Insbesondere im Hinblick auf die Verfassungsentscheidung sei die geheime Einzelabstimmung ein problematisches Verfahren (S. 90 f.). In der unwiderstehlichen Akklamation und der widerspruchslosen öffentlichen Meinung komme dagegen der Wille des Volkes, der „gerechterweise beachtliche politische Wille", d. h. derjenige der aktiven und politisch interessierten Minderheit des Volkes, zum Zuge[5]. Das Volk könne den verschiedenartigsten Verfassungen den Charakter demokratischer Legitimität geben, und zwar auch durch eine nur stillschweigende Betätigung seiner verfassunggebenden Gewalt, evtl. durch konkludente Handlungen wie die Wahlbeteiligung (S. 91).

Folgt man dieser Theorie, so ist auch eine vom Volk stillschweigend gebilligte Einherrschaft eine Demokratie, weil eben alles, was die Nation will, demokratisch ist. Schwängen nicht im fraglichen Nationalbegriff Wertvorstellungen mit[6], wäre man versucht, Carl Schmitts Lehre zu den formalen Staatstheorien zu zählen. Mit Recht wird ihr vorgeworfen, sie habe den Gegensatz von Macht und Recht noch vertieft, statt ihn zu verringern[7].

2. Die Integrationslehre

Rudolf *Smend* sieht die geistig-soziale Wirklichkeit des Staates im täglichen Plebiszit und nennt diesen Vorgang Integration[8]. Dementsprechend will er die Staatsformen nach den verschiedenen Typen der staatlichen Integrationssysteme einteilen[9].

In der früheren Schrift über die politische Gewalt hat Smend den Parlamentarismus (mit Kämpfen der öffentlichen Meinung, Wahlen, parlamentarischer Erörterung und Abstimmung) als wesentlich funktionelle Staatsform einerseits, von Monarchie und Demokratie als statischen Staatsformen andererseits unterschieden. In den letzteren Fällen sollte die sachliche Integration ausschlaggebend sein, in dem ersteren, abgesehen von einem gewissen Freiheitspathos, nur in zweiter Linie stehen.

---

[5] Carl Schmitt, Verfassungslehre S. 279 oben, 252. Vgl. zur demokratischen vertu des wahren Patrioten: S. 230 oben.
[6] Der Nationalstaatsgedanke hatte im 19 Jh. und weit ins 20. Jh. hinein einen starken Einfluß auf die Legitimationsvorstellungen der europäischen Welt. Vgl. *Scheuner*, Wesen S. 239.
[7] *Sontheimer*, Polit. Wissenschaft S. 29.
[8] *Smend*, Verfassung S. 18, 20.
[9] *Smend*, aaO S. 110 und Staatsform S. 85.

Dabei war an eine sachliche Integration durch „Werte und Wahrheiten" gedacht[10]. In dieser früheren Schrift heißt es, obwohl die Staatsformlehre mehr denn je eine Lehre von den gemischten Staatsformen sein müsse, sei die Herausarbeitung der „idealtypischen Faktoren" wichtig.

In der späteren Schrift über Verfassung und Verfassungsrecht gibt Smend dann seine bisherige Typisierung auf, indem er entgegen der soeben zitierten Erkenntnis erklärt, der Parlamentarismus sei keine Staatsform, weil auf funktionelle Integration allein kein Staat gegründet werden könne[11]. Hatte die persönliche Integration schon bisher keine entscheidende Rolle in Smends Staatsformlehre gespielt, so wird nun die sachliche Integration so sehr in den Mittelpunkt des Staates gestellt, daß im Staat überhaupt nur noch „Sinnverwirklichung" gesehen wird[12]. Die Monarchie bestehe in „überwiegend gemeingültigen, unbezweifelten Wertwelten". Die Demokratie sei durch die Forderung der Regierten nach selbst hervorgebrachten oder aktiv gebilligten politischen Wertwelten charakterisiert[13]. Damit ist der Weg für eine neue Staatsformlehre gewiesen, welche die Wertbasis eines Staates einbeziehen muß. Es dürfte aber auf die dem Wesen von Staat und Recht entsprechenden „Wertwelten" des objektiven Gemeingeistes ankommen[14].

3. Ethische Werte

Bei Carl *Schmitt* lief alles auf den existentiellen Wert der Nation hinaus, den wir zwar als Inhalt des natürlichen Staatsbegriffes bezeichnen können[15], den wir aber ohne den Gegenpol des Individualwohls und damit ohne die Aufhebung im Gemeinwohl nicht als oberstes Rechts- oder Staatsprinzip anerkennen können. *Smends* politische Wertwelten lassen andererseits keinen Maßstab erkennen, der vor dem Relativismus einerseits und dem heteronomen Absolutismus der Werte andererseits schützen könnte. Vor allem der letzteren Gefahr ist auch die Vorstellung ausgesetzt, Demokratie sei eine säkularisierte christliche Werthaltung i. S. eines „Glaubens an die Demokratie"[16] oder an die in einer „Qualitätsdemokratie" herrschenden universalen Prinzipien der Humanität[17].

---

[10] *Smend*, Staatsform S. 85 ff., zum folgenden S. 88.
[11] *Smend*, Verfassung S. 112.
[12] *Smend*, aaO S. 45.
[13] *Smend*, aaO S. 113—115.
[14] Vgl. *Smends* eigene, neuere Kritik an der ursprünglichen Integrationslehre: hier oben bei § 6, 1 A. 2.
[15] Mehr vermag Carl *Schmitts* (Verfassungslehre S. 22) Äußerung: „Was als politische Größe existiert, ist, juristisch betrachtet, wert daß es existiert" wohl nicht zu besagen.
[16] *Friedrich*, Demokratie S. 176.
[17] Ernst *v. Hippel*, Staatslehre S. 230.

Den bloßen Glauben an objektive, apriorische Werte wollten wir ja meiden, weil uns das sichere Gefühl dafür nicht mehr so verbreitet erscheint, wie es in Zeiten „unbezweifelter Wertwelten"[18] wohl gewesen ist. Heute schreckt uns die Gefahr extremer politischer Glaubensbekenntnisse davon ab, die Wert*erkenntnis* an den Glauben zu knüpfen[19]. Wir meinen, daß eine rechtlich verpflichtende Wertordnung dem objektiven Gemeingeist entsprechen und somit im Wechselbezug zwischen Kennerschaft und Volksgeist überzeugende Kraft entfalten muß.

Wir können deshalb auch dem System *Platons*[20] nicht folgen:

Positive Staatsformen:	*Entartungen:*
Monarchie	Tyrannis
Aristokratie	Oligarchie
Gesetzmäßige Demokratie	Gesetzlose Demokratie

Platons Kriterium für alle drei positiven Formen ist die Befolgung einmal aufgeschriebener guter Gesetze und des Gewohnheitsrechts[21]. Diese Formen seien aber nur Nachahmungen der besten Staatsform, der Herrschaft eines nicht an starre Gesetze gebundenen Alleinherrschers, der „willens und fähig wäre, mit Tugend und Wissen zu herrschen, um das Gerechte und Fromme allen richtig zuzuteilen"[22]. Das ist Platons berühmte Forderung, daß die Philosophen Könige sein sollen[23].

Schon *Bodin* hat der Einteilung der Staatsformen nach guten und schlechten Herrschern Verworrenheit und Unklarheit vorgeworfen. Er hat sicher recht, wenn er von einer Definition notwendige („essentielles") und formelle Unterscheidungsmerkmale statt unzähliger Zufallsmomente verlangt und meint, die Qualität ändere nicht die Natur der Dinge[24]. Es geht uns ja in der Staatsformtheorie nicht um die Beurtei-

---

[18] Vgl. oben bei A. 13.
[19] Vgl. im übrigen hier oben § 3, 4 b.
[20] *Platon*, Staatsmann p. 291 e—292, 302 e. — Heute entnimmt man das Beispiel der antiken Dreiteilung der Staatsformen meist aus: *Aristoteles*, Politik III 7, und setzt die Politie des Aristoteles mit der heutigen Demokratie gleich (so Dürig, Staatsformen S. 743 r. Sp.). Weil Aristoteles' Politie im Verlaufe seiner Untersuchung die Sonderstellung einer Mischung aus oligarchischen und demokratischen Elementen einnimmt (Aristoteles, aaO IV 8, 9), entspricht die *positive* Dreiteilung des Aristoteles (Monarchie, Aristokratie, Politie) der reinen Einteilung nach der Zahl der Herrschenden nicht ganz, — im Gegensatz zu der negativen Gruppe: Tyrannis, Oligarchie, Demokratie. — *Cicero*, De re publica I 26 § 42, übernimmt Platons positive Dreiteilung und stellt seine eigene Mischform (aaO I 45 § 69) konsequenterweise getrennt *neben* die Dreiteilung.
[21] *Platon*, Staatsmann p. 301 a—c mit 300 b, c; p. 302 d, e.
[22] *Platon*, Staatsmann p. 301 d, 294 a—c. Diese „richtige" Staatsform steht als „siebente" neben den sechs anderen: aaO p. 302 c.
[23] *Platon*, Staat p. 473 d.
[24] *Bodin*, Republique II 1 S. 252.

§ 14 Inhaltliche Einteilung der Staatsformen

lung, ob eine bestimmte positive Verfassung von der politischen Führung zu tyrannischer oder guter und gerechter Regierung benutzt wird[25]. Das könnte sich auch (wiederholt) ändern.

Die Staatsformlehre unterscheidet vielmehr die natürlichen Staaten nach ihren Verfassungseinrichtungen und fragt nach der unter bestimmten tatsächlichen Voraussetzungen[26] besten Staatsform. Das ist diejenige, die bei aller menschlicher Unvollkommenheit typischerweise eine relativ gute Regierung erwarten läßt und deshalb den Legitimitätsvorstellungen des betreffenden Kulturkreises entspricht. Die beste Staatsform fordert also nicht lediglich eine am Gemeinwohl orientierte Regierung, den Gerechtigkeits- oder Gemeinwohlstaat, sondern sie fordert bestimmte Verfassungseinrichtungen, die diesem inhaltlichen Ziel nach dem Wesen des Menschen und nach menschlicher Erfahrung zu dienen geeignet sind[27]. In diese Richtung weist *Imbodens* Äußerung: „Die Macht an die Gerechtigkeit zu binden und der Gerechtigkeit Macht zu geben, ist in den Gedanken der Verfassung eingeschlossen[28]."

Das schließt nicht aus, daß sich die Staatslehre über die dem Wesen einer Staatsform entsprechenden rechtsethischen und ethischen Herrscherqualitäten Gedanken macht und generelle Merkmale entwickelt, an denen man etwa eine tyrannische Regierungsart erkennt. Man kann z. B. einen Einparteienstaat staatsformmäßig generell als Nicht-Rechtsstaat oder Machtstaat bezeichnen, ob er aber z. Z. tyrannisch regiert wird, muß konkret untersucht werden. Dabei wird sich eine moderne Tyrannislehre ihrer kulturkreisgebundenen Wertungen bewußt bleiben müssen, will sie nicht in die Unduldsamkeit einer apriorischen, absoluten Werttheorie verfallen.

Die Untersuchung hat also zu der Feststellung geführt, daß ein sinnvoller Staatsformbegriff weder nur formale noch nur materiale Kriterien enthalten darf. Im folgenden soll geprüft werden, ob die heute in Frage kommenden Staatsformen der Demokratie und des Rechtsstaates dieser Forderung gerecht werden.

---

[25] *Bodin*, aaO, nennt das die Verschiedenheit der Regierung innerhalb der gleichbleibenden Staatsform (II 2 S. 272 f.): die legitime Regierung des guten und gerechten Herrschers oder die tyrannische Regierung, die Gott, Treue und Recht mit Füßen tritt (II 4 S. 289).

[26] Wir beschränken uns hier auf die „entwickelte Gesellschaft" mit moderner Industrie, hohem Volkseinkommen und geringem Analphabetentum (*Aron*, Institutionen S. 21, 23). — Vgl. zu dem damit ausgeklammerten Problem: *Herrfahrdt*, Staatsgestaltungsfragen.

[27] In diesem Sinne ist z. B. die Monarchie für *Bodin* die beste Staatsform: Republique VI 4 S. 937 ff., bes. S. 961 f.

[28] *Imboden*, Souveränitätslehre S. 26.

§ 15 Die demokratische Theorie

Wie es im abendländischen Kulturkreis fast ausschließlich üblich ist, wird auch im Grundgesetz die Demokratie als Staatsform in Anspruch genommen. Man versteht aber nicht nur in Ost und West, sondern auch innerhalb der sog. westlichen Demokratien etwas Verschiedenes darunter[1]. Dabei besteht die Neigung, alles verfassungstheoretisch Wünschenswerte in den Demokratiebegriff hineinzuinterpretieren[2].

1. Die Theorie des Aristoteles

Nicht nur für unsere Fragestellung, sondern überhaupt für das Verständnis der Erscheinung dürfte es entscheidend sein, ob „Demokratie" eine formale oder — zumindest auch — eine inhaltliche Bedeutung hat. Diesen Gedanken hat bereits *Aristoteles* nahegelegt. Er bezeichnet es nämlich als zufällig, daß in den Demokratien viele herrschten und in den Oligarchien wenige. Das maßgebliche Kriterium der Demokratie sei die Herrschaft der Armen und zugleich Freien als Majorität, während in der Oligarchie eine Minorität von Reichen und zugleich Edleren herrsche. In der letzteren berufe man sich auf die Ungleichheit des Vermögens, in der Demokratie aber auf die Gleichheit der Freiheit. Diejenigen, die durch ihre freie Geburt anderen gleich seien, meinten deshalb, in allem gleichberechtigt zu sein[3]. Das Merkmal der Demokratie sei die Freiheit[4].

Interessant ist die Erklärung des Namens Demokratie = Volksherrschaft. Aristoteles setzt nämlich die Armen mit dem Volke gleich und meint, wenn die Mehrzahl herrsche und das Volk die Mehrzahl sei, so handele es sich eben um Volksherrschaft[5].

Aristoteles' Kritik, daß die Demokratie nicht zum allgemeinen Besten führe, sondern dem Vorteil der Armen diene und den Staat zugrunde richte[6], trifft nur die Konsequenz jeder schrankenlosen, formalen Mehrheitsherrschaft. Sie wird von ihm auch folgendermaßen gekennzeichnet: In der Demokratie bedeute Gleichheit, daß der Wille der Menge entscheide, und Freiheit, daß jeder tue, was er wolle. Das sei aber im Grunde

---

[1] *Friedrich,* Demokratie S. 169.
[2] Auf diese Erscheinung hat schon Carl *Schmitt* hingewiesen: Verfassungslehre S. 225.
[3] *Aristoteles,* Politik IV 4 Abs. 3, III 8 letzter Abs. und III 9 Abs. 2. Vgl. auch IV 4 im 3. auf RNr. 1291 b folgenden Abs.
[4] *Aristoteles,* aaO IV 8 Abs. 3 und VI 2 Abs. 1. — So schon *Platon,* Staat p. 562 b.
[5] *Aristoteles,* aaO IV 4 im 3. nach RNr. 1291 b folgenden Absatz. III 3 Abs. 1: Demos = das niedere Volk. V 5 Abs. 4 und V 6 Abs. 4: Volk = die Nicht-Vornehmen.
[6] *Aristoteles,* aaO III 7 Abs. 2 und 4, III 10 Abs. 2; vgl. auch VI 3 Abs. 1.

§ 15 Die demokratische Theorie

ein Leben ohne Verfassung und ein verkehrter Begriff von der Freiheit[7]. Wo die Gesetze nicht herrschten, sei nämlich keine Verfassung[8], und die Freiheit zu tun, was man wolle, könne gegen das in jedem Menschen schlummernde Böse keinen Schutz bieten[9].

Die maßgeblichen Kriterien der konsequenten Demokratie[10] erweisen sich bei Aristoteles also doch wieder als formal. Sie lassen sich in den Begriffen der „gleichen Freiheit" und der Mehrheitsentscheidung zusammenfassen[11].

Auch *Bodin* hält die Demokratie für eine schlechte Staatsform und nennt es ihr Ziel, jedem die natürliche Freiheit und die gleiche Gerechtigkeit zu gewähren[12]. Das aber sei gegen die Natur, weil die Menschen nun einmal verschieden seien, z. B. auch bezüglich ihrer Vernunftgaben[13].

2. Der formale Freiheitsbegriff Rousseaus

Als größter Theoretiker der Demokratie gilt im kontinentalen Europa *Rousseau*[14]. Mit seinem Satz von der freien Geburt des Menschen[15] leitet er den „Contrat Social" ganz im Sinne der Freiheitstradition der Demokratie ein. Indem die Freiheit aber nunmehr im Gegensatz zur griechischen Demokratie für *alle* Menschen (und nicht nur für die Armen mit vollem Bürgerrecht) gefordert wird, erhält sie ein humanitäres Pathos. Das verstärkt ihre Bedeutung als Mittelpunkt des demokratischen Staatsdenkens. Soll doch der Gesellschaftsvertrag die Antwort auf die Frage geben, wie (zum Schutz jedes einzelnen) eine Gesellschaftsform gefunden werden könne, in der dieser einzelne gleichwohl nur sich selbst gehorche und so frei bleibe wie vorher[16].

---

[7] *Aristoteles*, aaO V 9 vorletzter Abs. — Ihm folgt *Cicero*, De re publica III 13 § 23: Wenn alles nach dem Urteil (arbitrium) des Volkes geschieht, „so heißt das Freiheit, ist aber Willkür". Der Gerechtigkeit Mutter ist nicht der freie Wille (voluntas). — Vgl. *Platon*, Staat p. 557 b und 562 e f.
[8] *Aristoteles*, aaO IV 4 vorletzter Absatz. Daselbst: Das Ideal ist das heilsame Gesetz, das einmütig beschlossen worden ist. III 12 letzter Absatz: Richtig gefaßte Gesetze müssen herrschen.
[9] *Aristoteles*, aaO VI 4 Abs. 3.
[10] Für die beste Art der Demokratie hält *Aristoteles* (aaO, VI 4 Abs. 1—3) demgegenüber diejenige, in der die Tüchtigen regieren (Besetzung der Ämter auf Grund einer Wahl nach dem Zensus oder nach der Fähigkeit).
[11] *Aristoteles*, aaO VI 2 Abs. 1.
[12] *Bodin*, Republique VI 4 S. 937 f. Der dort genannte Volksstaat meint dasselbe wie Demokratie: II 1 S. 252.
[13] *Bodin*, aaO S. 939.
[14] *Friedrich*, Demokratie S. 169 und Lebensform S. 20; — *Giacometti*, Demokratie S. 5; — *Scheuner*, Demokratie S. 237; — *Kägi*, Rechtsstaat S. 108 ff.; — *Hennis*, Meinungsforschung S. 39.
[15] *Rousseau*, CS I 1 Abs. 1.
[16] CS I 6 Abs. 4.

Rousseau sagt, der Mensch verliere allerdings durch den Gesellschaftsvertrag seine natürliche Freiheit, aber er gewinne die bürgerliche Freiheit. Diese sei die sittliche Freiheit des Gehorsams gegen das selbstgegebene Gesetz[17].

Nach Rousseau besteht nämlich die Staatsgewalt (souveraineté) ihrem Wesen nach im Gemeinwillen (volonté générale)[18], der Gemeinwille aber ist stets richtig und immer auf das allgemeine Beste (l'utilité publique) gerichtet[19]. Der Gesellschaftsvertrag, durch den jeder sich der obersten Leitung des Gemeinwillens unterstellt[20], schafft an Stelle jedes einzelnen Vertragsschließenden einen „geistigen Gesamtkörper", der dadurch zugleich „seine Einheit, sein gemeinsames Ich" (moi commun), „sein Leben und seinen Willen erhält"[21]. Mit diesem Gemeinwillen als stets richtigem Gesamtgeist könnte Rousseau die gleiche Erscheinung beschrieben haben, die wir als objektiven Geist in seiner am Gemeinwohl orientierten echten Gestalt bezeichnet haben. Rousseau kennzeichnet auch den Unterschied zwischen der Summe der auf das Privatinteresse gerichteten Einzelwillen, der „volonté de tous", und der „volonté générale" (Gemeinwille), die nur auf das allgemeine Beste ausgeht[22].

Er meint aber, wenn man von diesen Einzelwillen das Mehr und Minder abziehe, das sich gegenseitig aufhebe, so bleibe der Gemeinwille in Gestalt der Mehrheitsmeinung des Volkes als Differenzsumme übrig[23].

---

[17] CS I 8 Abs. 2 und 3.

[18] CS III 15 Abs. 6. Die einzige Macht des Souveräns ist die gesetzgebende Gewalt. Gesetze sind authentische Akte des Gemeinwillens (CS III 12 Abs. 1; ebenso CS II 4 drittletzter Absatz).

[19] CS II 3 Abs. 1; ebenso CS II 4 drittletzter Absatz: einzig möglicher Gegenstand des Gemeinwillens ist „le bien général". Vgl. auch CS IV 8 fünftletzter Absatz.

[20] Er wird einstimmig abgeschlossen. Wer ihm nicht zustimmt, wird nicht Staatsbürger. Ist der Staat einmal gegründet, so bedeutet Bleiben bei voller Entschlußfreiheit Zustimmung zum Gesellschaftsvertrag (CS IV 2 Abs. 5 f. mit Anm.). — Der Inhalt des Gesellschaftsvertrages lautet zusammengefaßt: „Chacun de nous met en commun sa personne et toute sa puissance sous la suprême direction de la volonté générale; et nous recevons encore chaque membre comme partie indivisible du tout" (CS I 6 vorletzter Absatz).

[21] CS I 6 letzter Absatz. In der deutschen Ausgabe ist der Ausdruck „corps moral et collectif" mit Recht als „geistiger Gesamtkörper" verstanden worden.

[22] CS II 3 Abs. 2: „Il y a souvent bien de la différence entre la volonté de tous et la volonté générale; celle-ci ne regarde qu'à l'intérêt commun; l'autre regarde à l'intérêt privé, et n'est qu'une somme de volontés particulières..." Ebenso: CS I 7 vorletzter Absatz: „En effet chaque individu peut, comme homme, avoir une volonté particulière contraire ou dissemblable à la volonté générale qu'il a comme citoyen; son intérêt particulier peut lui parler tout autrement que l'intérêt commun;..." In CS III 2 Abs. 7 heißt es im Hinblick auf die Regierung, daß Privat- und Regierungswille in dieser Reihenfolge „selon l'ordre naturel" stärker seien als der Gemeinwille der Regierung.

[23] CS II 3 Abs. 2.

§ 15 Die demokratische Theorie

Rousseau kommentiert[24] diesen Satz durch die Feststellung, die Übereinstimmung zweier Einzelinteressen gehe aus dem Gegensatz gegen ein drittes hervor und die Übereinstimmung aller Interessen[25] aus dem Gegensatz zum Interesse eines jeden einzelnen. Hier wird immer noch deutlich, daß der Gemeinwille qualitativ etwas anderes sein soll als eine Mehrheit von Einzelwillen, nämlich bereits ein Kompromiß, ein gerechter Ausgleich[26].

Für Rousseaus Gleichsetzung der politischen Mehrheitsentscheidung mit dem Gemeinwillen ist wesentlich, daß er sie nur unter Voraussetzungen für möglich hält, die seine Nachfolger nicht mehr beachten zu müssen glauben. Es ist eine schweizerische Idylle, an die der geistige Vater des Massendemokratismus anknüpft: „Wenn man sieht, wie bei dem glücklichsten Volke auf Erden Scharen von Landleuten die Staatsangelegenheiten unter einer Eiche entscheiden und dabei stets mit großer Weisheit zu Werke gehen...[27]." Wiederholt werden die beiden Voraussetzungen betont, die diesem Bilde zugrundeliegen: Friede, Einigkeit und Gleichheit[28, 29], nur kleine Interessengegensätze sowie keine partiellen Verbände (Parteien)[30] auf der einen Seite, das kleine Gemeinwesen[31] auf der anderen. Nur so läßt sich verstehen, warum die Erkenntnis, daß Volksbeschlüsse nicht immer dem Gemeinwillen entsprechen[32], neben der Behauptung stehen kann, aus der Stimmenzahl ergebe sich die Bekundung des allgemeinen Willens. Wenn die Einschränkung folgt, das setze

---

[24] CS II 3 Abs. 2 Anmerkung.
[25] Damit ist offenbar der am Gemeinwohl orientierte Gemeinwille gemeint.
[26] *Laun*, Mehrheitsprinzip S. 179, fordert das für den wohlverstandenen Gemeinwillen, glaubt aber, die Textstelle CS II 3 Abs. 2 meine einen mathematischen Durchschnitt und verkenne das qualitative Moment (aaO S. 178 mit 177). — Dem wäre auch *Rousseaus* Ausspruch entgegenzuhalten, „daß bei geistigen Größen keine mathematische Bestimmtheit stattfindet" (CS III 1 Abs. 16).
[27] CS IV 1 Abs. 1.
[28] CS IV 1 Abs. 1; daselbst am Anfang: „Tant que plusieurs hommes réunis se considèrent comme un seul corps, ils n'ont qu'une seule volonté qui se rapporte à la commune conservation et au bien-être général."
[29] CS II 4 drittletzter Absatz: „que le pacte social établit entre les citoyens une telle égalité, qu'ils s'engagent tous sous les mêmes conditions et doivent jouir tous des mêmes droits". — CS II 1 Abs. 1: „C'est qu'il y a de commun dans ses différents intérêts qui forment le lien social..." — CS II 8 Abs. 1: Reichtum und Ungleichheit als Hinderungsgrund für die Gesetzgebung.
[30] CS II 3 Abs. 3; vgl. CS IV 1 Abs. 4; zum vorstehenden insgesamt: CS II 10 zweitletzter Absatz.
[31] CS III 15 letzter Absatz: in dem Sinne, daß eine beratende Volksversammlung möglich sein müsse (vgl. dazu CS III 15 Abs. 1, 3 und viertletzter Absatz). *Rousseau* nennt sich selbst „jemanden, der nur kleine Staaten will" (CS III 13 drittletzter Absatz). Zur Annahme von Gesetzen ist ein Volk geeignet, „in dem jedes Glied allen bekannt sein kann..." (CS II 10 zweitletzter Absatz). Die Freiheit und der gleiche Anteil an der Gesetzgebung nehmen mit der Vergrößerung des Staates stetig ab (CS III 1, 11. Abs. f.).
[32] CS II 3 Abs. 1.

voraus, daß alle Merkmale des Gemeinwillens noch in der Stimmenmehrheit seien[33], so ist eben an die erwähnten Vorbedingungen gedacht.

Sie stehen offenbar auch bei der Empfehlung in Frage, je wichtiger und ernster die Beschlüsse seien, um so mehr müsse sich der gültige Beschluß der Einstimmigkeit nähern[34]. In der homogenen Gemeinschaft wird eben vor allem derjenige Beschluß wichtig, der ernste Differenzen hervorrufen kann. Nur in einer Bürgerschaft, die sich über alle wichtigen Grundsätze einig ist, kann im übrigen ohne Sarkasmus gesagt werden, daß der Staatsbürger sogar denjenigen Gesetzen zustimme, die gegen seinen Willen gefaßt werden. Er habe sich dann bei der Stimmabgabe nur über den Inhalt des Gemeinwillens geirrt[35].

Auch die weitere Voraussetzung für die Identität von Volksbeschluß und Gemeinwillen, nämlich die Allgemeinheit des Entscheidungsgegenstandes[36], kann sich nur unter den beiden vorher genannten Bedingungen (Homogenität und kleines Gemeinwesen) auswirken. Das ergibt sich ganz deutlich aus folgender Formulierung: „Man muß verstehen, daß weniger die Anzahl der Stimmen den Willen verallgemeinert als vielmehr das allgemeine Interesse, das sie vereinigt, ... Es herrscht ein bewundernswerter Einklang des Interesses und der Gerechtigkeit, der den gemeinsamen Beschlüssen einen Charakter der Billigkeit verleiht, die bei der Erörterung jeder Privatangelegenheit sichtbar verlorengeht, ...[37]."

Da Rousseau das Gesetz durch die Allgemeinheit seines Gegenstandes definiert[38], ist es für ihn ein Akt des Gemeinwillens und als solcher stets gerecht[39]. Die souveräne Gesetzgebungsbefugnis liegt deshalb unveräußerlich beim Volk[40], weil nur der Gemeinwille die einzelnen verpflichten kann und weil sich der Gemeinwille mit Sicherheit nur durch eine freie Volksabstimmung feststellen läßt[41]. Lediglich „die Erkaltung der Vaterlandsliebe, die Regsamkeit der Privatinteressen" und „die übertriebene Größe der Staaten" führen zur Versammlung von Abgeord-

---

[33] CS IV 2 viertletzter und drittletzter Absatz.
[34] CS IV 2 letzter Absatz, insbesondere bei Gesetzen.
[35] CS IV 2 viertletzter Absatz.
[36] CS II 4 Abs. 5 a. E.: La volonté générale „perd sa rectitude naturelle lorsqu'elle tend à quelque objet individuel et déterminé,...". Vgl. auch Abs. 6 mit der Konsequenz, daß Rechtsprechung und Verwaltung nicht Sache des Gemeinwillens seien.
[37] CS II 4 viertletzter Absatz.
[38] CS II 6 Abs. 6: „Quand je dis que l'objet des lois est toujours général, j'entends que la loi considère les sujets en corps et les actions comme abstraites, jamais un homme comme individu ni une action particulière."
[39] CS II 6 Abs. 7.
[40] CS II 1.
[41] CS II 7 Abs. 7.

§ 15 Die demokratische Theorie 121

neten des Volkes⁴². Der Gemeinwille läßt sich aber nicht vertreten⁴³, weil der Wille des einzelnen nach Vorzügen strebt, der Gemeinwille dagegen nach Gleichheit⁴⁴. Damit sind wir wieder bei dem Gegensatz zwischen dem auf das Privatinteresse gerichteten Einzelwillen und dem gerechten Gemeinwillen⁴⁵. Wir haben gesehen, daß die Ablehnung einer repräsentativen Körperschaft die konsequente Folge des Gedankens ist, nur wenn wirklich alle Bürger⁴⁶ — unter den fraglichen Voraussetzungen — an Beratung und Abstimmung teilnähmen, diene die Mehrheitsentscheidung dem allgemeinen Interesse.

Rousseau spricht daher auch umgekehrt die Bindung des souveränen Volkes an das Gemeinwohl deutlich aus. „Le souverain" heißt bei Rousseau der mit dem Gesellschaftsvertrag geschaffene Staat im aktiven Zustand. Der Souverän (das Staatsoberhaupt) besteht aus den Vertragsschließenden in ihrer Gesamtheit als Volk⁴⁷. Von ihm heißt es am Ende des „Contrat Social" noch einmal: „Das Recht, das der Gesellschaftsvertrag dem Staatsoberhaupte über die Untertanen gibt, erstreckt sich, wie gesagt, nicht über die Grenzen des Gemeinwohls hinaus⁴⁸."

Was die Übernahme rousseauscher Verfassungstheorie heute so gefährlich macht, wo von der fraglichen Homogenität (insbesondere ohne jegliche Parteiung) und Kleinräumigkeit (ohne Repräsentativsystem) keine Rede mehr sein kann, ist das Fehlen institutioneller Garantien des Gemeinwohls in ihr. Die einzige derartige Institution, die Rousseau vorsieht, hat in der demokratischen Staatstheorie mit ihrer Bindung an die formale Volkssouveränität nie eine Rolle gespielt. Bei der Behandlung der Gesetzgebung kommen im „Contrat Social" die Bedenken zum Vorschein⁴⁹, die wir bereits gegen Tagesmeinung und Zeitgeist eines

---
⁴² CS III 15 Abs. 5.
⁴³ CS III 15 Abs. 6: „... la volonté générale ne se représente point...".
⁴⁴ CS II 1 Abs. 3.
⁴⁵ Vgl. oben bei A. 22.
⁴⁶ CS II 4 Abs. 5.
⁴⁷ CS I 6 letzter Absatz; CS I 7 Abs. 1 und 5.
⁴⁸ CS IV 8 fünftletzter Absatz.
⁴⁹ CS II 6 letzter Abs.: „Wie sollte eine blinde Menge, die oft nicht weiß, was sie will, weil sie selten weiß, was ihr heilsam ist, imstande sein, ein so großes, so schweres Unternehmen wie ein System der Gesetzgebung ist, von sich selbst auszuführen? Von sich selbst will das Volk immer das Gute, aber es erkennt dasselbe nicht immer von sich selbst. Der allgemeine Wille" (volonté générale) „ist stets richtig, allein das Urteil, welches ihn leitet, ist nicht immer im klaren ... man muß ihm den rechten Weg, den er sucht, weisen, ihn vor der Verführung durch den Willen einzelner hüten, ihm die Orte und Zeiten näher vor Augen stellen und den Reiz der gegenwärtigen und sichtbaren Vorteile durch die Gefahr der entfernten und verborgenen Übel ausgleichen. Die einzelnen sehen das Gute, das sie verwerfen; der Staat" (le public) „will das Gute, das er nicht sieht. Alle bedürfen der Führer in gleicher Weise; erstere muß man zwingen, ihren Willen der Vernunft anzupassen, letzteren muß man zur Erkenntnis dessen bringen, was er will."

Volkes dargetan haben[50]. Rousseau verlangt deshalb für die an sich eines Gottes bedürftige Aufgabe der Abfassung von Gesetzen einen genialen Menschen, einen „législateur", der keine gesetzgebende Gewalt besitzen dürfe, damit sein Werk nicht durch Privatinteressen getrübt werden könne[51]. Die Rolle dieses „législateur" mit dem leidenschaftslosen, höheren Geist, dessen Gesetze durch Klugheit dauerhaft werden[52], ähnelt der, die wir der Repräsentation des Gemeingeistes in Parlament, Regierung und Rechtskennerschaft zugedacht haben. Rousseau kommt also auch zu einem Wechselspiel zwischen personalem und objektivem Geist, nur identifiziert er letzteren bedingt mit dem Volksentscheid.

So wie das Volk gegenüber dem „législateur" das letzte Wort behält und die Volksgesetze keiner Kontrolle unterliegen, so gibt es bei Rousseau auch kein für das Volk bindendes Grundgesetz. Das Volk ist in jedem Falle befugt, jegliches und auch das beste Gesetz zu ändern, selbst wenn es sich dadurch schadet[53]. Darin schwingt zwar die Erkenntnis von der Lebendigkeit des Gemeingeistes gegenüber der Starrheit seiner Objektivationen mit[54], entscheidend aber ist der formale Freiheitsgedanke. Obwohl Rousseau deutlich macht, daß es im Grunde auf das Gemeinwohl ankommt, sieht er doch die Mehrheitsentscheidung des Volkes als die einzige Möglichkeit, die natürliche Freiheit in die bürgerliche Freiheit hinüberzuretten.

In dieser Freiheitsphilosophie wird erkennbar, daß Rousseau die Staatsgewalt zwar in den Dienst am Gemeinwohl stellen möchte, das formale Freiheitsprinzip aber höher einschätzt[55]. Er sieht die individuelle Freiheit nicht in wechselseitiger Abhängigkeit mit dem Gesamtwohl verknüpft, wie wir es dargelegt haben[56]. Dem Gesamtwohl fehlt der Eigenwert. Es geht nur um die Harmonisierung des Einzelwohles aller. Auch bei der Äußerung des Gemeinwillens denkt bei Rousseau jeder an sich, wenn er für alle stimmt[57]. Rousseau kennt keine transpersonale ethische Ordnung und deshalb auch keine inhaltlich gebundene Freiheit, die gerade darin besteht, daß sich jeder in den Grenzen der staatlich

---

[50] Vgl. hier oben Abschnitt § 6, 4.
[51] CS II 7 Abs. 1 und 4.
[52] CS II 7 erster und vorletzter Absatz.
[53] CS I 7 Abs. 2 und CS II 12 Abs. 2. Die Ausnahmen interessieren hier nicht: Völkerrechtliche Verträge (CS I 7 Abs. 2), Selbstvernichtung (CS I 7 Abs. 3).
[54] CS III 11 Abs. 4: Das Gesetz von gestern verpflichte das Heute nicht, aber es sei bis zu seiner Aufhebung von stillschweigender Zustimmung getragen.
[55] Peter *Schneider*, Widerstandsrecht S. 4 A. 9: Rousseaus Berufung auf das sittliche Prinzip sei mehr ein Postulat als eine Interpretation.
[56] Oben § 8, 1.
[57] CS II 4 Abs. 5.

§ 15 Die demokratische Theorie

garantierten Wertordnung hält[58]. Es gibt bei Rousseau keine inhaltlichen Kriterien für die Richtigkeit des Gemeinwillens[59]. Ein Maßstab ist nicht einsehbar, man kann ihn weder mit der Vernunft erläutern noch in einer Gewissensentscheidung erfassen.

Die Absage an den Alleinherrscher[60] wird deshalb ganz konsequent auf jegliche Repräsentation des Gemeinwillens übertragen. Der Gemeinwille ist eben deshalb und darin gerecht, daß er von allen ausgeht, auf die er Anwendung findet[57]. Jeder hat in der Versammlung seine Ansicht darlegen können, jeder vertritt nur seine individuellen Interessen (und keine Gruppeninteressen), und dann ist die Mehrheitsentscheidung in der homogenen Gesellschaft der Ausdruck einer optimalen Interessenübereinstimmung. Mit Recht hat *Haegi* festgestellt, Rousseaus Staatsdenken sei von dem „formalen Prinzip positiver Freiheit" beherrscht, dem jede materielle Norm — auch jedes Grundrecht — untergeordnet sei. Deshalb habe Rousseau selbst gelegentlich darauf hingewiesen, daß die Freiheit nur wahrnehmen könne, wer zu ihr erzogen sei[61]. Das ist im Grunde nichts anderes als die Voraussetzung der rousseauschen Homogenität in Frieden, Einigkeit und Gleichheit.

Aus dem in der Unübertragbarkeit der Volkssouveränität zum Ausdruck kommenden formalen Freiheitsprinzip folgt auch die Lehre von der Unteilbarkeit der Staatsgewalt. Vollziehende Gewalt und Rechtspflege werden der Volkssouveränität untergeordnet und bedeuten nur die Ausführung des souveränen Volkswillens[62]. Die Träger der vollziehenden Gewalt können vom Volk als dessen Diener beliebig ein- und abgesetzt werden[63], ebenso wie die Regierungsformen jederzeit änderbar sind[64].

---

[58] Vgl. *Burke*, Speeches S. 87: „But the liberty, the only liberty, I mean is a liberty connected with order: that not only exists along with order and virtue, but which cannot exist at all without them. It inheres in good and steady government, as in its substance and vital principle."
[59] *Böckenförde*, Gesetz S. 41 f.   [60] CS II 1.
[61] *Haegi*, Freiheit S. 129 mit Nachweisen.
[62] CS II 2 Abs. 1 ff., bes. Abs. 4.
[63] CS III 18 Abs. 1. Während der Volksversammlung ruhen die Befugnisse der Exekutive (CS III 14 Abs. 1).
[64] CS III 18 Abs. 2. *Rousseau* kennt als Staatsform nur die des Gesellschaftsvertrages, die wir wohl Demokratie nennen dürfen. Innerhalb dieser Staatsform, in der die Gesetzgebung beim gesamten Volk liegt, unterscheidet er als Regierungsformen die Demokratie, Aristokratie und Monarchie. Rousseau lehnt die Regierungsform Demokratie aber ab. Die vollziehende Gewalt in den Händen des souveränen Gesetzgebers verderbe diesen, weil er statt mit allgemeinen Zwecken mit Privatinteressen befaßt werde (CS III 1 Abs. 3, III 4 Abs. 1 und 2). Im übrigen verstoße die Regierung der größeren Zahl über die kleinere gegen die natürliche Ordnung. Es sei auch heute gar nicht mehr denkbar, daß das Volk dauernd zum Regieren versammelt bleibe (CS III 4 Abs. 3, III 15 Abs. 9). Der berühmte Satz: „Gäbe es ein Volk von Göttern, so würde es sich demokratisch regieren" (CS III 4 a. E.) bezieht sich nur auf die *Regierungs*form.

Man braucht nur die Stellung der richterlichen Gewalt herauszugreifen, um sich den Unterschied klarzumachen, der zwischen der Legitimierung der Staatsgewalt durch ein formales Freiheitsprinzip einerseits und durch ein materiales Rechtsprinzip andererseits besteht. Unter ersterem kann der Richter nur Sprachrohr des positiven Rechts sein, jeder Dienst an der geistigen Wertordnung i. S. des Gemeinwohls muß ihm denknotwendig untersagt sein.

§ 16 Die Demokratie als formale Staatsform

Das formale Freiheitsprinzip verlangt die unmittelbare Demokratie, die Vorherrschaft der Legislative (und damit das Verbot richterlicher Rechtsschöpfung und Gesetzesprüfung) und eine Verfassung, die zur Disposition des Gesetzgebers steht. Die damit gekennzeichnete Volkssouveränität Rousseaus stellt auf den rechtlich nicht gebundenen, jeweiligen Willen der Mehrheit des Volkes ab, der sich nicht normwissenschaftlich, sondern nur soziologisch erfassen läßt. Im Hinblick auf den Inhalt kann man daher von einer tatsächlichen[1] oder absoluten Volkssouveränität sprechen.

Versuche, zu einem inhaltlich bestimmten Begriff der Volkssouveränität zu gelangen, sind in dem noch zu erörternden Repräsentativsystem[2] unausweichlich, gehören aber nicht zur demokratischen Theorie[3]. Das gilt ganz allgemein für die Ansicht, die Demokratie verlange eine ethische Politik oder sei ihrem Wesen nach Gerechtigkeit[4]. Solche Äußerungen gehen offenbar davon aus, daß die Demokratie die einzige in Frage kommende Staatsform sei und deshalb alle unsere Legitimierungsvorstellungen decken müsse. In diesem Sinn sagt *Laun*, das Mehrheitsprinzip könne unmöglich den Wesensgehalt der Demokratie ausfüllen, der oberste Zweck der Demokratie als der „möglichsten Freiheit aller" müsse eine ethische Forderung sein[5]. Andere sprechen vorsichtiger von einer

---

[1] Vgl. H. *Schulz-Schaeffer*, Volkssouveränität S. 9 f.; — *Haegi*, Freiheit S. 129.
[2] Vgl. hier unten § 17 A. 13.
[3] Vgl. das vorhergehende Kapitel. *Thoma* (Reich) spricht zwar nach der formalen Definition der Repräsentationsdemokratie (S. 188 f.) von dem inhaltlich liberalen Demokratismus (S. 191 f.), läßt ihn aber nicht zum positiven Staatsrecht der Weimarer Verfassung gehören (S. 192). Vgl. hier unten § 17 A. 6. — Mit Recht nennt *Kelsen*, Demokratie S. 101 (vgl. auch A. 40 auf S. 118), den „Relativismus die Weltanschauung, die der demokratische Gedanke voraussetzt".
[4] Carl *Schmitt*, Verfassungslehre S. 225 f. mit Literaturhinweisen, schreibt diese Gedanken der liberalen und sozialliberalen Geisteshaltung zu.
[5] *Laun*, Mehrheitsprinzip S. 191 (auch S. 181) und S. 192. Vgl. auch Launs Staatsverständnis, hier oben § 3, 4 a. — Entgegen der h. M. bezeichnet *Jerusalem*, Demokratie S. 34—37, das Mehrheitsprinzip (im Rahmen einer formalen Demokratietheorie, S. 8) als undemokratisch, weil es um „möglichste Einstimmigkeit" gehe.

§ 16 Die Demokratie als formale Staatsform

sittlichen Ordnung, wie sie auch die Demokratie verwirklichen wolle, und betonen die nahe Berührung mit christlichen und humanitären Werttraditionen[6]. Damit sind wir wieder bei der sozialen Grundlage der Demokratie, der erwähnten rousseauschen „Homogenität". Hermann *Jahrreiß* meint, diese „Vor-Ordnung" mit der Achtung vor dem Menschen werde nach dem Wesen der Herrschaftstechnik „Demokratie" vorausgesetzt, denn sonst könne die Herrschaft nicht als res publica, als gemeinsame Angelegenheit, verwirklicht werden[7]. Auch die Rechtfertigung der Verfassungsgarantie des Art. 79 III GG besteht in diesem Zusammenhang nur darin, daß die Demokratie bei labiler Vor-Ordnung ohne sie nicht möglich sei. Im übrigen werde die Methode der Demokratie, die Mehrheitsentscheidung, durch diese Verfassungsvorschrift gerade aufgehoben[8]. Legitimierend sind die Wertvorstellungen also in der herrschenden Demokratietheorie nicht. Diese Funktion hat allein der Rest von unmittelbarer Demokratie und von demokratischen Identitätsvorstellungen[9], der in der Einsetzung der Regierenden und ihrer Lenkung im Amt seitens des Volkes besteht[10].

Da die Legitimation der Demokratie somit allein auf einem formalen Freiheitsbegriff beruht, was sich im Mehrheitsprinzip besonders eindeutig zeigt, ist der Versuch einer materialen Demokratietheorie rechtstheoretisch abzulehnen. Er gilt der Einbeziehung eines umfassenden inhaltlichen Prinzips in eine formale Technik, deren dieses Prinzip in gewissem Umfang nicht entraten kann, die es aber erheblich modifiziert. Vom Standpunkt der geisteswissenschaftlichen Methode aus[11] erscheint es unzulässig, einen Begriff umzudeuten, der im Volksbewußtsein und in der traditionellen Lehre mit einer bestimmten Vorstellung verknüpft ist (Demokratie als Mehrheitsherrschaft auf Zeit), wenn für das Ziel der Umdeutung (Dienst am Gemeinwohl) bereits ein anerkannter Begriff vorhanden ist (materialer Rechtsstaat). Die vorliegende Arbeit wäre allerdings weitgehend überflüssig, wenn der im folgenden darzulegende

---

[6] *Schüle*, Demokratie S. 332. — *Bäumlin*, Demokratie S. 40 ff., 91: Die Demokratie sei auf die Idee der Humanität bezogen.
[7] *Jahrreiß*, Demokratie S. 95. — Hans *Huber*, Niedergang S. 88: Demokratie als Staatsform sei nur lebensfähig, wenn sie als *Lebensform* gewissen Anforderungen genüge. — Mit Recht sieht *Schindler*, Rechtsstaat S. 169 f., die traditionelle, vorgeformte Ordnung als Bestandteil des Rechtsstaates und als Gegengewicht zur formalen Freiheit.
[8] *Jahrreiß*, aaO S. 111, 108. — Ebenso *Dürig*, hier oben § 13 A. 21.
[9] Carl *Schmitt*. Vgl. hier oben § 14, 1 Abs. 1.
[10] Vgl. *Jahrreiß*, Demokratie S. 91; — *Schüle*, Demokratie S. 342; — *Scheuner*, Demokratie S. 226. — Dem entspricht die Definition der Demokratie bei *Thoma* (Reich S. 189): „Befristete oder abrufbare Obrigkeit auf der Grundlage des demokratischen Wahlrechts."
[11] Auf sie beruft sich aber z. B. *Bäumlin*, Rechtsstaat S. 35 ff., für seine materiale Demokratietheorie.

Gehalt des materialen Rechtsstaates im Rechtsbewußtsein unseres Volkes fester Bestandteil der Demokratievorstellungen wäre. Daß das in der Weimarer Republik nicht zutraf, haben wir in der folgenden Zeit mit Schrecken erkannt. Daß das auch heute nicht der Fall ist, zeigen die immer wieder hervorbrechenden radikaldemokratischen Tendenzen, z. B. in Richtung auf das imperative Mandat, auf die Schmälerung der repräsentativen Stellung der Regierung oder auf die Überbewertung demoskopisch erfaßter Tagesmeinungen. Auch die Diskussion der Notstandsgesetzgebung war aufschlußreich. Fragt man den common man, was er unter Demokratie verstehe, so spricht er von der Freiheit, zu tun, was man wolle, nicht aber von Gemeinwohl und Ordnung. Materiale Rechtsstaatlichkeit und die Vorstellung einer verpflichtenden Ordnung sind dagegen begrifflich und im Volksbewußtsein untrennbar miteinander verbunden[12].

Mit dem Problem der materialen Demokratie darf die — ebenfalls vor allem durch die Erfahrungen mit dem Totalitarismus — deutlich gewordene Vorstellung nicht verwechselt werden, daß die staatsbürgerlichen Grundrechte (status activus) eine funktionelle Voraussetzung der Demokratie seien[13], insbesondere in Gestalt der Meinungs- und Pressefreiheit. Auch hier geht es nämlich um eine formale Freiheit, die nichts daran ändert, daß „das demokratische Dogma in seinen letzten Folgerungen, in der Idee, zur Vernichtung der Freiheitsrechte" führt[14]. Richtig ist dagegen, daß auch die politischen Grundrechte letzten Endes nur sinnvoll erscheinen, wenn der Bürger in einer gerechten Freiheitsordnung lebt. Diese wird aber in der Demokratie nicht in geistiger Zucht gesucht, sondern dem freien Spiel der Kräfte überlassen, das sein Ideal in der ungebundenen Entscheidung der einfachen Mehrheit findet[15]. Wertrelativismus und Demokratie sind eben unzertrennlich[16], materiale Wertordnung und Demokratie dagegen nur vereinbar, wenn die Demokratie in den Dienst der Wertordnung tritt. Mit der bloßen politischen Proklamation einer demokratischen Lebensform ist es nicht getan. Das zeigt das Problem der permanenten Minorität[17].

---

[12] Hans *Huber*, Niedergang S. 88, sagt: „Rechtsstaatlichkeit und Rechtsidealismus".

[13] *Giacometti*, Demokratie S. 4, betont diese Voraussetzung. — Vgl. *Mayo*, Introduction S. 228.

[14] *Giacometti*, aaO S. 8.

[15] *Kelsen*, Demokratie S. 10 f.: 1. Bei dem Erfordernis qualifizierter Mehrheit würde eine Minderheit die Mehrheit an der Entschlußfassung hindern können. 2. Auch bei Vernichtung des liberalen Ideals bleibt Demokratie möglich.

[16] Vgl. *Giacomettis* (Demokratie S. 10 u. 13) Ablehnung unabänderlicher Verfassungsbestimmungen und einer Verfassungsgerichtsbarkeit, da es keinen objektiven Prüfungsmaßstab gebe.

[17] Vgl. *Mayo*, Introduction S. 302 f.

§ 16 Die Demokratie als formale Staatsform

Der Staatsformbegriff der Demokratie darf schließlich auch nicht mit der politischen Idee der sozialen Demokratie verwechselt werden[18], welche die politische Gleichheit zur wirtschaftlichen Gleichheit erweitern will. Hierbei handelt es sich um eine Gegenposition zum Liberalismus[19], nicht aber um ein universales Prinzip, das Grund und Ziel einer Staatsform nach dem heutigen Stand der abendländischen Kultur mit einem legitimen Inhalt erfüllen könnte.

Das egalitär-liberale Fundament der Demokratie[20] ist übrigens auch auf der Gleichheitsseite rein formal. Die Gleichheit dient der formalen Freiheit als formale Gleichheit dieser Freiheit. Es handelt sich nicht um eine proportionale Gleichheit im Sinne der Gerechtigkeit als Rechtswert[21], sondern um eine mathematische[22] und nivellierende Gleichheit. Das gilt auch für die Chancengleichheit bei der Teilnahme am staatlichen Leben, insbesondere bei der Beeinflussung der öffentlichen Meinung, beim Zugang zu Ämtern und im Wahlrecht. Der aufgezeigte Sinn der Gleichheit ist uns schon so geläufig geworden, daß wir z. B. statt von der Egalisierung von der Demokratisierung des Wahlrechts sprechen[23] Daran ändert die Tatsache nichts, daß bei uns auch hinter der demokratischen Gleichheit eine geistige Tradition steht, die ihr im Sinne säkularisierter christlicher Gedanken[24] einen humanitären Zug von Brüderlichkeit verleiht.

Bereits in den ersten Auswirkungen rousseauscher Gedanken diente der formale Demokratismus anderen sozialpolitischen Zielen als bei *Rousseau*, der von den Vorstellungen des rationalen Naturrechts ausging und die sittliche Persönlichkeit in einer vernünftigen und gerechten Ordnung verwurzelt sah. Der Gesellschaftsvertrag sollte auch das Vermögen des Bürgers schützen, insbesondere sein Eigentumsrecht garantieren[25]. Demgegenüber stellten Thomas *Jefferson* in seiner Unabhängigkeitserklärung vom 4. Juli 1776[26] und Art. 2 der französischen Menschen- und Bürgerrechte von 1793[27] die Gleichheit redaktionell vor die Freiheit. Jefferson ersetzte das „Eigentum" in *Lockes* Formel von „Leben, Frei-

---

[18] Diese Gefahr besteht bei *Fraenkel-Bracher*, Demokratie S. 75.
[19] Th. *Geiger*, Demokratie S. 355 f.
[20] *Jahrreiß*, Demokratie aaO S. 95.
[21] Hier oben § 7, 3.
[22] *Leibholz*, Strukturprobleme S. 86, 137 oben.
[23] *Hennis*, Meinungsforschung S. 49 A. 100; — vgl. Carl *Schmitt*, Verfassungslehre S. 231.
[24] *Leibholz*, Strukturprobleme S. 136.
[25] *Rousseau*, CS I 6 Abs. 4 und I 8 Abs. 2. — Vgl. zum Eigentumsschutz bei Rousseau: *Haegi*, Freiheit S. 120 ff., 124 und auch 128 ff.
[26] Vgl. dazu: *Dietze*, Demokratie S. 304 f.; zu Jeffersons radikaldemokratischen Tendenzen: S. 302 bei A. 1 und 2.
[27] *Duguit-Monnier*, Constitutions S. 62.

heit und Eigentum"[28] durch die Wendung „Verfolg des Glücks"[26]. Er hat mit dieser Tendenz keinen Einfluß auf die amerikanische Verfassung von 1789 gehabt. Dagegen hat sich die französische Revolution während der Terrorherrschaft der Klubs über die rechtsstaatlichen Züge, vor allem die Grundrechte, der Menschenrechtserklärung von 1793 hinweggesetzt und die soziale Gleichheit als Rechtfertigung der gewaltsamen Beseitigung aller Ungleichheit benutzt. Man erklärte sogar, das Eigentumsrecht sei der gefährlichste Einwurf gegen die tatsächliche Gleichheit[29].

Es läßt sich also feststellen, daß die Ziele, denen die demokratische Staatsform dienen sollte, die Rangfolge der formalen Ideen der Freiheit und Gleichheit bestimmten. Wichtig ist für uns, daß formale Gleichheit und formale Freiheit Hand in Hand gehen. Aus dem Kreise einer konsequenten Theorie formal freiheitlicher Staatswillensbildung oder mathematischer Gleichheit der Rechte gibt es keinen Ausbruch in die Bereiche materiellrechtlicher Freiheit und Gleichheit.

Die Demokratie ist immer neue historische Verbindungen eingegangen. Das darf den Blick für ihr Wesen nicht trüben. Weder die rechtsstaatlichen Elemente der klassischen liberalen Demokratie einschließlich ihrer proportionalen Gleichheit[30] noch die Rechtsstaatlichkeit der freiheitlichen demokratischen Grundordnung des Grundgesetzes[31] lassen sich gegen die These von der formalen Natur der Demokratie anführen. Das gleiche gilt für Carl *Schmitts* Lehre von der substantiellen Gleichheit als Prinzip der Demokratie. Wie er den Rechtsstaat als unpolitisches Prinzip abzuwerten bemüht war, suchte er die Demokratie als politisches Staatsformprinzip aufzuwerten[32]. Die substantielle Gleichheit wurde ihm zur Einbruchsstelle für den Nationalstaatsgedanken, der sich allerdings im 19. Jahrhundert weitgehend mit demokratischen Ideen verbunden hatte[33]. Daß der Nationalismus nicht zu den Wesensbestandteilen der Demokratie gehört, lehrt ein Blick auf andere geschichtliche Staatsformen[34] und auf die humanitäre Neigung der Demokratie zum Gegenteil, zum Kosmopolitismus[35].

---

[28] *Locke*, Treatise II §§ 6, 123.
[29] Carl *Richter*, Franz. Revolution S. 56—59.
[30] *Leibholz*, Strukturprobleme S. 136.
[31] Hans *Peters*, Entwicklungstendenzen, unterscheidet die rechtsstaatlichen nicht von den demokratischen Elementen des Grundgesetzes.
[32] Vgl. hier oben § 14, 1.
[33] Ernst *Michel*, Demokratie S. 73; — *Martini*, Ende S. 219.
[34] Man braucht nicht nur an die Geschichte der Monarchie oder an totalitäre Regime zu denken. Auch die U.S.A. — die mit der rousseauschen Demokratie nicht viel gemein haben — entwickelten im 19. Jahrhundert einen starken Nationalismus: *Gabriel*, Entwicklung S. 25.
[35] *Aron*, Institutionen S. 45. — Ernst *v. Hippel*, Demokratie S. 72, sieht den Weltstaat als notwendige letzte Stufe „demokratischer Selbstgestaltung". — Sigmund *Neumann*, Dekalog S. 25: Demokratie zielt auf Weltgestaltung.

§ 16 Die Demokratie als formale Staatsform

Man kann es vielmehr als einen Beweis für die formale Struktur der Demokratie ansehen, daß sie sich sowohl in den Dienst des rousseauschen Gemeinwohls als auch des Jakobinertums, eines religionsartigen Nationalismus[36] oder des Kommunismus stellen läßt. Dagegen liefert die demokratische Theorie nämlich lediglich das formale Gegenargument, die freie Meinungsbildung sei in den drei letztgenannten Fällen unterdrückt. Wo ist aber die Grenze zwischen der berechtigten Bestrafung dessen, der die Mehrheitsentscheidung über das „bürgerliche Glaubensbekenntnis"[37] nicht anerkennt, und andererseits einer Unterdrückung der Freiheit? Die Frage, ob jemand außerhalb der sozialen Gleichheitsbasis eines Staates steht, gehört zur Vor-Ordnung des Staates, die man in der rousseauschen Demokratie zur Disposition des demokratischen Souveräns stellt. Gibt man diesen Absolutheitsanspruch um einer inhaltlichen Ordnung willen preis, wie Carl Schmitt es tut[38], dann kann das Staatsbild zwar noch demokratische Elemente enthalten, eine Demokratie aber stellt es nicht mehr dar.

Zusammenfassend läßt sich feststellen, daß der rousseauische Demokratiebegriff zwar von seinem Urheber in den Dienst des Gemeinwohls gestellt wurde, daß aber die homogene und damit auch im Gemeingeist wurzelnde Vor-Ordnung als Vorbedingung einer gemäßigten Demokratie in der demokratischen Herrschaftstechnik keinen Niederschlag gefunden hat. Sie kommt weder als legitimierendes Gestaltungsprinzip[39] noch als garantierter Inhalt zum Zuge. Rousseaus „législateur" mußte als Fremdkörper im grundlegenden Gedankenbau der formalen und egalitären Freiheit fallen gelassen werden. So führte die Eigengesetzlichkeit der demokratischen Theorie zu der rein formal[40] konzipierten Staatsformidee von der Demokratie. In ihrer reinen Gestalt nennt man sie auch plebiszitäre[41] oder radikale[42] Demokratie.

Diesen „Demokratismus"[43] kennzeichnet die schrankenlose Entscheidungsbefugnis der jederzeit formlos aktivierbaren Mehrheit der unrepräsentierten Aktivbürgerschaft ohne Bindung an überpositives oder

---

[36] *Kägi*, Rechtsstaat S. 120 mit A. 41.
[37] *Rousseau*, CS IV 8 viertletzter Absatz.
[38] Hier oben § 14, 1, besonders Abs. 2.
[39] Das gibt *Bäumlin*, Demokratie S. 95, durch die Feststellung zu: Der „legitime Staat" müsse „notwendigerweise auch Rechtsstaat sein", der im Volksbewußtsein verwurzelt sei.
[40] *Fraenkel*, Verfassungsstaat S. 5 unten, S. 8; — *Heller*, Demokratie S. 43; — *Kelsen*, Demokratie S. 1, 10 ff., 93 ff.; — *Jerusalem*, Demokratie S. 8; — vgl. *Maunz*, Staatsrecht § 10 II 2 und bes. 3 letzter Abs. — *Bracher*, Demokratie S. 118.
[41] *Hennis*, Meinungsforschung S. 38 f.; — *Fraenkel*, aaO S. 6 f.
[42] *Fraenkel*, Strukturdefekte S. 82 f.; — *Scheuner*, Demokratie S. 237.
[43] *Kägi*, Rechtsstaat S. 108 A. 1, S. 119.

sonstiges Recht einschließlich der Verfassung (tatsächliche Volkssouveränität)[44], wodurch die Identität von Herrschern und Beherrschten[45] sowie die politische Gleichheit aller hergestellt ist (demokratische Freiheit und Gleichheit). Zur radikalen Demokratie gehört die Forderung, daß dem Volk auch die Vollziehung und Rechtsprechung möglichst unmittelbar, wenigstens aber die Ein- und Absetzung der Beamten und Richter, zustehen soll[46].

§ 17 Die repräsentative Demokratie

1. Die radikaldemokratische Form

Vom Standpunkt des Demokratismus aus ist die Einschaltung eines Parlaments im großräumigen Staat ein technisch bedingtes notwendiges Übel[1]. Das Mißtrauen gilt der Loslösung der Legislative vom aktuellen Mehrheitswillen, der Einflußnahme von Einzelinteressen und der Selbstherrlichkeit der Abgeordneten[2]. Es werden daher alle Einrichtungen gefördert, die das Parlament zum Spiegelbild des aktuellen Volkswillens machen. Ursprünglich gehörte das imperative Mandat hierzu[3]. Die Schöpfer der Weimarer Verfassung verfolgten mit dem Verhältniswahlrecht (Art. 22 I WV) und dem Reichstagsauflösungsrecht des Reichspräsidenten (Art. 25 I) eine entsprechende Tendenz. Im übrigen dienten die Volksgesetzgebung durch Volksbegehren und Volksentscheid, die Volkswahl des Reichspräsidenten sowie sein Recht, den Reichskanzler zu ernennen und zu entlassen, der radikaldemokratischen Ausrichtung der Weimarer Verfassung[4].

Diese Einstellung spiegelt sich in der Auslegung des Art. 1 II WV. Das Volk, von dem alle Staatsgewalt ausgehen sollte, wurde entsprechend der radikaldemokratischen Vorstellung von der Identität zwischen Regierenden und Regierten mit der Aktivbürgerschaft gleichgesetzt[5]. Zwi-

---

[44] *Kägi*, aaO S. 108 ff.; — *Scheuner*, Demokratie S. 237 f.
[45] *Scheuner*, Demokratie S. 226, 238; — *Hennis*, Meinungsforschung S. 39.
[46] Vgl. *Rousseaus* Auffassung dazu: hier oben § 15, 2 bei A. 63 und in A. 64. — Vgl. *Kelsen*, Staatslehre S. 362 f. — *Jerusalem*, Demokratie S. 25 betr. Beamte.

Anmerkungen zu § 17

[1] *Krüger*, Staatslehre S. 235; — vgl. *Scheuner*, Demokratie S. 237.
[2] *Fraenkel*, Verfassungsstaat S. 7, 10.
[3] Vgl. *Seidler*, Mandat S. 124 (historisch), S. 126 (theoretisch); — *Thoma*, Reich S. 191; — *Kelsen*, Demokratie S. 40 A. 27.
[4] W. *Weber*, Spannungen S. 19; — *Fraenkel*, Verfassungsstaat S. 50 ff., vgl. S. 16 zum Parlamentsauflösungsrecht des englischen Prime Minister. — *Kelsen*, Demokratie S. 38 ff., empfahl die Stärkung dieser Tendenz.
[5] W. *Jellinek*, Verfassung S. 43 f.; — *Thoma*, Reich S. 187; — *Sartorius*, Aktivbürgerschaft S. 281; — *Anschütz*, Komm. Art. 1 A. 2 S. 38. Trotzdem bleibt die Vorstellung von einem kontinuierlichen geistigen Einheitsgebilde „Staat" be-

§ 17 Die repräsentative Demokratie

schen der unmittelbaren und der mittelbaren Teilnahme des Volkes an der Ausübung der Staatsgewalt bestand kein wesentlicher Unterschied[6], was auch in der Bezeichnung des Parlamentes als Volksvertretung zum Ausdruck kommt. Besonders die Möglichkeit, das Parlament um der Feststellung willen aufzulösen, „ob seine Mehrheit tatsächlich noch den überwiegenden Volkswillen repräsentiere"[7], hebt die der „Volksvertretung" zugedachte Rolle deutlich hervor.

Die Ablehnung des imperativen Mandats im neueren Demokratismus richtet sich gegen den Einfluß der örtlichen Wählerschaft oder anderer Sonderinteressen und soll der Darstellung des rousseauschen Gesamtentscheides dienen. In der Repräsentanz des Volkes durch den Reichspräsidenten kommt in gleicher Weise das Bestreben der plebiszitären Demokratie zum Ausdruck, einen homogenen psychischen Volkswillen vorauszusetzen[8], der ja die tiefere Rechtfertigung des Mehrheitsprinzips ist. Das Zusammenspiel eines Volksführers mit der jederzeit zu aktualisierenden Akklamation des Volkes zeigt den Demokratismus in seiner größten Stärke und zugleich im Übergang zur tyrannischen Monokratie[9]. Damit ist die äußerste Gegenthese zu dem System aufgezeigt, das dem Repräsentationsgedanken im eigentlichen Sinne des Wortes verpflichtet ist.

2. Das Repräsentativsystem

Während der Demokratismus die Volksmehrheit dezisionistisch und totalitär bestimmen läßt[10], was jeweils als Gemeinwohl anzusehen ist (*Stat pro ratione voluntas*), setzt das Repräsentativsystem ein inhaltlich

---

stehen, die sich darin ausdrückt, daß man die Aktivbürgerschaft als Staatsorgan (W. *Jellinek* aaO; *Thoma*, aaO S. 187 A. 2 mit S. 180 A. 23) oder als „Träger" der Staatsgewalt bezeichnet (*Anschütz* aaO und Komm. Einleitung 2 II 3 S. 10). Ein solches geistiges Staatsgebilde läßt sich nur durch die Theorie vom objektiven Geist erklären.

[6] Ein so gemäßigter Verfechter des formalen Rechtsstaates wie *Thoma* spricht allerdings von Konzessionen an den radikalen Demokratismus, die als ein Korrektiv gemeint seien, und befürwortet einen „anti-egalitären, liberalen Demokratismus" (Reich S. 192, 191). In der Bejahung der materiell unbegrenzten Verfassungsänderungen, auch durch Plebiszit (Art. 76 WV), — mit dem Argument, das sei konsequente demokratische Freiheit — ist Thoma allerdings Radikaldemokrat (Reich S. 193 f.).

[7] *Preuß*, Preußen S. 265.

[8] *Fraenkel*, Verfassungsstaat S. 7, 10; — *Scheuner*, Demokratie S. 237 mit Nachweisen in A. 2.

[9] *Scheuner*, aaO S. 238. — *Fraenkel*, aaO S. 11, nimmt im gleichen Sinne eine „in jedem plebiszitären System immanente Tendenz zur zäsaristischen Diktatur" an. — *Cicero*, De re publica I 44 § 68: „Itaque ex hac maxima libertate tyrannus gignitur..." — So schon *Platon*, Staat p. 564 a.

[10] *Kägi*, Rechtsstaat S. 108 ff.

erfaßbares Gemeinwohl voraus: *Salus rei publicae suprema lex*[11]. Der „Souveränität des jeweiligen, ungebundenen und allzuständigen Volkswillens" steht die „Souveränität der ... Freiheitsordnung" gegenüber[12]. Die tatsächliche Volkssouveränität wird zur normativen Volkssouveränität. Als Volkswille gilt nunmehr, „was aus einer realen Willensübereinstimmung aller resultieren würde, nämlich die Wahrung der wohlverstandenen Interessen jedes einzelnen im Rahmen der Gemeinschaft"[13].

Ist die Theorie des Demokratismus aus Frankreich, so ist der Gedanke des Repräsentativsystems aus dem angelsächsischen Kulturkreis zu uns gekommen. Edmund *Burke* hat das Wesen der Repräsentation in der Wahrnehmung der Gemeinschaftsinteressen gesehen und die Abhängigkeit vom Wahlkörper nur als Regulativ betrachtet[14]. Für ihn umfaßt der Staatszweck die Interessen vergangener und künftiger Generationen[15]. Deshalb stellt Burke die ideelle Repräsentation über die Bindung an den aktuellen Wählerwillen[16] und lehnt das gebundene Mandat als rechtswidrig ab[17]. Das Gemeinwohl zu erkennen sei eine Frage der Vernunft und des Urteilsvermögens und eine Gewissensentscheidung des Abgeordneten[18].

Ernst *Fraenkel* zieht mit Recht die Folgerung, daß die Verpflichtung des Abgeordneten allein gegenüber seinem Gewissen nur dann sinnvoll sei, wenn es objektiv richtige und daher auch anderen Menschen zugängliche Erkenntnisse, also eine verpflichtende objektive Wertordnung, gebe[19]. So ist auch Art. 38 I Satz 2 GG zu verstehen. Der Bundestagsabgeordnete soll sich nicht nach seinen subjektiven Wertvorstellungen richten, sondern nach dem objektiven Geist[20], und zwar in seiner geläu-

---

[11] *Fraenkel*, Verfassungsstaat S. 5, 7 f. — Im gleichen Sinne schrieb *Cicero*, De legibus 3, 3, 8 „Salus populi suprema lex esto." (Zit. nach Merk, Gedanke S. 21). — Ebenso *Locke*, Treatise II § 158.
[12] *Bäumlin*, Demokratie S. 88. Dort wird dem liberalen Rechtsstaat die „Souveränität der gegebenen Freiheitsordnung" zugeschrieben. — Das klingt bereits bei *Thoma*, Reich S. 186 f. an, wenn er dem Bürger der Republik „Dienst am Ganzen" und die „Verantwortung" auferlegt.
[13] *Schulz-Schaeffer*, Volkssouveränität S. 15. — *Fraenkel*, aaO S. 5, spricht im gleichen Sinn vom „hypothetischen" im Gegensatz zum „empirisch feststellbaren" Volkswillen.
[14] *Burke*, Letter S. 293, auch abgedruckt bei *Fraenkel*, aaO S. 13 A. 8.
[15] *Burke*, Reflections S. 359, 457.
[16] *Burke*, wie A. 14.
[17] *Burke*, Speeches S. 96: „utterly unknown to the laws of this land". Vgl. zum Begriff „Law of England": *Radbruch*, Geist S. 55.
[18] *Burke*, Speeches S. 95 f.
[19] *Fraenkel*, Verfassungsstaat S. 13. — *Imboden*, Systeme S. 27: „So ruht die ‚democratie gouvernée' entscheidend in der Annahme eines letztlich allen gemeinsamen Bestandes verpflichtender Gemeinschaftswerte ... die Mehrheit unterstellt sich stets von neuem der Wahrheit."
[20] *Maunz*, Komm. Art. 38 RNr. 17: „Maßstab allgemein anerkannter sittlicher Grundsätze ...".

§ 17 Die repräsentative Demokratie

terten, werthaften Form. Burke nennt ihn „the general reason of the whole", aus dem das Gemeinwohl („general good") resultiere[21].

Das ist die Konsequenz unserer Erkenntnisse über den objektiven Geist, der eben nicht in der Summierung individuellen Geistes sichtbar wird[22]. Er kann als „ein qualitativ Identisches" in dieser Summe seinem Wesen nach gar nicht anders in Erscheinung treten als durch Repräsentation[23]. Gerhard *Leibholz* spricht in seiner grundlegenden Schrift über das Wesen der Repräsentation[24] davon, daß die überindividuelle Gemeinschaft nicht die Summe der Individuen, sondern eine Wertgemeinschaft sei. In ihr stehe das Kollektiv-Ich und das Einzel-Ich in Wechselwirkungen. Auch Leibholz betont, daß die Wertgemeinschaft ebenso „das Erbe vergangener Generationen wie im Keime das Leben zukünftiger Geschlechter" umfasse[25]. Daraus ergibt sich eine Einschränkung, die jeder radikaldemokratischen Vorstellung entgegenzusetzen ist. Selbst wenn der psychische Wille aller aktiven Staatsbürger sichtbar gemacht werden könnte, müßte die demokratische *Identität* durch die *Repräsentation* des restlichen Volkes und derjenigen ethischen Forderungen ergänzt werden, die über die Augenblicksmeinung der Aktivbürgerschaft hinausgehen[26].

Bezüglich dieser „individuell-konkreten" Darstellung der Wertgemeinschaft des Volkes spricht Leibholz von der Repräsentation des „die Gemeinschaft jeweils sachlich zur Einheit integrierenden, materialen Wertgehalts". Wenn er demgegenüber den auch statischen Charakter der Volks- und Staatsgemeinschaft betonen zu müssen glaubt, um einer restlosen Dynamisierung dieser Gemeinschaft im smendschen Sinne zu entgehen[27], so ist damit nur das Wesen des objektiven Geistes bestätigt. Seiner Kontinuität entspricht die Repräsentation des Volkes als eines „geistigen Ganzen" oder einer „politisch ideellen Einheit"[28]. Bei solchen Formulierungen muß man sich aber des Unterschiedes zur rousseauschen Gesamtentscheidung und zur Repräsentanz des Volkes durch einen charismatischen Führer bewußt bleiben. Nur *diese* Formen der „Repräsentation", die in Wirklichkeit eine Preisgabe des Wertes zugunsten der Dezision sind, trifft Konstantin *Frantz* mit seinem Vorwurf der „Demagogenverfassung"[29].

---

[21] *Burke*, Speeches S. 96.
[22] *Cicero*, De re publica VI 1: Man müsse die Bürger wägen, nicht zählen.
[23] Vgl. N. *Hartmann*, Problem S. 193 f. — Vgl. hier oben § 6, 2—4.
[24] *Leibholz*, Repräsentation S. 44 ff.
[25] *Leibholz*, aaO S. 45.
[26] Vgl. Carl *Schmitt*, Verfassungslehre S. 206; — Hans *Huber*, Demokratie S. 22.
[27] *Leibholz*, aaO S. 47.
[28] *Leibholz*, aaO S. 48, 46 f.
[29] Konstantin *Frantz* in seiner Schrift über Louis Napoléon, zitiert nach *Imboden*, Systeme S. 26.

Der echte Repräsentant ist nämlich gerade nicht souverän und nicht losgelöst (absolut), sondern seine Amtsführung ist nur so lange legitim, wie er dem repräsentierten Wert dient. Diese Seite der Repräsentation hat Herbert *Krüger* zutreffend betont: Der Staat ist das „mittels Repräsentation sich selbst darstellende und verwirklichende Richtige der politischen Gruppe". In Amt und Gesetz soll das Gemeinwohl so rein dargestellt sein, daß die dahinter stehenden Menschen „nicht mehr in Betracht kommen"[30]. Das bedeutet, daß man von den Repräsentanten nicht auf die Repräsentierten[31], wohl aber auf das repräsentierte Gemeinwohl zurückgehen darf. Selbst der Verfassungsgeber bleibt immer nur Repräsentant[32], weil der objektive Geist über dem Verfassungsgeber, ja über dem konkreten Staat steht[33].

Im Repräsentativsystem ist das Gemeinwohl sozusagen der „Souverän" und das Volk in Gestalt der Aktivbürgerschaft als Verfassungsgeber oder Wahlkörper ein Organ[34] neben anderen im Dienste des Gemeinwohles. Kein Organ darf in diesem System souverän sein[35]. Dafür hat die Technik der Kontrollen und Gegengewichte zu sorgen. Mit Recht meint *Imboden,* die Annahme, daß auch *innerhalb* des Staates stets *ein* Organ höchste Gewalt haben müsse, sei durch die verfassungsrechtliche Wirklichkeit des konstitutionellen Staates längst widerlegt[36].

3. Die repräsentative Demokratie oder die Republik

Im Hinblick auf die radikaldemokratische Theorie der Identität von Herrschern und Beherrschten hat man mit Recht gesagt, das Repräsentative enthalte das Nichtdemokratische der repräsentativen Demo-

---

[30] Herbert *Krüger*, Staatslehre S. 238, 242.
[31] Herbert *Krüger*, Verfassungsauslegung S. 685.
[32] Herbert *Krüger*, aaO S. 685 f.; — *Heller*, Staatslehre S. 278 f.: Die verfassunggebende Macht erhält ihre Autorität aus sittlichen Rechtsgrundsätzen.
[33] Vgl. oben § 8 bei A. 31 und § 11 bei A. 13.
[34] Otto *v. Gierke*, Genossenschaftsrecht I S. 829 A. 15: Daß die Aktivbürgerschaft nur Organ, nicht Souverän des Staates sei, unterscheide die repräsentative Republik von der unmittelbaren Demokratie. — Vgl. *Krabbe*, Rechtssouveränität S. 172. — Hans *Huber*, Demokratie S. 22: Die Wahl sei nicht Ausübung der Volkssouveränität.
[35] *Friedrich*, Lebensform S. 23. — Daraus ergibt sich für den materialen Rechtsstaat, daß der formale Souveränitätsbegriff für ihn gegenstandslos wird, was sicherlich eine Abkehr von Bodins Vorstellungen ist (so *Quaritsch*, Bespr. S. 113 f.). In Bodins Konzeption hat ja auch das System der Kontrollen und Gegengewichte keinen Platz. Er lehnt die gemischte Staatsform als „unmöglich" ab, weil die Souveränität unteilbar sei (*Bodin*, Republique II 1 S. 254).
[36] *Imboden*, Souveränitätslehre S. 30 f.. — *Krabbe*, Rechtssouveränität S. 249, weist umgekehrt mit Recht daraufhin, daß die Lehre von der Souveränität eines Staatsorgans erst mit dem konstitutionellen System überwunden werden konnte, nämlich mit der unabhängigen Gerichtsbarkeit.

§ 17 Die repräsentative Demokratie

kratie[37], ja es bedeute sogar einen Gegensatz zur Demokratie[38]. Fraglich ist aber, ob eine Verfassung wie das Grundgesetz wirklich ein so widersprüchliches System der repräsentativen Demokratie meint. Da das Grundgesetz von einer objektiven, über der Verfassung stehenden Wertordnung (Art. 1 II und 79 III GG) und von ihrer Repräsentation durch verschiedene Organe (Art. 20 II 2, 20 III und 38 I GG) ausgeht, ist das Repräsentativsystem unbezweifelbar, zumal alle Formen unmittelbarer Demokratie sorgfältig vermieden worden sind. Wenn man dem aufgezeigten Widerspruch entgehen will, müßte man also unter der Demokratie des Grundgesetzes (Art. 20 I GG) etwas anderes verstehen als die kontinentaleuropäische Radikaldemokratie.

An Versuchen in dieser Richtung hat es nicht gefehlt[39]. Man hat nur immer die letzte Konsequenz gescheut, den Zusammenhang mit der Radikaldemokratie wirklich aufzugeben, weil man auf eine eigenständige demokratische Staatsform angewiesen zu sein glaubte und weil man befürchtete, zu sehr in aristokratische Geleise zu geraten. So kann z. B. ein Autor zugleich davon sprechen, die Demokratie wolle eine sittliche Ordnung verwirklichen, und die demokratische Legitimation mit der Vorstellung verbinden, die Repräsentanten seien „weder etwas Besseres noch etwas Höheres als jeder Normalbürger"[40]. Darin zeigt sich die radikaldemokratische Ablehnung des aristokratischen Elements. Es ist der repräsentativen Demokratie aber unentbehrlich. Sie braucht Führung und eine auf Fähigkeit und Leistung beruhende Führungsschicht[41].

Um der zu erwartenden, radikaldemokratischen Kritik in der hier gebotenen Kürze zu entgegnen, sei nur noch angemerkt: Wir meinen eine Führung, deren Adel der selbstlose Dienst an der Gemeinschaft ist[42]

---

[37] Carl *Schmitt*, Verfassungslehre S. 218.
[38] *Martini*, Ende S. 67.
[39] Vgl. hier oben § 16 bei A. 4 ff.
[40] *Schüle*, Demokratie S. 332, 342.
[41] *Hermens*, Verfassungslehre S. 181 unter Berufung auf *Jefferson*. — Vgl. *Leibholz*, Repräsentation S. 64; — *Bluntschli*, Staatslehre S. 549 f.: „Veredlung der Demokratie, durch welche diese die Vorzüge auch der aristokratischen Form sich anzueignen sucht" (549). — Vgl. *Thoma*, Reich S. 191 f. — Herbert *Krüger* (Staatslehre S. 240) spricht von einer „Selbst-Vergütung", vom „besseren Ich", das der Repräsentant der repräsentierten Gruppe gegenüberstellt. — Carl *Schmitt* (Verfassungslehre S. 219 u. 217 f.) nennt das parlamentarische System mit echter Repräsentation eine aristokratische Staatsform. — Vgl. auch hier oben § 13 bei A. 10. — *Weinstock* (Elite S. 453) fordert für die „wahre Demokratie" eine Elite; — *Leibholz* (Demokratie S. 25) tut dasselbe hinsichtlich seiner „parteistaatlichen" Demokratie. — Hans *Huber* (Demokratie): Die Demokratie bedürfe der verborgenen Aristokratie (S. 21), jede politische Führung sei notwendig „Aristokratie des Geistes und des Charakters" (S. 27). — *Toynbee*, Minority S. 5: „To give a fair chance to potential creativity is a matter of life and death for any society."
[42] Das Zusammenwirken von Führung und Gefolgschaft steht unter dem Wort: „Seid untereinander untertan in der Furcht Gottes" (*Epheser* 5, Vers 21),

und deren auf das Gemeinwohl (§ 8, 1) gerichtete Vernunft sich dem ethischen Gemeingeist verpflichtet weiß. Echte Führung ist verantwortlicher und vorbildlicher Dienst, der alle Einsichtigen zur freiwilligen Mitarbeit anspornt[43].

Das Demokratieverständnis, das sich mit dem Repräsentativsystem vereinbaren läßt, muß darauf verzichten, in dem demokratischen Verfassungsbestandteil der Wahl und Abwahl der gesetzgebenden Repräsentanten durch die Aktivbürgerschaft die allein ausschlaggebende Legitimation der Verfassung zu sehen[44]. Es handelt sich um eine — wesentliche — Technik im Dienste eines komplizierten Verfassungsbaues, der als Ganzes wiederum eine Wertordnung tragen und verwirklichen soll. Die große Rolle des Volkes in der hier behandelten „westlichen" Repräsentativdemokratie ist im übrigen keine demokratische, d. h. formale, sondern eine geistige[45]. Wir haben sie bei der Betrachtung des objektiven Volksgeistes erörtert und werden sie zum Thema Rechtsstaat weiter verfolgen. Es läßt sich aber schon jetzt sagen, daß die vorwiegend kontrollierende, nachträglich beurteilende und im übrigen generell bevollmächtigende Volkswahl offenbar den Reaktionen angepaßt ist, die dem objektiven Geist möglich sind[46]. Mit Recht wird der Aktivbürgerschaft im Repräsentativsystem keine konkrete Sachentscheidung[47] anvertraut, sondern das Urteil über den Geist einer Amtsführung[48] und über ihren Erfolg für das Gemeinwohl. Die politische Kennerschaft dagegen, die die konkreten Entscheidungen zu treffen hat, soll im Parlament und in einer höheren Stufe der Repräsentation, in der Regierung[49] mit ihrem Ministerialbeamtenstab, vertreten sein.

---

für den Nichtchristen also wenigstens: in der Verantwortung vor dem vernünftigen ethischen Gemeingeist. Vgl. die Exegese der zitierten Stelle durch Walter *Trobisch*, Ich liebte ein Mädchen (Göttingen 1965) S. 48 f.

[43] Der Skeptiker sei nochmals auf die Zitate zum Seinsvertrauen hingewiesen: § 2 A. 18, § 3 A. 34, § 11 A. 59. Die Flucht in die Radikaldemokratie ist kein Ersatz für die eine Gemeinschaft tragenden ethischen Geisteskräfte.

[44] So aber offenbar noch *Scheuner*, Demokratie S. 226, vgl. auch S. 246.

[45] *Krabbe*, Rechtssouveränität S. 192.

[46] Vgl. hier oben § 6, 4, besonders Abs. 1—3.

[47] *Scheuner*, Demokratie S. 232; — *Friesenhahn*, Parlament S. 26. — Versuche, die Abgeordneten an Wahlversprechen oder sonstige Wählermeinungen zu binden — sog. mandate theory in England — sind mit dem Repräsentativsystem nicht vereinbar (*Fraenkel*, Verfassungsstaat S. 16; *Scheuner*, aaO S. 241). Nicht mit dem Wahlversprechen sondern mit einem allgemein anerkannten Gebot des Allgemeinwohls muß die öffentliche Meinung argumentieren! Man denke an das Sparprogramm der Regierung Erhard nach der Bundestagswahl 1965.

[48] *Burke*, Speeches S. 370: „Look to the whole tenor of your member's (Abgeordneten) conduct." — Diese Entscheidung setzt trotzdem sachliche Informiertheit der Wähler voraus. Vgl. *Küchenhoff*, Staatslehre S. 90 f.

[49] Herbert *Krüger*, Staatslehre S. 241.

§ 17 Die repräsentative Demokratie

Unsere These, daß der Begriff der Demokratie im Grundgesetz mit der kontinentaleuropäischen Radikaldemokratie nichts mehr zu tun hat, wird durch die Verfassungsgeschichte der U. S. A. bestätigt. Die Väter der 1789 ratifizierten amerikanischen Verfassung von 1787 lehnten das, was damals im rousseauschen Sinn als Demokratie bezeichnet wurde, entschieden ab. Sie verwandelten den unter den Articles of Confederation (1777) seit 1781 bestehenden Staatenbund in einen Bundesstaat, um die einzelstaatliche Demokratie durch die in der neuen Verfassung von 1789 (Art. IV, Sektion 4) garantierte republikanische Staatsform der Einzelstaaten zu ersetzen[50]. In der Mehrzahl der Einzelstaaten war es nämlich zur Vormachtstellung der Parlamente und zur despotischen Majoritätsherrschaft der sog. Papiergeld-Partei gekommen, die die Eigentumsrechte der besitzenden Minderheit beträchtlich einschränkte. Die Radikalen lehnten die bis dahin herrschende Auffassung der „zivilen Freiheit" als einer „Regierung des Gesetzes, die auf Grund von Verfassungen, Katalogen der Menschenrechte oder auf Grund von Verträgen besteht" ab und verstanden sie im Gefolge Rousseaus als „eine Gewalt, die zu jeder Zeit, zu jedem Zweck in der breiten Masse des Volkes liegt"[51].

Die konservative Reaktion trat eindeutig für die Eindämmung der Demokratie zugunsten der individuellen Freiheit ein[52]. Im „Federalist", der authentischen Interpretation des Verfassungsentwurfs von 1787[53], spiegelt sich das „tiefste Mißtrauen gegen die Volksherrschaft"[54]. Die reine Demokratie nennt James *Madison* „unvereinbar mit persönlicher Sicherheit oder den Rechten aus dem Privateigentum"[55]. Im Gegensatz dazu bezeichnet er das Repräsentativsystem als eine Republik, von deren gewählten Repräsentanten er weise Erkenntnis der wahren Interessen des Landes und eine Gerechtigkeitsliebe erwartet, die über Augenblicksmeinungen und Parteilichkeit erhaben ist[56].

Diese Ausführungen wurzeln ganz deutlich in der von den Radikaldemokraten angegriffenen Gemeinschaftsüberzeugung, die sich auf

---

[50] *Dietze*, Demokratie bes. S. 312, 310 f. mit zahlreichen Belegen. — Daß diese Absicht abgesehen von der Bindung an das Bundesverfassungsrecht (Grundrechte!) keinen Erfolg gehabt hat, steht auf einem anderen Blatt. Viele Einzelverfassungen tragen bis heute radikaldemokratische Züge (vgl. *Fraenkel*, Verfassungsstaat S. 19).
[51] *Dietze*, aaO S. 306. — Das Zitat hat Dietze einer von Benjamin *Hichborn* 1777 in Boston gehaltenen Rede entnommen: Hezekiah *Niles* (Hrsg.), Principles and Acts of the Revolution (1822) S. 27.
[52] Vgl. die Belege bei *Dietze*, aaO S. 307—312.
[53] *Loewenstein*, Verfassungsrecht S. 10.
[54] *Loewenstein*, aaO S. 15.
[55] *Madison*, Federalist Nr. 10 S. 133.
[56] *Madison*, aaO S. 134: „... whose wisdom may best discern the true interest of their country, and whose patriotism and love of justice will be least likely to sacrifice it to temporary or partial considerations."

Grund John Lockes „Second Treatise of Government" in den amerikanischen Kolonien entwickelt hatte. Sie ging von unveräußerlichen Rechten des einzelnen aus, vor allem dem Recht auf Leben, Freiheit und Eigentum. Die Regierung sollte diese Rechte schützen. Mißbrauchte sie das in sie gesetzte Vertrauen, so hätte das Volk ein Recht, sie abzusetzen[57].

Alle Eigenarten der amerikanischen Verfassung erweisen sich auf diesem Hintergrund als eine Abwehr der radikaldemokratischen absoluten Mehrheitsherrschaft[58]. Ihr dient das Bundesstaatssystem, das System der checks and balances, das von der Mehrzahl der Verfassungsväter als Verfassungsbestandteil angesehene Normenprüfungsrecht der richterlichen Gewalt[59] und schließlich der Grundrechtskatalog. Abgesehen von einigen prozessualen Schutzrechten und der Garantie der vertraglichen Obligationen gegenüber Einzelstaatsgesetzen[60] traten die Grundrechte zwar erst mit den ersten zehn Amendments im Jahre 1791 in Kraft. Drei maßgebliche Staaten (New York, Virginia und Massachusetts) machten ihre Annahme der Verfassung aber davon abhängig, daß Grundrechte beigefügt würden[61]. Sie sind vom Supreme Court der U. S. A. im großen und ganzen als den Gesetzgeber bindendes positives Recht behandelt worden[62].

Die genannten Verfassungseinrichtungen finden wir auch im Grundgesetz. Wenn die Geschichtsauffassung zutrifft, daß den Amerikanern das Wort „Demokratie" erst von Woodrow Wilson schmackhaft gemacht worden sei[63], dann bestehen um so weniger Bedenken, das Repräsentativsystem der Bundesrepublik im Unterschied zur Radikaldemokratie als eine republikanische Staatsform[64] zu bezeichnen.

---

[57] *Dietze*, Demokratie S. 303. — Vgl. dazu: *Locke*, Treatise II §§ 123 f., 220, 222, 239 ff.

[58] *Fraenkel*, Verfassungsstaat S. 19.

[59] *Corwin*, Doctrine; — *Dietze*, aaO S. 311 A. 2; — *Loewenstein*, Verfassungsrecht S. 421. — Das richterliche Prüfungsrecht ist seit *Marshalls* Entscheidung im Fall Marbury v. Madison im Jahre 1803 (1 Cr. 137, 1803) unbestritten.

[60] Art. I, Sektion 9, Klausel 2 u. 3; Art. I, Sektion 10, Klausel 1; vgl. *Loewenstein*, aaO S. 478.

[61] *Loewenstein*, Verfassungsrecht S. 10.

[62] *Loewenstein*, aaO S. 481.

[63] *Dietze*, Demokratie S. 302, bezieht sich dafür auf Charles A. *Beard*, The Republic, 1943, S. 27 ff., insbesondere auf *Wilsons* Kongreßrede vom 2. 4. 1917, in der er die Kriegserklärung an Deutschland forderte und sagte: „The world must be made safe for democracy."

[64] Der seit Machiavelli herrschende Begriff der Republik als Oberbegriff für Demokratie und Aristokratie (vgl. oben § 13 in A. 1) wird hier für eine gemischte Staatsform verwandt, die *Aristoteles*, Politik IV 8 u. 9, als Synthese von Demokratie und Oligarchie „politeia" genannt hatte (lateinisch = res publica, also Republik). Er hielt sie für die beste, in der Praxis in Frage kommende Staatsform: IV 11 ff. — Für *Cicero* (De re publica II 23 § 41) ist dasjenige Gemeinwesen (res publica) am besten eingerichtet, in dem die drei antiken Staatsformen „maßvoll verschmolzen" sind.

§ 17 Die repräsentative Demokratie

Stellt man die formale Ausgestaltung der Radikaldemokratie und der Republik im vorstehenden Sinne gegeneinander, so dürfte der entscheidende Unterschied im Zustandekommen der grundlegenden Entscheidungen, d. h. der Verfassung und der Gesetze, liegen. In der Radikaldemokratie stehen diese Sachentscheidungen der jeweiligen Mehrheit der Aktivbürgerschaft zu, zumindest muß sich ein Parlament der Idee zufolge nach diesen jeweiligen Mehrheiten richten. In der Republik dagegen trifft die Aktivbürgerschaft keine Sachentscheidungen, sondern wählt Amtsträger und setzt sie ab, wobei die grundsätzliche Geistes- und Charakterhaltung der Repräsentanten das Kriterium ist, ob man ihnen eine Amtsführung im Interesse des Gemeinwohls zutraut[65]. Diesen Unterschied hat L. S. *Amery* treffend so formuliert: „Our system is one ... of democracy by consent and not by delegation, of government of the people, for the people, with, but not by, the people[66]."

Der Reduzierung der Rolle der Aktivbürgerschaft von der Entscheidung auf Kontrolle und Zustimmung oder Ablehnung entspricht das seit John *Locke* gültige angelsächsische Verständnis der Herrschaft als „trust", als anvertrautes Amt[67]. Dieses wiederum wurzelt in der abendländischen Tradition, die Wahrung eines höheren Rechts und des Gemeinwohls als verpflichtende Aufgabe aller Herrscher anzusehen[68]. Der Amtsgedanke in diesem Sinne war auch mit dem altgermanischen und mit dem mittelalterlichen deutschen Königtum verbunden[69]. Er ist dann im aufgeklärten Absolutismus des preußischen Königtums wieder besonders betont worden[70].

Die Untersuchung der demokratischen Staatsform hat uns zu dem Ergebnis geführt, daß es sich um ein formales Prinzip der Einflußnahme der

---

[65] Im Gegensatz zu *Fraenkel*, Verfassungsstaat S. 20, sollte man daher in der praktisch zur direkten Volkswahl gewordenen Wahl des amerikanischen Präsidenten keinen Widerspruch zum Repräsentativsystem sehen. Erst wenn der volksgewählte Präsident mittels des Parlamentsauflösungsrechts erreichen kann, daß sich das Parlament der Tagesmeinung der Aktivbürgerschaft fügt, kann von radikaldemokratischen Einflüssen gesprochen werden.
[66] *Amery*, Constitution S. 20 f.
[67] *Locke*, Treatise II §§ 22, 110 f., 139, 142, 221 f., 239 ff. — Hennis, Amtsgedanke S. 54 ff. mit Zitaten und Nachweisen; — *Fraenkel*, Strukturdefekte S. 76.
[68] *Platon*, Staat p. 342 e, 345 d: das Beste für die Beherrschten, und Staatsmann p. 293 d: Gerechtigkeit. — *Hennis*, aaO S. 53, 54 ff.; — *Scheuner*, Rechtsstaat S. 235 f.; — Hans *Huber*, Demokratie S. 14 f.
[69] Walther *Merk*, Gedanke S. 3, 5, 12 f. und 33. — *Ebel*, Gesetzgebung S. 13, 36: In der germanischen Frühzeit und in der fränkischen Zeit stand der Herrscher unter dem Recht. Die Verpflichtung auf das Recht erscheint bis in die Neuzeit im Krönungseid der deutschen Könige und Kaiser (13). — *Radbruch*, Geist S. 36: Mit dem Prinzip „lex facit regem" bewahrte England eine deutschrechtliche Auffassung. — Auf ihr beruht das Widerstandsrecht, vgl. § 18 A. 14.
[70] *Radbruch*, Einführung S. 46. — Walther *Merk*, Gedanke S. 67. Merk legt aaO S. 60 f. und 67 dar, daß die meisten deutschen Juristen der Neuzeit bis ins 18. Jahrhundert eine rechtliche Gebundenheit des Fürsten an Gerechtigkeit oder Gemeinwohl vertreten hätten.

2. Teil: Die Staatsform der Bundesrepublik

Aktivbürgerschaft auf die Herrschaftsausübung handelt. Wir haben gesehen, daß die radikaldemokratische Form in der modernen Republik nach Art des Grundgesetzes erheblich gemäßigt worden ist, um einer inhaltlich richtigen Regierung den Weg zu ebnen. Es fragt sich nun, ob der Begriff des Rechtsstaates die inhaltliche Ergänzung bietet, um zu einem abgerundeten Staatsformbegriff zu kommen[71].

§ 18 Der Rechtsstaat in der Vergangenheit

1. Der materiale Rechtsstaat

Die Idee des Rechtsstaates im materialen Sinn, nämlich daß alle Herrschaft an die Grundsätze des Rechts gebunden ist, wurzelt in der gleichen abendländischen Tradition, aus der sich das republikanische Repräsentativsystem rechtfertigt[1]. Seit *Aristoteles* kehrt der Gedanke immer wieder, daß nicht Menschen herrschen sollen, sondern die Vernunft[2]. Ideengeschichtlich suchte das unpersönliche Gesetz seit Beginn der Neuzeit die göttliche Vernunft oder den gottbegnadeten Monarchen zu ersetzen. Der Inhalt des Gesetzes sollte über den menschlichen Willen, insbesondere über jede Willkür, erhaben sein. Man glaubte in zunehmendem Maße, ihn „aus dem diesseitigen und vernünftig erkennbaren Sein von Natur und Gesellschaft ablesen" zu können[3]. Der Kernsatz des rationalen Naturrechts, daß Gesetze und nicht Menschen herrschen sollen[4], richtete sich dann gegen den staatlichen Absolutismus, für den das Gesetz als Willensäußerung galt und nicht wegen seines moralischen oder logischen Inhalts[5]. Der Gesetzgeber war nun selbst an das Gesetz gebunden, weil es eine generelle, vernünftige[6] und gerechte Norm war. Sie wurde als dauerhaft angesehen, weil sie Verpflichtungskraft hatte[7]. Diese Ver-

---

[71] Vgl. die Ausgangsüberlegungen oben § 14, 3 a. E.

Anmerkungen zu § 18

[1] Vgl. § 17 bei A. 68.

[2] *Aristoteles*, Ethik V 10 Abs. 3 1134 a a. E.; — vgl. dazu: *Scheuner*, Rechtsstaat S. 235 ff. — *Cicero*, De re publica III 22 § 33: „vera lex recta ratio"; und II 32 § 43 findet sich der Gedanke, daß man unter der Herrschaft von Menschen nicht frei sei.

[3] *Heller*, Rechtsstaat S. 7.

[4] Teil I Art. 30 der Verfassung von *Massachusetts* von 1780 (*Thorpe*, Constitutions III S. 1888 ff.) legt den Grundsatz der Gewaltenteilung fest „... to the end it may be a government of laws and not of men." — Schon Nicolaus *Cusanus* (1401—1464) erklärte, der Mensch sei erst frei, wenn er nicht mehr Menschen, sondern nur noch Gesetzen zu gehorchen habe. Zitiert bei *Menger*, Sozialer Rechtsstaat S. 7.

[5] Carl *Schmitt*, Verfassungslehre S. 140.

[6] Zur Vernünftigkeit des Rechtsgesetzes der idealistischen Philosophie im Sinne Kants vgl. Konrad *Huber*, Maßnahmegesetz S. 133 ff.

[7] Carl *Schmitt*, aaO S. 139 f.

§ 18 Der Rechtsstaat in der Vergangenheit 141

pflichtungskraft erklärt, warum *Voltaire*, wie schon vorher Nicolaus *Cusanus*, sagen konnte: „Frei sein heißt, nur von Gesetzen abhängig sein[8]."

Das materiale Rechtsstaatsprinzip enthält also die Legitimierung einer von ihm beherrschten Verfassung[9]. Es gestaltet eine Staatsform, indem es die Legalität der Staatstätigkeit vorschreibt und vom Gesetz die Qualitäten verlangt, die die Freiheitssphäre des einzelnen sichern und die Idee des Rechts verwirklichen[10]. Die Konsequenz ist die Garantierung von Grundrechten durch die Verfassung und die Bindung des Gesetzgebers an die Grundrechte, wie sie die französische Verfassung von 1791[11] und die Verfassung der U. S. A. von 1789 (zusammen mit den ersten zehn Amendments von 1791 und dem richterlichen Prüfungsrecht[12]) eingeführt haben. In diesen beiden Verfassungen zeigt sich allerdings ein folgenschwerer Unterschied. Während die amerikanische Republik auf Grund radikaldemokratischer Erfahrungen zu einer gerichtlichen Sicherung der Grundrechte gegenüber dem Gesetzgeber schritt, glaubte die konstitutionelle Monarchie in Frankreich, das System der Gewaltenteilung als solches garantiere bereits die fragliche Qualität der Gesetze[13].

Viele geschichtliche Momente machen es unmöglich, allgemeingültige Kriterien einer material rechtsstaatlichen Verfassung aufzustellen. Sicher ist, daß ein Grundrechtskatalog oder sonstige materiale Anforderungen an den Gesetzgeber (und die Exekutive) nicht genügen, wenn nicht für die Erfüllung solcher Forderungen gesorgt ist. Diese verfassungsrechtliche Garantie mag in Zeiten einer im (vor allem religiösen) Volksbewußtsein fest verankerten Wertwelt allein in einem verfassungs-

---

[8] Zitiert nach Richard *Lange*, Rechtsstaat S. 66. Vgl. im übrigen hier oben A. 4 Satz 2.

[9] *Peters*, Verwaltungsstaat S. 22 oben. — *Bachof*, Sozialer Rechtsstaat S. 46 A. 25: „Nicht die formale Legalität, sondern die Legitimität der Herrschaft ist das dem ‚materiellen' Rechtsstaat Wesentliche." — K. *Huber*, Maßnahmegesetz S. 181: Die allgemeine Gerechtigkeit staatlichen Handelns legitimiert den Rechtsstaat. — Vgl. *Bäumlin*, Demokratie S. 95.

[10] Richard *Lange*, aaO S. 66. — *Holstein*, Staatsrechtswissenschaft S. 40: „Staat, der aus der Gerechtigkeit und für die Gerechtigkeit lebt", aber auch eine formale Seite hat. — Vgl. Scheuner, Begriff S. 81.

[11] Titel I, bes. Abs. 3, der franz. Verf. von 1791, *Duguit-Monnier*, Constitutions S. 1.

[12] Vgl. hier oben § 17 bei A. 58 ff.

[13] Art. 16 der der *franz. Verf.* von 1791 (aaO, vorstehende A. 11) vorangestellten Erklärung der Menschen- und Bürgerrechte: „Toute societé dans laquelle la garantie des droits n'est pas assurée, ni la séparation des pouvoirs déterminée, n'a point de constitution." Noch deutlicher ist der Zusammenhang der beiden Prinzipien in der Verfassung von *Massachusetts* von 1780 ausgesprochen: hier oben A. 4.

rechtlichen Widerstandsrecht[14] gelegen haben. In der konstitutionellen Monarchie des 19. Jahrhunderts dagegen hat z. B. das Gewaltenteilungsprinzip auch ohne richterliches Prüfungsrecht eine bedeutende Rolle gespielt, weil hinter den getrennten staatlichen Funktionsgruppen verschiedene soziale Mächte standen[15]. Insbesondere ergab sich ein Dualismus zwischen der monarchischen Exekutive und der bürgerlichen Legislative[16], der in der liberalen Ära kaum einen Zweifel an der materialen Rechtsstaatlichkeit aufkommen lassen konnte. Solange sich das Mißtrauen gegen den absoluten Monarchen und seine wohlfahrtsstaatliche Einmischung in den privaten Bereich der Bürger richtete, bedeutete die Gesetzgebung in der Hand eben dieser Bürger ein ausreichendes, der Abwehr dienendes Kontrollmittel. Voraussetzung dafür waren allerdings die Gesetzmäßigkeit der Verwaltung und die Kontrolle der Verwaltung durch unabhängige Gerichte. Diese Forderungen standen daher in Deutschland im Mittelpunkt des Interesses daran, die Machtmittel der monarchischen Exekutive einzuschränken[17].

Robert v. *Mohl*, der den Begriff des Rechtsstaates in der Wissenschaft heimisch gemacht hat[18], vertritt noch einen materialen Rechtsstaatsbegriff, der eine Staatsform bezeichnen soll[19]. Er teilt die „Staatsgattungen" nach ihren jeweiligen Zwecken und rechtlichen Gründen (heute: Legitimationsvorstellungen) ein[20]. Der Rechtsstaat steht neben dem patriarchalischen Staat, in dem das „väterliche" Gewohnheitsrecht durch die Sittlichkeit eingeschränkt ist, der Theokratie, die auf dem Glauben an eine positive Religion beruht, und der Despotie mit einem versklavten Volk, das den Launen seines unbeschränkten Herrschers ausgeliefert ist[21]. Allein der Rechtsstaat hat den Gemeinzweck der allseitigen Ausbildung der menschlichen Naturkräfte. Er beruht auf „allgemeiner Einstimmung" und Menschenverstand. Da er nicht nur dem Unrecht zu wehren, sondern

---

[14] *Kern*, Gottesgnadentum S. 145 ff.: „Das Widerstandsrecht ist ein integrierender Bestandteil der germanisch-mittelalterlichen Staatsanschauung gewesen (S. 145)." — Ebenso: *Conrad*, Rechtsgeschichte S. 213, 222 f., 346; — *Ebel*, Gesetzgebung S. 13 f. — Vgl. den geschichtlichen Überblick bei K. F. *Bertram*, Widerstand S. 14 ff. — Art. 2 der franz. Menschen- und Bürgerrechte von 1791, aaO (A. 11), sieht neben Freiheit, Eigentum und Sicherheit den Widerstand gegen Unterdrückung („la résistance à l'opression") als Menschenrecht an. — Vgl. für die Gegenwart: BVerfGE 5, 85 (376 f.).
[15] *Küster*, Gewaltenproblem S. 410. — Hans J. *Wolff*, Verwaltungsrecht I, § 16 IV S. 63. — W. *Weber*, Spannungen S. 27, unter Zitierung von *Locke*, Treatise II und Montesquieu, Geist XI 6.
[16] Carl *Schmitt*, Verfassungslehre S. 114.
[17] Carl *Schmitt*, aaO S. 130 ff.
[18] *Thoma*, Rechtsstaatsidee S. 197; — *Menger*, Sozialer Rechtsstaat S. 10.
[19] *Menger*, aaO S. 10 f. — *Böckenförde*, Gesetz S. 179: zugleich „formales und materiales Prinzip der Staatsordnung".
[20] *Mohl*, Staatsrecht S. 4 f., 7.
[21] *Mohl*, aaO S. 7—9 und Encyklopädie S. 301 ff. (S. 304 ff. wird der Patrimonialstaat hinzugefügt).

§ 18 Der Rechtsstaat in der Vergangenheit

auch Polizeiaufgaben wahrzunehmen habe, hält Mohl die Bezeichnung Rechtsstaat für eigentlich zu eng. Er schlägt den Begriff „Verstandes-Staat" vor[22]. (Unter Polizei ist hier die Entfernung äußerer Hindernisse bei der Verfolgung des Gemeinzweckes zu verstehen, d. h. ein hilfreiches Einwirken des Staates auf die Bürger[23].)

Mohls Rechtsstaatsbegriff umfaßt die reine und repräsentative Demokratie, die Aristokratie und die Monarchie, sogar die absolute Monarchie. Im letztgenannten Fall äußert sich der Rechtsstaatsgedanke in Selbsthilfe, wenn der Monarch gegen den Geist des Rechtsstaates verstößt[24].

In seiner „Encyklopädie der Staatswissenschaften" verweist Mohl in diesem Zusammenhang darauf, daß auch die konstitutionell unbeschränkte Herrschaft in einem Rechtsstaat durch sittliche und religiöse Gründe an die Erfüllung ihrer Pflichten gebunden sei[25]. Jedenfalls bleibe stets ein Notrecht des Volkes zur Revolution bestehen, wenn die von der Gesamtheit des Volkes „als nothwendig" angesehene Staatseinrichtung nach Erschöpfung aller verfassungsrechtlichen Mittel vorenthalten werde, „und zwar ein um so entschiedeneres, als die Erreichung höherer menschlicher Lebenszwecke in Frage steht"[26]. Der Maßstab für die Rechtmäßigkeit eines Verfassungsumsturzes ist also das, was wir als den richtigen Verfassungsgeist bezeichnet haben. Neben dem werthaften Kriterium wird nämlich auf die nachhaltige, wahre Volksgesinnung verwiesen, die sich von einer „nur augenblicklichen Regung auf der äußersten Oberfläche" der Volksstimmung unterscheidet. Die richtige Verfassung muß „dem Geiste und den Gewohnheiten des Volkes" angemessen sein[27].

Bei der Schaffung eines materialen Rechtsstaates geht es Mohl um die „Rechts*erhaltung*", d. h. um eine überstaatliche geistige Wertordnung[28]. Neben der Erfüllung der sachlichen Staatsaufgaben bedeutet ihm daher die unmittelbare Teilnahme der Staatsbürger an der Regierung keinen Selbstzweck, sondern „nur eine Frage der Zweckmäßigkeit im konkreten Fall"[29].

---

[22] *Mohl*, Staatsrecht S. 8 f. mit A. 3. Wir würden in diesem Zusammenhang sagen: Staat des objektiven Geistes.
[23] *Mohl*, aaO S. 8, 26.
[24] *Mohl*, aaO S. 14 ff., bes. S. 16.
[25] *Mohl*, Encyklopädie S. 333.
[26] *Mohl*, aaO S. 333 mit 168.
[27] *Mohl*, aaO S. 170 f. einschließlich A. 1.
[28] *Mohl*, aaO S. 325; bestätigt durch die Ablehnung allgemeiner Rechtsgrundsätze und eines Ideals geordneten Zusammenlebens für den Patrimonialstaat (S. 306 f.).
[29] *Mohl*, aaO S. 326.

Schließlich erwähnt Mohl, daß die Gewährung von Freiheitsrechten in keiner anderen Staatsform so ausgebildet sei und führt u. a. die Gleichheit vor dem Gesetz als Schutzgut an, „d. h. Berücksichtigung der Lebenszwecke Aller ohne Unterschied auf persönliche Verhältnisse, und objektive Anwendung der allgemeinen Norm ohne Rücksicht auf Rang, Stand usw. des Einzelnen"[30].

2. Der formale Rechtsstaat

In ähnlicher Weise wie Rousseau das formale Demokratiedenken in der Neuzeit ausgelöst hat, geht der formale Rechtsstaatsgedanke auf Friedrich J. *Stahl* zurück[31]. Wie Rousseau sieht er den Staat im Dienst sittlicher Ideen (u. a. der Gerechtigkeit)[32], aber auch er findet keinen methodischen Weg zur Erfassung sittlicher Inhalte. Diese bleiben ihm nämlich Produkte einer „immer wechselnden insofern zufälligen Gesinnungseinheit", der man die kontinuierliche Institution des Staates nicht ausliefern könne[33].

Es ist deshalb richtig, Stahls berühmte Definition des Rechtsstaates dahin auszulegen, daß das Wesen des Rechtsstaates die rechtlich bestimmte und gesicherte Form staatlichen Handelns, nicht aber ein bestimmter Staatszweck sei[34]. Diese Wendung der Rechtsstaatstheorie hat zumindest drei Gründe.

Der *methodische Zweifel* an der Erfaßbarkeit des objektiven Gemeingeistes erklärt die Verbindung der formalen Rechtsstaatslehre mit dem Positivismus[35]. Daß die rechtslogische Methode[36] dazu führt, die Subsumtion der Gesetze unter die Generalklauseln einer Verfassung als

---

[30] *Mohl*, aaO S. 328 ff. mit A. 3, bes. S. 328. — *Heller*, Rechtsstaat S. 8, bringt dieses Zitat als Beleg für die „materielle Rechtsstaatsidee" bei Mohl.
[31] Das nehmen als Verfechter dieses Gedankens an: *Thoma*, Rechtsstaatsidee S. 198, 201 (vgl. auch Carl Schmitt, Verfassungslehre S. 125 f.) und als Gegner: *Menger*, Sozialer Rechtsstaat S. 12.
[32] *Stahl*, Philosophie S. 136, 137.
[33] *Stahl*, aaO S. 136 f.
[34] *Stahl*, aaO S. 137 f.: Der Rechtsstaat „soll die Bahnen und Gränzen seiner Wirksamkeit wie die freie Sphäre seiner Bürger in der Weise des Rechts genau bestimmen und unverbrüchlich sichern und soll die sittlichen Ideen von Staatswegen, also direkt, nicht weiter verwirklichen (erzwingen), als es der Rechtssphäre angehört, d. i. nur bis zur nothwendigsten Umzäunung. Dieß ist der Begriff des Rechtsstaates, nicht etwa daß der Staat bloß die Rechtsordnung handhabe ohne administrative Zwecke, oder vollends bloß die Rechte der Einzelnen schütze, er bedeutet überhaupt nicht Ziel und Inhalt des Staates, sondern nur Art und Charakter, dieselben zu verwirklichen". — Dazu im Sinne des Textes: *Thoma*, Rechtsstaatsidee S. 198, 201 mit A. 1.
[35] *Forsthoff*, Verfassungsauslegung S. 36: Abschirmung gegen „private Meinungen und Ideologien, etwa konfessionell bedingte".
[36] Vgl. hier oben § 9 A. 1.

§ 18 Der Rechtsstaat in der Vergangenheit

metajuristisch anzusehen, ist allzu verständlich. Im übrigen wird der Glauben an das vernünftige Ergebnis der auf verschiedene soziale Kräfte gestützten *Gewaltenteilung* beibehalten[37], obwohl ein weiterer, diesen Glauben tragender Gesichtspunkt sich ändert. Der Staat tritt nämlich aus seiner liberalen Rolle der Nichteinmischung in das gesellschaftliche Kräftespiel (*Lassalles* „Nachtwächterstaat") heraus[38] und beginnt mit einer aktiven *Gestaltung der sozialen Verhältnisse*. Stahl fordert zugleich mit dem formalen Rechtsstaat, daß dieser sich nicht darauf beschränken solle „bloß die Rechte der Einzelnen" zu schützen[39]. Bei vielen Verteidigern des formalen Rechtsstaates findet man das beachtliche Argument, die Gesetzgebung müsse schrankenfrei sein, um „im Interesse des Gemeinwohls über alle Freiheiten, Rechte, Privilegien und gefestigten Zustände hinweg neue Ordnungen des sozialen Zusammenlebens heraufführen" zu können. Der Staat wird in den Dienst der „sozialen Gerechtigkeit" gestellt[40].

Nur aus dieser Mischung verschiedener Tendenzen läßt sich die Inkonsequenz erklären, daß das ursprünglich ausgesprochen liberale Prinzip des Rechtsstaates im System des formalen Rechtsstaates mit der schrankenlosen Parlamentsherrschaft vereinbar ist. Man geht von einer vorstaatlichen Freiheitssphäre aus, deren Bedingtheit durch eine richtige materiale Rechtsordnung allerdings aus dem Gesichtskreis gerät. Es wird angenommen, die individuelle Freiheit sei auch innerhalb des Staates prinzipiell unbegrenzt, die Eingriffsbefugnis des Staates dagegen grundsätzlich begrenzt[41]. Die als Abwehrrechte gegen den Staat aufgefaßten Grundrechte werden dann aber nur gegen die Exekutive gerichtet, denn sie stehen entweder wegen ihrer Gesetzesvorbehalte ohne Wesensgehaltsgarantie rechtlich[42] oder mangels eines Rechts auf Prüfung der Verfassungsmäßigkeit der Gesetze praktisch zur Disposition des Parlaments. Darin äußert sich die Preisgabe des materialen Rechts-

---

[37] *Thoma*, Rechtsstaatsidee S. 204.
[38] *Menger*, Sozialer Rechtsstaat S. 11 f.
[39] Zitat in A. 34 a. E.
[40] Die zitierten Äußerungen stammen von *Thoma*, Rechtsstaatsidee S. 201 f. und 214. — Vgl. *Heller*, Rechtsstaat S. 10 f. — In diesen Zusammenhang gehört Herbert *Krügers* Ablehnung des materialen Rechtsstaates (= „Beschränkung des Staates auf die Verfolgung des Rechtszweckes", Staatslehre S. 780), weil dann nicht genügend Raum für den Staats- und Verwaltungswert (vgl. hier oben § 8 in A. 6) bleibe. Dieser Vorwurf trifft auf den hier vertretenen Rechtszweck eines alle diese Werte einschließenden Gemeinwohls (oben § 8, 1) nicht zu. Im übrigen gibt das rechtsethische Gemeinwohl im hier vertretenen System „nur" eine feste Basis und eine äußerste Grenze staatlicher Tätigkeit an und läßt ihr im übrigen bewußt einen weiten Spielraum (oben § 7, 3 u. 4).
[41] Carl *Schmitt*, Verfassungslehre S. 126.
[42] Zur WeimVerf. vgl. Carl *Schmitts* kritische Darlegung: Reichsverfassung S. 586 f.

staatsgedankens[43] am deutlichsten. „Um so entschiedener"[44] werden die Grundsätze der Gesetzmäßigkeit der Verwaltung und der gerichtlichen Kontrolle der Verwaltung betont[45]. Das rechtsstaatliche Ideal der Meßbarkeit und Voraussehbarkeit aller staatlichen Machtäußerungen[46] nur auf die Verwaltung anzuwenden, den Gesetzgeber aber schrankenlos zu lassen, bedeutete den Sieg des Neugestaltungswillens über die bewahrenden Kräfte des materialen Rechtsstaates. Im formalen Rechtsstaat der Weimarer Verfassung war das in Gestalt der Allmacht des Parlaments der Sieg des radikaldemokratischen Prinzips[47]. Von einer Gewaltenteilung zwischen hinter Regierung und Parlament stehenden, verschiedenen sozialen Mächten konnte ja nun auch keine Rede mehr sein.

Es lag also gar nicht so fern, dem formalen Rechtsstaat den Titel einer Staatsform abzuerkennen und das Übergewicht der radikaldemokratischen Elemente der Weimarer Verfassung festzustellen[48]. — Die formale Rechtsstaatsauffassung blieb bis zum Ende der Weimarer Zeit vorherrschend[49].

§ 19 Der materiale Rechtsstaat der Gegenwart

Unter der Weimarer Verfassung hat die Theorie vom materialen Rechtsstaat wieder großen Auftrieb erfahren. Obwohl Gerhard *Anschütz* das richterliche Prüfungsrecht noch 1933 verneinte[1], folgte das Reichsgericht in seiner Entscheidung vom 4. November 1925[2] einer vom Reichsfinanzhof angeführten gegenteiligen Rechtsprechung. Das in dieser Entscheidung recht apodiktisch mangels einer entgegenstehenden Verfassungsnorm[3] in Anspruch genommene Prüfungsrecht und die offen gelassene Frage der Bindung des Gesetzgebers an den Gleichheitssatz[4] sind auch heute noch wesentliche Probleme der Rechtsstaatstheorie[5].

---

[43] Vgl. auch Hans *Huber*, Niedergang S. 68 f.
[44] *Thoma*, Rechtsstaatsidee S. 204, auch zum vorhergehenden Satz.
[45] Vgl. hier oben bei A. 17. — Hans *Huber*, Niedergang S. 68: Der formelle Rechtsstaat umfasse nur Gewaltentrennung, gesetzmäßige Verwaltung und Verwaltungsgerichtsbarkeit.
[46] Carl *Schmitt*, Verfassungslehre S. 131.
[47] Eine möglichst starke Abhängigkeit der Verwaltung von der Gesetzgebung paßt ebenfalls ins radikaldemokratische System: vgl. hier oben § 15 bei A. 62 f.
[48] Vgl. Carl *Schmitt*, aaO S. 200. Zur staatstheoretischen Kritik an Carl Schmitt vgl. hier oben § 14, 1.
[49] *Scheuner*, Rechtsstaat S. 245 f.

Anmerkungen zu § 19
[1] *Anschütz*, Komm. S. 369 ff.
[2] RGZ 111, 320 (322 f.). Rechtsprechungsübersicht bei *Anschütz*, aaO S. 374.
[3] Allerdings hatte man im Verfassungsausschuß ausdrücklich auf eine Regelung der umstrittenen Frage verzichtet. *Anschütz*, aaO S. 371 mit Nachweis.
[4] RGZ 111, 320 (328 f.).
[5] Auf dem internationalen Juristenkongreß in New Delhi (1959) hat man beschlossen, gewisse Beschränkungen der gesetzgebenden Gewalt als wesent-

§ 19 Der materiale Rechtsstaat der Gegenwart

Sie sind begrifflich zu unterscheiden, und man wird das mit Recht betonen, solange das richterliche Prüfungsrecht unter der geltenden Verfassung umstritten ist oder von ihr verneint wird[6]. Die begriffliche Trennung dient dann dem Anspruch, die Rechtmäßigkeit der Gesetze auch ohne richterliche Feststellung an der Verfassung messen zu können. Als rechtliche Konsequenz bliebe bei dieser Rechtslage nur ein Widerstandsrecht gegen das verfassungswidrige Gesetz.

Heute soll das Widerstandsrecht aber gerade durch das „geordnete Verfahren"[7] des richterlichen Prüfungsrechts überflüssig gemacht werden. Das bedeutet, daß man die Bindung des Gesetzgebers an die Verfassung sinnvollerweise nicht mehr bejahen kann, ohne das richterliche Prüfungsrecht zuzugestehen[8], insbesondere, wenn man an die Generalklausel des Gleichheitssatzes denkt.

1. Der Gleichheitssatz

Die Frage nach dem Adressaten des Gleichheitssatzes läßt sich übrigens erst beantworten, wenn seine inhaltliche Bedeutung geklärt ist. Die inhaltliche Auslegung aber hängt davon ab, ob der Gleichheitssatz in einem materialen oder in einem formalen Rechtsstaat garantiert sein soll. Da das formale Rechtsstaatsprinzip in der Weimarer Verfassung der radikaldemokratisch geprägten Staatsform zugeordnet war, konnte der Gleichheitssatz in diesem Rahmen nur einen formalen egalitär-demokratischen Sinn haben. Er errichtete keine materialen Schranken der Staatsgewalt, insbesondere des Gesetzgebers. Seine Bedeutung erschöpfte sich der radikaldemokratischen Theorie nach darauf, die Gestaltungsfreiheit der parlamentarischen Mehrheit zu legitimieren sowie Verwaltung und Rechtsprechung auf einen strikten Gehorsam gegenüber dem demokratischen (parlamentarischen) Gesetz zu verpflichten[9]. Im formalen Rechtsstaat mußte der Gleichheitssatz „verkümmern"[10].

Demgegenüber kann diese Verfassungsnorm im materialen Rechtsstaat den Rang des übergesetzlichen und vorstaatlichen Rechts teilen.

---

liches Kennzeichen der „rule of law" anzusehen: *Thompson*, Rule of Law, Journal der Internationalen Juristen-Kommission, Bd. V (1964) S. 342 ff. (345).
[6] So ist wohl *Triepels* Äußerung, VVDStRL 3 (Tagung 1926) Aussprache S. 53, zu verstehen, der sich daher auch auf Haenels Stellungnahme (1908) zum Verhältnis zwischen den Polengesetzen und der preußischen Verfassung beruft.
[7] Herbert *Krüger*, Staatslehre S. 197 ff., 835; in bezug auf das Widerstandsrecht: S. 947 bei A. 31.
[8] *Ipsen*, Gleichheit S. 117, spricht von der „nötigen Komplementärentscheidung" der Verfassung.
[9] Auch *Ipsen*, aaO S. 117 A. 22, sieht einen Zusammenhang zwischen dem inhaltlichen Maßstab des Gleichheitssatzes und der Verfassungsstruktur, die diesen Maßstab legitimiere.
[10] *Ipsen*, aaO S. 116.

Ist doch das Gleichheitsprinzip formal gesehen ein Teil der generellen Gerechtigkeit und damit auch Diener der Rechtssicherheit[11] und material als Grundsatz der Angemessenheit Bestandteil jeder Art von Gerechtigkeit. Letzteren Gesichtspunkt faßt das Reichsgericht[12] unter Berufung auf *Triepel, Leibholz* und *Aldag* in folgendem Satz zusammen: „Eine verschiedene Behandlung, die durch keinen auf vernünftigen Erwägungen beruhenden Grund zu rechtfertigen ist, würde als willkürlich erscheinen und gegen den Gleichheitsgrundsatz verstoßen." Dabei geht es um einen Gerechtigkeitsmaßstab, der dem objektiven Gemeingeist entspricht, d. h. eine Synthese zwischen dem historischen Rechtsbewußtsein und Vernunftgründen aus der Natur der Sache darstellt[13].

Am Streit über den Inhalt des Gleichheitssatzes offenbart sich besonders deutlich, daß es beim Problem des materialen Rechtsstaates im Grunde um das Methodenproblem der Erkennbarkeit überpositiven Rechts und um die ontologische Frage nach der Natur des Rechts geht[14]. Dazu darf auf den Versuch im 1. Teil dieser Arbeit verwiesen werden, die Gedanken des überpositiven Rechts unter dem Aspekt des objektiven Geistes mit der Notwendigkeit der Positivität des Rechts, der Rechtssicherheit, in eine (spannungsreiche) Beziehung zu setzen.

Hans *Kelsen* ist gegen die richterliche Überprüfung der Gesetze aufgetreten, da er vom Gesetzespositivismus abgesehen glaubte, es bleibe nur die Wahl zwischen radikalem Subjektivismus mit einem „Chaos subjektiver Metaphysiken" einerseits und einer positiven, durch einen Propheten offenbarten Religion andrerseits[15]. Damit sind die Extreme

---

[11] H. *Henkel*, Rechtsphilosophie S. 328, 348.
[12] RGZ 111, 320 (329).
[13] Vgl. zur Methode hier oben § 11 bei A. 15 f. — *Ipsen*, Gleichheit S. 119, bringt die Ansichten von *Triepel, Leibholz* und *Aldag* auf folgenden Nenner: „... die Gleichheitsgrenze gilt als überschritten, wenn das Gesetz nach dem jeweiligen Rechtsbewußtsein willkürlich, d. h. schlechterdings vernünftig nicht begründbar erscheint." Vgl. *Leibholz*, Gleichheit S. 87 und 1—11. — Etwas zurückhaltend: *Ipsen*, Gleichheit S. 175 f., 183, 186. — Vgl. die Rechtsprechung des Bundesverfassungsgerichts: *BVerfGE* 1, 208 (233): „überpositiver Rechtsgrundsatz"; — 1, 14 (52): „vernünftiger, sich aus der Natur der Sache ergebender oder sonstwie sachlich einleuchtender Grund"; — 9, 201 (206) in st.Rspr.: „Gleichheitssatz nur dann verletzt, wenn der Gesetzgeber versäumt, tatsächliche Gleichheiten oder Ungleichheiten der zu ordnenden Lebensverhältnisse zu berücksichtigen, die so bedeutsam sind, daß sie bei einer am Gerechtigkeitsgedanken orientierten Betrachtungsweise *beobachtet werden müssen* (z. B. *BVerfGE* 1, 264; 3, 58; 4, 7; 4, 352)"; — 9, 338 (349): Der Gesetzgeber darf „*Gesetzlichkeiten, die in der Sache selbst liegen,* und die fundierten *allgemeinen Gerechtigkeitsvorstellungen der Gemeinschaft* nicht mißachten." (Hervorhebungen durch Verf.).
[14] *Leibholz*, Gleichheit S. 1: Methodenstreit. — *Triepel*, VVDStRL 3 S. 50 f., hat in diesem Zusammenhang vom Kampf zwischen Naturrecht und positivem Recht gesprochen, das Schillernde des erstgenannten Begriffs betont und sich selbst als Nichtpositivisten charakterisiert.
[15] *Kelsen*, VVDStRL 3 (Tagung 1926) Aussprache S. 53 f.

präzisiert, zwischen denen der Gedanke eines materialen Rechtsstaates die Mitte zu halten versucht. Im übrigen greift auch der vom Gesetzespositivismus ausgehende Wertrelativist trotz aller Ablehnung der für ihn „immer subjektiven" Werturteile[16] stets an irgendeinem Punkt auf Werturteile des Gemeingeistes zurück, so daß seine Theorie recht wenig geschlossen ist[17].

2. Der politische Aspekt der Bindung des Gesetzgebers

Auf der anderen Seite steht weiterhin das traditionelle Argument gegen den materialen Rechtsstaat, daß der rechtspolitischen Gestaltungsfreiheit des Gesetzgebers Fesseln angelegt würden[18]. Es ist zunächst die Frage, ob der Gesetzgeber an einer wirksamen Staatsleitung gehindert wird, wenn er an die Verfassung, insbesondere an die Grundrechte, gebunden ist. Diese Frage kann aus dem Grunde verneint werden, der die Legitimation der fraglichen Bindung enthält. Die überstaatliche Verpflichtungskraft der Rechtsethik beruht ja gerade auf der überzeugenden Abwägung aller drei Grundwerte des Rechts, also auch der Sozialgerechtigkeit, im Rahmen des Gemeinwohlprinzips. Das Recht steht von vornherein unter dem rechtsethischen Vorbehalt des Mißbrauchsverbotes, der sowohl für die Rechtsetzung als auch für die Rechtsausübung gilt. Eine Verfassungsnorm, die dem Gesetzgeber die Verfolgung des rechtsethischen Gemeinwohles unmöglich machen würde, wäre verfassungsrechtliches Unrecht[19].

Zu dieser Konsequenz zwingt aber z. B. das Grundgesetz bei Anwendung der hier vertretenen geisteswissenschaftlichen Auslegungsmethode nicht. Insbesondere verbietet diese Methode, die Wesensgehaltsgarantie des Art. 19 II GG im Sinne der liberalen Spielart des formalen Rechtsstaates als Bestätigung eines prinzipiell unbegrenzten Freiheitsbereichs des einzelnen und als ebenso prinzipielle Beschränkung der Regelungsbefugnis des Staates anzusehen[20]. Schon der Wortlaut verweist auf das

---

[16] *Nawiasky*, Gleichheit S. 40 unten.
[17] *Nawiasky*, aaO S. 40 oben, läßt die „maßgebenden gesellschaftlichen Anschauungen" als Kriterium für die doch gewiß wertende Abgrenzung der gleich zu behandelnden „sozialen Gruppe" gelten.
[18] *Anschütz*, VVDStRL 3 Aussprache S. 48. — So auch in der Tendenz: Herbert *Krüger*, Staatslehre S. 537, 553. — Vgl. hier unter § 18 bei A. 39 f.
[19] Vgl. W. *Geigers* (Wandlung S. 32) „Grundrechte des Staates".
[20] So aber wohl Herbert *Krüger*, Staatslehre S. 553 f., 944 f. und DÖV 1955, 598, wo die „absolute" Wesensgehaltsgarantie aber auf eine verfassungsmäßige Aufgabe der Grundrechte bezogen wird. — v. *Mangoldt-Klein*, Komm. Art. 19 V 5 S. 560, nehmen zwar einen absoluten Wesensgehalt an, unterstellen ihn aber mit BVerfGE 2, 266 (285) dem Urteil aller billig und gerecht Denkenden, so daß eine Lösung im Sinne des folgenden Textes möglich bleibt. — *Hamann*, Komm. Art. 19, 6, folgert aus der Absolutheit der Wesensgehaltsgarantie, daß es keine immanenten Grundrechtsschranken geben könne, und steht insoweit allein. — *Giese-Schunck*, Komm. Art. 19 II 4, berufen sich für einen absoluten Wesensgehalt auf v. Mangoldt-Klein und BVerfGE 6, 32 (41).

„Wesen" der Grundrechte, das nur im Rahmen des Gemeinwohles richtig verstanden werden kann[21]. Die Grundrechte unterliegen also einer Gemeinschaftsbindung und sind „nicht grundsätzlich unbegrenzt, wohl aber sind sie als Grundsätze, Regeln gesichert"[22].

Es kommt demnach auf eine Abwägung[23] an. Auf der einen Seite stehen das Schutzgut der Individualsphäre, die Schwere seiner Beeinträchtigung und die Bedeutung des Grundrechts (als Institution) für das soziale Leben im Ganzen[24], wenn man die konkrete Beeinträchtigung generalisiert. Auf der anderen Seite steht das Eingriffsinteresse der Gesamtheit. Letzteres setzt sich im Rahmen des Gemeinwohls nur durch, wenn der Eingriff aus sachlichen Gründen zwingend notwendig ist[25], woraus sich zum Schutz des Wesensgehaltes der Grundrechte eine Freiheitsvermutung[26] ergibt. In Not- und Krisenzeiten kann „die soziale Bindung" des Grundrechts „naturgemäß stärker sein als in gewöhnlichen Zeiten"[27]. Entscheidend sind letzten Endes auch hier wieder „die gesellschaftlichen Anschauungen" und „das rechtlich geläuterte Urteil"[24], d. h. der rechtsethische Gemeingeist, der es dem demokratischen Gesetzgeber im materialen Rechtsstaat verbietet, die Freiheit des einzelnen *unzumutbar* zu beschränken[28].

Die vorstehenden Überlegungen gelten auch für die Abwägung, wie weit die immanenten Schranken derjenigen Grundrechte reichen, deren Einschränkung oder Inhaltsbestimmung die Verfassung nicht ausdrücklich vorsieht[29].

---

[21] Die Ausführungen in *BVerfGE* 7, 377 (404 f. u. 409 ff.) sind nur auf dieser theoretischen Grundlage überzeugend. — Vgl. z. B. *Dürig*, Komm. Art. 2 I RNr. 82 a. E.: Polizeiwidrige Ausübung gehört nicht zum Wesensgehalt eines Grundrechts.
[22] *Häberle*, Wesensgehaltsgarantie S. 47. — Ebenso *Hesse*, Rechtsstaat S. 87 mit A. 48 f.
[23] *Häberle*, aaO S. 40; vgl. hier oben § 11, 1 bei A. 43 ff.
[24] *BVerfGE* 2, 266 (285).
[25] Für eine solche Güterabwägung: *Maunz*, Staatsrecht § 15 I 2; *BVerfGE* 19, 342 (349, 1. u. 3. Abs.). — Im Ergebnis ebenso: *BVerfGE* 7, 377 (404 f., 411 f.), wo im Grunde der Gedanke des BVerwG und des BGH bejaht wird, daß die Freiheitssphäre eingeschränkt werden darf, „um ein für den Bestand der staatlichen Gemeinschaft unabdingbares Rechtsgut zu schützen" (*BVerwGE* 1, 244 S. 245). Sachliche Übereinstimmung der Gerichte nimmt auch an: W. *Geiger*, Grundrechte S. 22, vgl. S. 25. — Es geht hier um die Kehrseite des auf die Grundrechte angewandten allgemeinen Rechtsmißbrauchsverbotes, vgl. *BVerwGE* 2, 85 (87); 7, 125 (139) und hier oben § 7 A. 45 f.
[26] *BVerfGE* 13, 97 (105).
[27] *BGHZ* 6, 270 (279), auch *BVerfGE* 8, 71 (80), bezüglich des Eigentums. Vergleichbar: *BVerfGE* 1, 162 (178). — Vgl. W. *Geiger*, Wandlung S. 33.
[28] *BVerfGE* 5, 85 (197).
[29] Vgl. die begriffliche Anknüpfung *Dürigs*, Komm. Art. 2 I RNr. 73 ff., an die Schrankentrias des Art. 2 I GG, die eine begrüßenswerte dogmatische Konkretisierung bringt, aber trotzdem aus dem oben Dargelegten schöpfen muß. Voraussetzung bleibt die zwingende Notwendigkeit der Grundrechts-

3. Das richterliche Prüfungsrecht

Kann man also nicht von einer politisch unzweckmäßigen Einengung des Gesetzgebers durch die Verfassung sprechen, so bleibt das Problem, ob ein richterlicher Absolutismus zu befürchten ist[30]. Die Sorge gilt der Möglichkeit, daß der Richter politische Entscheidungen trifft und somit gesetzgeberische Aufgaben an sich reißt, für die er weder legitimiert ist, noch politische Verantwortung zu tragen hat[31].

Theoretisch läßt sich dem entgegenhalten, daß der Gesetzgeber nicht nur im engeren Sinn politische, d. h. insbesondere rechtsethisch ungebundene Entscheidungen zu fällen hat, sondern auch vom positiven Recht und vom Rechtsgeist geforderte oder verbotene Regelungen treffen oder unterlassen muß[32]. Kontrolliert der Verfassungsrichter die Beachtung dieser Bindungen, so nimmt er zwar gesetzgeberische Aufgaben wahr[33], aber gerade nicht die typische, die politische Aufgabe des Parlaments[34]. Für diese Rechtsanwendung ist der Richter gewiß legitimiert, auch wenn er konkretes Verfassungsrecht fortbildet oder Verfassungsgrundsätze und generalklauselartige Grundrechte handhabt. Die Lückenfüllung und die Anwendung rechtsethischer Grundsätze ist eine allgemeine richterliche Aufgabe[35], allerdings stellt sie sich im Rahmen des Verfassungsrechts in gesteigertem Maße[36]. Gerhard *Leibholz* gibt den beachtlichen Hinweis, daß „gutachtliche, lehrhafte und literarische Äußerungen" in der Regel den Anspruch erhöben, sich mit Verfassungs*recht* zu befassen, während man das Verfassungsgericht dem Vorwurf aussetze, Politik zu treiben[37].

Es kommt hinzu, daß die wohlverstandene Befugnis des Verfassungsrichters zwar für den Rechtsstaat lebenswichtig und geeignet ist, einer Diktatur den Weg zu verlegen, daß sie aber eine eng umgrenzte Kontrollfunktion darstellt. Wir haben bereits dargelegt, daß im freiheitlichen Staat eine Vermutung gegen positive Gestaltungsforderungen des Rechtsgeistes an die Gesetzgebung besteht und daß sich das Bundes-

---

einschränkung im Gesamtinteresse — aaO RNr. 73 (Rechtslogik), 74 (Abwehr von Rechtsmißbrauch), 75 (Bekämpfung kriminellen Unrechts), 82 (Sicherung der unerläßlichen Voraussetzungen gedeihlichen Zusammenlebens) — und ihre Bejahung durch das geläuterte Rechtsbewußtsein. Vgl. *Dürigs* Volksbewußtsein, aaO RNr. 76 aa, 84. — Auf das unabdingbare Gebot des Gemeinwohls stellt auch ab: E. R. *Huber*, DÖV 1956, 136. — Vgl. hier oben § 7, 3 A. 45 f.

[30] So *Anschütz*, VVDStRL 3 S. 49; ders., Komm. S. 528 f.; *Nawiasky*, Gleichheit S. 41.
[31] *Nawiasky*, Gleichheit S. 41 f.; — W. *Weber*, Spannungen S. 35 f.
[32] Vgl. hier oben § 7, 4.
[33] Herbert *Krüger*, Verfassungswandlung S. 161.
[34] A. A.: *Scheuner*, Wesen S. 260. — Vgl. hier oben § 5, 2.
[35] Vgl. hier oben § 10, 1.
[36] *Leibholz*, Demokratie S. 37.
[37] *Leibholz*, Demokratie S. 39, 41.

verfassungsgericht eindeutig zu diesem Prinzip bekannt hat[38]. Andererseits hat das Gericht immer wieder betont, es sei nicht seine Aufgabe zu prüfen, ob der Gesetzgeber von seiner Gestaltungsfreiheit „einen weisen Gebrauch" gemacht habe[39]. Am deutlichsten ist der Maßstab der höchsten Gerichte bisher bei der Anwendung der verfassungsrechtlichen Generalklausel des Gleichheitssatzes geworden. Wenn sie in ständiger Rechtsprechung im Sinne des Verbotes unsachgemäßer Anknüpfung bei der Gleichbehandlung oder Differenzierung[40] verstanden worden ist, so hat man doch immer eine besonders intensive Sachwidrigkeit, d. h. die „Evidenz"[41], die Eindeutigkeit der Unangemessenheit verlangt, die man bei einer nicht ausreichenden „Orientierung an der Idee der Gerechtigkeit" als „objektive Willkür" bezeichnen muß[42]. Es scheidet also der weite Bereich der Überprüfung aus, der nach herrschender Meinung bei der Kontrolle des Verwaltungsermessens durch die Kassation von Verwaltungsakten eröffnet ist, die auf unzureichenden oder unsachlichen *subjektiven* Erwägungen beruhen[43].

Die erforderliche Intensität des Verstoßes gegen den Gemeingeist, die eine rechtsethische Reaktion des Richters verlangt, ist bei der richterlichen Auslegung eines Gesetzes gegen seinen eindeutigen Wortlaut[44] die gleiche wie bei der Feststellung der Verfassungswidrigkeit eines Gesetzes: Eine Differenzierung ist rechtswidrig, wenn sie in Anbetracht aller sachlichen Gründe für ihre Rechtfertigung „vom Rechtsbewußtsein aller billig und gerecht Denkenden als *unerträglich* empfunden wird"[45]. Dagegen scheiden rein soziologische oder moralische oder sonst wünschbare, insbesondere politische Gesichtspunkte im engeren Sinn als Beurteilungsgrundlage aus[46]. Der weite Gestaltungsspielraum des Gesetzgebers soll nicht eingeengt, sondern es soll nur einem Mißbrauch der gesetzgeberischen Befugnis gewehrt werden[47]. „Es ist primär Aufgabe

---

[38] Oben § 7, 3 bei A. 56.
[39] *Leibholz*, Demokratie S. 41. — Vgl. BVerfGE 3, 58 (135) und 3, 162 (182): Der Gesetzgeber sei nicht an die denkbar zweckmäßigste, „vernünftigste" oder „gerechteste" Lösung gebunden.
[40] Vgl. BVerfG-Zitate oben in A. 13.
[41] BVerfGE 11, 283 (293); vgl. auch E. 10, 234 (246).
[42] BSG 10, 64 (68) — BVerfGE 4, 144 (155); 2, 266 (281). Vgl. auch RGZ 111, 320 hier oben bei A. 12.
[43] H. J. Wolff, Verwaltungsrecht I, § 31 II d 2, S. 155.
[44] Vgl. BSG 10, 64 (67): „unerträglicher Widerspruch" zur Gerechtigkeit.
[45] BGHZ 11, Anhang S. 2 (30) mit Bezug auf den Gleichheitssatz. — Im gleichen Zusammenhang verlangt auch *Ipsen*, Gleichheit S. 183, 185, eine besondere Intensität des Verstoßes gegen oberste Verfassungsprinzipien. — Ebenso: *Bachof*, Sozialer Rechtsstaat S. 54, unter Berufung auf Oliver Wendell *Holmes:* wenn „ein vernünftiger und gerechter Mann ihre Verfassungswidrigkeit notwendig zugeben muß"; — *Forsthoff*, Maßnahme-Gesetze S. 232 f.
[46] BGHZ 11, Anh. S. 2 (27 f., 29).
[47] BVerfGE 4, 7 (18) in st.Rspr. seit BVerfGE 2, 266 (280).

§ 19 Der materiale Rechtsstaat der Gegenwart 153

des Gesetzgebers zu beurteilen, ob und unter welchen sachlichen Gesichtspunkten zwei Lebensbereiche einander so gleich sind, daß Gleichbehandlung zwingend geboten ist[48]." Hier streitet also eine Vermutung für die Verfassungsmäßigkeit des Gesetzes.

Es ist davon auszugehen, daß diese Vermutung auch überall dort gilt, wo der Verfassungsrichter an Hand anderer Rechtsprinzipien oder -grundsätze, z. B. an Hand des Grundsatzes der Verhältnismäßigkeit, oder im Hinblick auf die Ermächtigungsgrundlage zu prüfen hat, ob der Gesetzgeber eine ihm von der Verfassung eingeräumte Gestaltungsbefugnis mißbraucht hat[49]. Das betrifft z. B. auch eine dem Gesetzgeber vorbehaltene Regelung im Grundrechtsbereich, die die Wesensgrenze des Grundrechts noch nicht berührt. Bis zu dieser Grenze des „allgemein Zumutbaren" kann der Gesetzgeber etwa die Handlungsfreiheit des einzelnen ganz generell „zur Pflege und Förderung des sozialen Zusammenlebens" einengen, solange die Eigenständigkeit der Person gewahrt bleibt[50]. Steht allerdings die Antastung des Wesensgehalts eines Grundrechts im Sinne des Art. 19 II GG in Frage, so wird man eine Gestaltungsfreiheit des Gesetzgebers verneinen und zu den bereits erwähnten Folgerungen gelangen (oben bei A. 23).

Im Rahmen der unpolitischen Aufgabe des Verfassungsrichters kann übrigens kein Zweifel sein, daß ihm die Initiative zur Verfassungswandlung im Sinne der Eröffnung neuer Gestaltungsmöglichkeiten des Gesetzgebers nicht obliegt[51], soweit es nicht ausnahmsweise um positive Gestaltungsforderungen des Rechtsgeistes geht. Der Anstoß zu einer solchen Verfassungswandlung muß von der politisch gestaltenden Gesetzgebung

---

[48] *BVerfGE* 12, 326 (337 f.); *BVerwG*, Urt. v. 5. 8. 1965 — I C 78/62 — MDR 1965, 1016. Vgl. *BVerfGE* 13, 181 (202 f.).

[49] *BVerfGE* 10, 20 (40); *BVerfGE* 8, 71 (80) beruft sich auf den aus der Sozialbindung des Eigentums folgenden „verhältnismäßig weiten Spielraum" des Gesetzgebers. — Gegen ein starres „in dubio pro libertate" und für partielle Vermutungen: *Ossenbühl*, Verfassungsauslegung S. 658, bes. bei A .128. — *Maunz-Dürig*, Komm. Art. 20 RNr. 63, und *Menger*, Rechtsstaat S. 769 r. Sp., lassen im materiellen Rechtsstaat eine generelle Vermutung für die materielle Richtigkeit des formellen Gesetzes sprechen; ebenso *Wernicke*, Bonner Komm. Art. 20 II 3 e, mit dem Zusatz „gewissermaßen", und *Forsthoff*, Maßnahme-Gesetze S. 232.

[50] *BVerfGE* 4, 7 (16); 19, 93 (96). — *Dürig*, Komm. Art. 2 I RNr. 25, wie im Text; in A. 3 wird allerdings eine von der materiellen Rechtslage abweichende prozessuale Vermutung zugunsten der individuellen Freiheit befürwortet. — Vgl. zur Gestaltungsfreiheit bei der reinen Berufsausübungsregelung: *BVerfGE* 7, 377 (405 f.). — *Uber*, Freiheit S. 57: Die Gesetzesvorbehalte sind keine Einschränkungen der Freiheitssphäre des einzelnen. (Ubers Ermächtigungsmaßstab, aaO S. 73, gilt allerdings heute als zu eng.)

[51] Herbert *Krüger*, Verfassungswandlung S. 161.

kommen[52], weil sie gegenüber der konservativen Rechtspflege das schöpferische Prinzip im Staate vertritt und politisch dafür verantwortlich ist. Hat der Verfassungsrichter zu einem Gesetz Stellung zu nehmen, das nur im Wege der Rechtsfortbildung als verfassungsmäßig angesehen werden kann, so sollte er sich der geschilderten Aufgabenverteilung bewußt sein[53] und der Entwicklungstendenz des Gemeingeistes Rechnung tragen, soweit es sich mit den rechtsethischen Maßstäben vereinbaren läßt. Stets bleibt es das wohlverstandene Interesse des Verfassungsrichters, die Nachprüfung der Gesetze so taktvoll und zurückhaltend vorzunehmen, daß der Verdacht eines politischen oder parteiischen Engagements gar nicht erst aufkommen kann[54].

Versteht man die Ausübung der Verfassungsgerichtsbarkeit in unserem Sinne als Rechtsanwendung, so verliert die Befürchtung an Gewicht, die höchstrichterlichen Ämter könnten nach politischen Gesichtspunkten besetzt werden[55]. Wenn im öffentlichen Bewußtsein die Vorstellung lebendig ist, daß es der Verfassungsrichter mit einer Erkenntnisfrage[56] zu tun hat, so wird sich auch der Richter darum bemühen, das Vertrauen des Volkes in „Eigenwert und Eigenwürde des Rechts" nicht zu enttäuschen[57].

Schließlich dient ein ganzes System der Kontrollen und Gegengewichte dem Zweck, daß die einzelnen Aufgaben möglichst richtig wahrgenommen werden. In diesem Gefüge erhält die Frage, wer den Wächter bewache, die Antwort: die Bewachten. Es gibt ja im materialen Rechtsstaat kein absolutes (souveränes) oberstes Staatsorgan. Dementsprechend kontrolliert und korrigiert der in der öffentlichen Meinung zum Ausdruck kommende und u. a. von der Rechtswissenschaft repräsentierte Gemeingeist im Bunde mit der Praxis der Exekutive und mit der Gesetzgebung die Rechtsprechung auf längere Sicht in höchst wirksamer Weise.

---

[52] *Scheuner*, Rechtsstaat S. 260: Die Entscheidungsfreiheit des Gesetzgebers für einen gerechten (wohl im Sinne von „ethischen") Ausgleich sei für den Rechtsstaat notwendig; und VVDStRL 20 S. 125 (Aussprache): Die Gesetzgebung sei in einem weiteren Sinne „Verfassungsinterpretation". — *Ipsen*, Gleichheit S. 157: Inhaltsbestimmung des Gleichheitssatzes grundsätzlich durch den Gesetzgeber; S. 187: Vermutung für die Richtigkeit des Gesetzes.

[53] *Bachof*, Sozialer Rechtsstaat S. 54, spricht in diesem Zusammenhang von einer „broad interpretation" der Verfassung.

[54] Vgl. *Hesse*, Gleichheitsgrundsatz S. 224.

[55] So aber *Anschütz*, Komm. S. 528 f.; — W. *Weber*, Spannungen S. 33.

[56] *Weinkauff*, Richtertum S. 31.

[57] *Leibholz*, Demokratie S. 42, 45. — Abgesehen von der Prägung des Menschen durch den Dienst am Recht (vgl. Leibholz, aaO S. 42) ist es unwahrscheinlich, daß sich ein Mensch mit ausgesprochen politischem Ehrgeiz mit einem Richteramt zufrieden geben sollte.

§ 20 Das System der Kontrollen und Gegengewichte

1. Formale Bestandteile des materialen Rechtsstaates

„Form und Inhalt des Rechtsstaates sind letztlich unlösbar aufeinander bezogen[1]." Der materiale Rechtsstaatsgedanke ist eine Krönung, nicht eine Verneinung des formalen Rechtsstaates[2]. Der formale Rechtsstaat und die formale Demokratie haben als Schöpfungen des Gemeingeistes stets im Dienste von Wertvorstellungen gestanden, allerdings ohne sie umfassend in ihr System einzubeziehen. Der formale Rechtsstaat, der bereits dem Rechtswert der Rechtssicherheit zu dienen bestimmt und geeignet war[3], bedarf heute der Vollendung durch den materialen Rechtsstaat. Nützt doch dem Bürger die beste formal rechtsstaatliche Verfassung nichts, wenn sich ein absoluter Gesetzgeber über die Verfassungsgarantien der rechtsethischen Gemeinschaftswerte hinwegsetzen darf. Man denke z. B. an eine gesetzlich zugelassene polizeiliche Schutzhaft für politische Gegner des Regimes. Auch abgesehen von so krassen Fällen ist das Bewußtsein von der Möglichkeit unrichtigen Gesetzesrechts allgemein vorhanden[4] und stört das Vertrauen in die Verläßlichkeit und Berechenbarkeit staatlichen Handelns in zweierlei Hinsicht: Einmal ist der Erlaß des unrichtigen Gesetzes nicht vorhersehbar, und zum anderen wird auch seine Anwendung in der Regel unberechenbar sein. Wäre sie aber berechenbar, so handelte es sich darum, daß man das gleiche Unrecht erleiden müßte wie andere. Um diese Gewißheit ist es dem formalen Rechtsstaatsdenken sicher niemals zu tun gewesen.

Der von dem älteren materialen Rechtsstaat übrig gebliebene formale Rechtsstaat mußte sich in dem Augenblick wieder an den inhaltlichen Rechtswerten orientieren, in dem diese bedroht waren. Das hatte zur Folge, daß die formalen Elemente des neuen materialen Rechtsstaates mit neuen Akzenten an Bedeutung gewannen:

a) die Verfassung als Grundordnung, insbesondere mit ihren grundrechtlichen Freiheitsgarantien;

b) die Gewaltenteilung, insbesondere zwischen den politischen Gewalten und der rechtsprechenden Organgruppe;

c) die Gesetzmäßigkeit der Verwaltung, insbesondere ihre Verfassungsmäßigkeit;

---

[1] *Imboden*, Gewaltentrennung, Vorwort S. 7.
[2] Vgl. *Hollerbach*, Auflösung S. 251. — Der materiale Rechtsstaat umschließt den Formwert des Rechts (die Rechtssicherheit): vgl. *Holstein*, Staatsrechtswissenschaft S. 40.
[3] *Forsthoff*, Sozialer Rechtsstaat S. 16: „Verläßlichkeit und Berechenbarkeit".
[4] *Forsthoff*, Verfassungsauslegung S. 37.

d) der Rechtsschutz durch unabhängige Gerichte, vor allem auch gegenüber der öffentlichen Gewalt einschließlich des Gesetzgebers[5].

Die formalen und die materialen Elemente des Staates stehen nämlich in einer unauflöslichen Wechselbeziehung, wie das bereits für das Verhältnis von Demokratie und Rechtsstaat[6] — ohne diese Pointierung — herausgearbeitet worden ist. Insbesondere enthält das Prinzip der Gesetzmäßigkeit der Verwaltung zugleich formale und materiale Elemente. Der Vorbehalt des Gesetzes dürfte mehr formale, der Vorrang des Gesetzes (und gar erst der Verfassung) mehr materiale Bedeutung haben. Der gleiche Doppelsinn liegt in den vorwiegend materialen (Grundrechte, Verfassungsgrundsätze) und den vorwiegend formalen (Gesetzesvorbehalte, Gesetzgebungszuständigkeiten) Verfassungsbestimmungen. Für eine konsequente materiale Theorie liegt ein Verstoß gegen das materiale Recht außerhalb der Kompetenz des handelnden Staatsorgans[7]. Andererseits setzt sich die Erkenntnis durch, daß die organisatorischen Vorschriften der Verfassung auch für den materialen Gesamtzusammenhang der Verfassung von Bedeutung sind[8].

Organisatorische Vorschriften erschöpfen sich also nicht in einer bloßen Teknizität, sondern sind auch dazu bestimmt, sich auf die materiale Ordnung auszuwirken. Das gilt in besonderem Maße vom Prinzip der Gewaltenteilung.

2. Die Gewaltenteilung

Die Entscheidung für oder gegen das Gewaltenteilungsprinzip spiegelt die Wahl zwischen dem radikaldemokratischen Willensentscheid und

---

[5] Vgl. *Kägi*, Entwicklung S. 174 ff.; — *Bachof*, Sozialer Rechtsstaat S. 38; — *Forsthoff*, Verfassungsauslegung S. 22.

[6] *Bäumlin*, Demokratie S. 92 ff.; — *Scheuner*, Rechtsstaat S. 234; — *Hesse*, Rechtsstaat S. 92 ff.

[7] *Locke*, Treatise II §§ 202, 239: Außerhalb seiner Befugnis höre das Staatsorgan (auch der König) auf, Staatsorgan zu sein. — Herbert *Krüger*, Staatslehre S. 835: Die Staatsgewalt existiere nur im Rahmen der Verfolgung eines legitimen Zweckes mit verhältnismäßigen Mitteln. — *Ehmke*, Verfassungsinterpretation S. 94, verweist auf die Fassung amerikanischer Grundrechte als Kompetenzbegrenzungen: „Congress shall make no law..." — In diesen Zusammenhang gehört das Prinzip der verfassungskonformen Gesetzesinterpretation: Peter *Schneider*, Verfassungsinterpretation S. 31. — *Laun*, Recht S. 56: Die rechtsethische Befehlskompetenz ist das Gegenstück zur rechtsethischen Gehorsamspflicht.

[8] Die Gesetzgebungszuständigkeit des Bundes ist gleichzeitig seine Kompetenz gegenüber dem Bürger und Teil des materiellen Verfassungsrechts: *Ehmke*, Verfassungsinterpretation S. 89 ff. (mit Rspr. des *BVerfG*), insbes. mit dem Hinweis auf die Bedeutung der Steuerkompetenz für die Eigentumsgarantie (S. 91). — Ebenso *Scheuner*, VVDStRL 20 S. 126 (Aussprache); — E. *Stein*, Rechtsfortbildung S. 1752.

§ 20 Das System der Kontrollen und Gegengewichte

dem rechtsstaatlichen Vernunftsystem wieder[9]. Wie wir bereits an der Reaktion der Väter der amerikanischen Verfassung von 1787 auf radikaldemokratische Erfahrungen abgelesen haben[10], dient gerade das Repräsentativsystem mit seinen checks and balances, den Kontrollen und Gegengewichten, der Abwehr der absoluten Herrschaft der jeweiligen Mehrheit. Schon der Gedanke der Repräsentation zeigt die Verknüpfung zwischen einem formalen Prinzip der Aufgabenteilung und dem Zweck einer inhaltlichen Vergütung der staatlichen Willensäußerungen[11]. Heute beschränkt sich das System der Gewaltenbalance längst nicht mehr auf die klassische Dreiteilung in 1. Legislative, 2. Regierung mit Verwaltung und 3. Rechtsprechung, obwohl es insoweit als anerkannter Bestandteil des formalen Rechtsstaates gilt (vgl. Art. 20 II 2 GG). Die Idee der Gewaltenteilung, „eine größere Richtigkeit der Staatstätigkeit"[12] zu bewirken, ist auch das Leitmotiv anderer Verfassungseinrichtungen, die eine Aufgabenverteilung sichern sollen. Hier sind insbesondere das Bundesstaatssystem[13, 14] und die Selbstverwaltung[14] zu nennen.

Das ganze System ist darauf abgestellt, daß kein Verfassungsorgan die Rolle der Aktivbürgerschaft (bzw. ihrer Führer) im Demokratismus übernehmen kann. Der Inhalt der Staatstätigkeit soll nicht von einer Summe absolut entscheidender psychischer Willen bestimmt werden, sondern in einem geordneten Verfahren, das die Bindung an den Gemeingeist garantiert. Deshalb ist auch die Aktivbürgerschaft nicht souverän, sondern ein Organ unter anderen Kontrollorganen. Im Unterschied zum nur formalen Rechtsstaat[15] schließt der neuere materiale Rechtsstaat die Volkswahl der Repräsentanten auf Zeit, also ein demokratisches Element, begrifflich in sich ein. Die Technik der Repräsentation erweist sich somit als Bestandteil der Gewaltenteilung im Sinne eines formalen Balance-

---

[9] *Imboden*, Staatsformen S. 57 (mit Lit.) verweist auf die Tatsache, daß die Volksdemokratie des Ostens jede Art der Gewaltenteilung ablehnt. — Zu eng ist die vielfach vertretene Auffassung, es gehe einseitig um eine Mäßigung der Staatsmacht zum Schutze der individuellen Freiheit; so aber z. B. *Scheuner*, Regierung S. 267.
[10] Oben § 17, 3 bei A. 50 ff., A. 58 ff.
[11] Oben § 17, 2. — *Loewenstein*, Verfassungslehre S. 36: Die Technik der Repräsentation sei die „unerläßliche Vorbedingung" für die Aufteilung der politischen Macht auf verschiedene Organe. — Zustimmend: *Scheuner*, Demokratie S. 231.
[12] Herbert *Krüger*, Staatslehre S. 869. — *Steffani*, Gewaltenteilung S. 258: „institutionelle Sicherung rechtsstaatlicher Verbindlichkeit der Normen"; — vgl. *Brohi*, Gerechtigkeit S. 146.
[13] So schon nach der Verfassung der U. S. A. von 1787, vgl. oben § 17, 3 A. 58 f. — Für die Bundesrepublik: *Hessdörfer*, Rechtsstaat S. 124.
[14] Solche Einrichtungen rechnen zu einem Gewaltenteilungsprinzip im weiteren Sinne: *Kägi*, Rechtsstaat S. 139; — W. *Weber*, Spannungen S. 94 f.; — Hugo J. *Hahn*, Gewaltenteilung S. 21, der z. B. auch das Zweikammersystem und die Balance zwischen Parteien und Interessenverbänden erwähnt.
[15] Hans *Huber*, Niedergang S. 68 f.

systems. Dieses aber erhält seinen Sinn und seine Rechtfertigung im Rahmen des materialen Rechtsstaates[16].

3. Das republikanische Parteiensystem

Nach Werner *Weber* soll das Gewaltenteilungsprinzip heute versagen, weil hinter der Legislative und der Exekutive die gleichen parteipolitischen Kräfte ständen und hinter der Rechtsprechung ein Vakuum, in das allmählich parteipolitische Kräfte eindrängen[17]. Die Parteien seien aber nicht mehr wie bis zum 1. Weltkrieg das politische Volk selbst, sondern oligarchische Herrschaftsapparaturen, die weder durch ihre geringe Mitgliederzahl noch durch die Art ihrer Interessenvertretung demokratisch legitimiert seien[18]. W. Weber hat außerdem für die Ausschaltung der radikaldemokratischen Elemente der Weimarer Verfassung im Grundgesetz den Begriff der „Mediatisierung des Volkes" durch die politischen Parteien geprägt[19]. Das Volk ist nach ihm „vollständig und ausnahmslos" von einer unmittelbaren Willenskundgebung ausgeschlossen[20].

Als Ziel läßt W. Weber durchblicken, daß es darum gehe, einen am Gesamtwohl orientierten Gesamtwillen hervorzubringen, einen Staat, in dem „obrigkeitliche Autorität und demokratisches Vertrauen sich gegenseitig bestätigen"[21].

Dies Ziel entspricht vollkommen dem von uns entwickelten Leitbild des materialen Rechtsstaates. Daß es in diesem Rahmen nicht um die Wiedereinführung unmittelbarer Äußerungen des augenblicklichen Volkswillens zu bestimmten Sachfragen gehen kann, hat W. Weber inzwischen selbst klargestellt[22]. Im übrigen hat sich gezeigt, wie sehr die Wahlentscheidungen in der Bundesrepublik die Grundzüge der Politik gestaltet haben[23]. Man denke nur an die Fragen der Wiederbewaffnung und der Einordnung in die westliche Verteidigungsgemeinschaft. Bezüglich dieser Forderungen hat nicht eine große Partei, die sie ablehnte, das Volk, sondern das Volk, d. h. genauer der Gemeingeist des Volkes, diese

---

[16] In diesem Sinn spricht *Hahn*, aaO S. 17, 44, vom „instrumentalen Charakter" der Gewaltenteilung im Dienst der Wertordnung des Grundgesetzes.

[17] W. *Weber*, Spannungen S. 28.

[18] W. *Weber*, aaO S. 59 ff.

[19] W. *Weber*, aaO S. 21 f., 49. — Von der „Aktivierung" des Volkes durch die Parteien sprechen stattdessen: v. d. *Heydte*, Parteien S. 479, und *Küchenhoff*, Staatslehre S. 90.

[20] W. *Weber*, aaO S. 21.

[21] W. *Weber*, aaO S. 62 A. 21, S. 64.

[22] W. *Weber*, Demokratie S. 769, 772, 783, 785.

[23] W. *Weber*, Demokratie S. 777.

§ 20 Das System der Kontrollen und Gegengewichte

Partei mediatisiert[24]. Das ist aber eben nicht durch Sachplebiszite geschehen, die vielleicht in den entscheidenden Zeitpunkten gegen die Wiederbewaffnung ausgefallen wären, sondern durch das langsame Wachsen eines Gemeingeistes[25] während des Ringens der politischen Kenner um die Resonanz im Volk. Abklärend wirkte dabei der für den Wähler bestehende Zwang, sich nicht nur zu diesem einen Komplex zu äußern, sondern zu einer bestimmten politischen Führung und ihrem politischen Stil[26].

Man wird also der Ansicht von Gerhard *Leibholz* nicht zustimmen können, der „moderne Parteienstaat" sei nach Wesen und Form „ein Surrogat der direkten Demokratie im modernen Flächenstaat"[27]. Der Wille der jeweiligen Parteienmehrheit in Regierung und Parlament werde — ohne Einschaltung des Prinzips der Repräsentation — mit der volonté générale, dem Gesamtwillen des Volkes, identifiziert[28]. Das Volk könne politischen Einfluß nur mittels der Parteien ausüben[29]. Leibholz meint, die Parteien seien anstelle des Parlaments die „eigentlichen Herren der Gesetzgebung" geworden[30] und die Abgeordneten die Diener ihrer Parteien. Die logische Konsequenz des demokratischen Parteienstaates sei der Verlust des parlamentarischen Mandats bei Ausschluß aus der Partei[31]. Leibholz fordert schließlich die „Demokratisierung" der Parteien, um sie nicht zu autoritären Organisationen werden zu lassen[32].

Dazu darf bemerkt werden, daß eine relativ kleine Parteimitgliederzahl jedenfalls nicht geeignet ist, ihrer Führung durch eine parteiinterne demokratische Ordnung die Legitimation der Identität mit dem Gesamtvolk zu geben[33]. Soll die Legitimierung dagegen durch die Parlaments-

---

[24] *Hermens*, Verfassungslehre S. 207: Es sei eine Erfahrung der angelsächsischen Massendemokratie, daß „wenn etwas mediatisiert wurde, es das Parlament und die außerparlamentarische Parteiorganisation waren, und nicht das Volk".
[25] W. *Weber*, Demokratie S. 777, spricht von der öffentlichen Meinung.
[26] W. *Weber*, Demokratie S. 785 f.
[27] *Leibholz*, Strukturprobleme S. 93 f., 146 f.
[28] *Leibholz*, aaO S. 94, 147.
[29] *Leibholz*, aaO S. 76.
[30] *Leibholz*, aaO S. 95.
[31] *Leibholz*, aaO S. 96 ff., 103.
[32] *Leibholz*, aaO S. 124.
[33] Ebenso: W. *Weber*, Spannungen S. 60 f. — Auch eine Partei mit der absoluten Mehrheit der Aktivbürger als Mitgliedern hätte noch keine radikaldemokratische Legitimation, ihre Abgeordneten im Parlament im Sinne eines gebundenen Mandats zu instruieren. Der rousseauische Gemeinwille kommt ja nur durch den jeweiligen Mehrheitsbeschluß aller Mitglieder der Gemeinschaft zustande, im System des imperativen Mandats also nur durch Beschlüsse sämtlicher Aktivbürger des Wahlkreises. Die vorgestellte Homogenität des Volkes dürfte sich nicht von vornherein auf eine organisierte Gruppe beschränken lassen.

wahl erfolgen, so schwindet der Zusammenhang zwischen Parteienstaat und Radikaldemokratie erst recht dahin. Es ist nicht ersichtlich, wie die leibholzsche Identifizierung der Parteien mit dem Volke[34] radikaldemokratisch legitimiert werden könnte.

Es bleibt die Frage, ob die Parteien einen so großen Einfluß auf die Abgeordneten und die Regierung ausüben, daß weder von der Repräsentation der Gemeinwohlinteressen noch von der ihr dienenden Gewaltenteilung etwas übrigbleibt. Das wird man im Sinne der obigen Ausführungen (bei A. 22 ff.) verneinen können[35]. Im Verhältnis der Abgeordneten und der Regierungsmitglieder zu ihren Parteien hat sich ein spannungsreiches Kräftespiel entwickelt, in dem eine gegenseitige Beeinflussung stattfindet[36]. Der Verfassungsauftrag der stufenweisen Repräsentation der Gemeininteressen (Art. 1 III u. 20 II, III GG) ist nicht etwa durch entgegenstehendes Verfassungsgewohnheitsrecht beseitigt worden[37]. Insbesondere kann man der Regierung in der Bundesrepublik kaum nachsagen, sie sei nur noch ein Ausschuß ihrer Partei[38]. Das wird auch durch das fachliche Gewicht der Ministerialverwaltung verhindert[39].

Es kann allerdings nicht verhehlt werden, daß das Verhältniswahlrecht radikaldemokratische Tendenzen fördert[40] und die Repräsentativverfassung gefährdet, indem es die Abhängigkeit der Listen-Abgeordneten von ihrer Partei verstärkt[41] und die Tendenz hat, den Wahlentscheid des Volkes durch den Zwang zur Koalitionsbildung zu verfälschen. Dadurch wird das die Repräsentation tragende Vertrauensverhältnis zwischen Regierung und Aktivbürgerschaft belastet[42] und der Splitterpartei als Zünglein an der Waage ein nicht legitimierter, unverhältnismäßiger Einfluß eingeräumt[43].

[34] *Leibholz*, Strukturprobleme S. 121.
[35] Vgl. *Scheuner*, Demokratie S. 239 ff.; — Fraenkel, Verfassungsstaat S. 16 ff. betr. England.
[36] So zum Verhältnis von Regierung und Parlamentsmehrheit: *Friesenhahn*, Parlament S. 36.
[37] *Hennis*, Meinungsforschung S. 48 mit A. 100, lehnt den Abbau repräsentativer Elemente durch die Lehre vom Parteienstaat ab und verweist (S. 52) auf den verfassungsmäßig festgelegten Konstitutionalismus und seinen sittlichen Sinn. — Den in A. 35 und A. 37 Genannten zustimmend: *Ehmke*, Verfassungsinterpretation S. 81.
[38] *Friesenhahn*, Parlament S. 33.
[39] *Leibholz*, Strukturprobleme S. 95 f., spricht selbst davon, das politische Gewicht verschiebe sich vom Parlament sowohl zu den Parteien als auch zur Seite „der Regierung und Bürokratie".
[40] Vgl. oben § 17, 1 Abs. 1; — *Leibholz*, Strukturprobleme S. 21, 110 f.
[41] *Smend*, Verhältniswahl S. 281 ff.; — *Leibholz*, Repräsentation S. 114.
[42] *Hennis*, Meinungsforschung S. 47 f. mit A. 100.
[43] *Schröter*, 1. Lesung Wahlgesetz, 52. Sitzung 22. 2. 1949, Parlamentarischer Rat, Verhandlungen des Hauptausschusses 1948/49 S. 690. — *Kelsen*, Demokratie S. 62, gibt die Tendenz zur Parteizersplitterung zu, betrachtet aber den Zwang zur Koalitionsregierung als Fortschritt.

§ 20 Das System der Kontrollen und Gegengewichte

Der für das radikaldemokratische Verständnis der mittelbaren Demokratie maßgebliche Gedanke, daß das Parlament ein Spiegelbild aller politischen Strömungen im Volke sein solle[44], steht im Gegensatz zur Theorie von der Repräsentation des geistig Gemeinsamen. „Der Proporz hat die Tendenz zur Radikalisierung des politischen und parlamentarischen Lebens"[45], er organisiert vorhandene Gegensätze[46]. Im Repräsentativsystem geht es dagegen um die Stärkung des Gemeingeistes. Wahlen, Parteien und Parlament sind hier Mittel zur Konsensbildung[47], zur Schaffung einer möglichst konstanten politischen Mehrheitsgruppe hinter der Regierung[48]. Das Ideal ist, daß *eine* Partei durch die Wahl zur Regierungsbildung befähigt wird. Das relative Mehrheitswahlrecht dient diesem Ziel, weil es den denkbar größten Anreiz zur politischen Sammlung bietet[49].

Die spezielle Technik des Repräsentativsystems, im Interesse der inhaltlichen Richtigkeit des Staatshandelns stets eine Kontrolle wirksam sein zu lassen, verbietet im übrigen das Monopol der politischen Sammlung in der Hand einer einzigen Partei. Im republikanischen Parteiensystem muß es mehr als eine Partei geben, damit das Balancesystem von Regierung und Opposition gesichert ist. Hier haben die Parteien die Aufgabe, in ihren eigenen Reihen eine Integrierung auf das Gemeinwohl hin zustande zu bringen[50], um als „Volkspartei" regierungsfähig zu werden.

---

[44] So *Kelsen*, Demokratie S. 61; — ähnlich: *Mirabeau* zit. bei *Smend*, Verhältniswahl S. 278; — vgl. hier oben § 17, 1; — zur Kritik: Hans *Huber*, Demokratie S. 21 f., 31: Das Spiegelbildparlament stehe der echten Interessenüberbrückung unter Führung einer schöpferischen Regierung im Wege.
[45] Erich *Kaufmann*, Volkswillen S. 17; — demgegenüber hat *Forsthoff*, Verfassungsprobleme S. 19, in anderem Zusammenhang mit Recht darauf hingewiesen, daß der Zwang zur Konzentration bei einer Wahl partikulare Interessen weitgehend ausscheide und echte Autorität schaffe.
[46] So die Kritik von *Wolgast*, Revision S. 7.
[47] Vgl. *Hermens*, Verfassungslehre S. 190, 192, 205, 241.
[48] E. *Kaufmann*, Volkswillen S. 17; — *Smend*, Verfassung S. 39: Das Wahlrecht solle partei- und mehrheitsbildend wirken.
[49] *Hermens*, Verfassungslehre S. 192. — *Schulz-Schaeffer*, Volkssouveränität 3. Kap. S. 56 ff. Im Rahmen des Mehrheitswahlrechts erscheint aber ein Zugeständnis erforderlich: Führenden Parteipolitikern müßte ein Prozentsatz der von ihrer Partei errungenen Sitze zusätzlich zur Verfügung stehen, damit sie nicht vom Persönlichkeitswahlkampf abhängig sind (aaO S. 63 f.).
[50] *Scheuner*, Demokratie S. 245; — *Forsthoff*, Strukturwandlungen S. 13; — *Henke*, Parteien S. 23 f.; — *Fraenkel-Bracher*, Demokratie S. 78. — *Pastoralkonstitution*, Abschnitt 75 S. 96: „Die politischen Parteien müssen das, was ihres Erachtens nach vom Gemeinwohl gefordert wird, vertreten und dürfen niemals ihre Sonderinteressen über dieses Gemeinwohl stellen." — Vgl. für die Anfänge des modernen Parteiwesens: *Schieder*, Partei S. 187, 189 f., 192 unten. — Vgl. *Leibholz*, Strukturprobleme S. 92 A. 37 a: Die Parteien seien durch Art. 21 GG „in das staatliche Verfassungsgefüge inkorporiert". — Ebenso BVerfGE 5, 85 (133 f.): mit den „Funktionen eines Verfassungsorgans"; 12, 296 (304): „Einrichtungen des Verfassungslebens". — Die Einbeziehung der Parteien in das Verfassungsleben darf nicht dazu führen, daß sie in der „organisierten Staatlichkeit" aufgehen, so mit Recht: *Hesse*, Parteien S. 28, 39 ff.

Im übrigen sollen sie dem Volk aber mehr als eine Führungsgruppe zur Wahl stellen und die Regierung durch eine organisierte Opposition kontrollieren. Damit schaffen sie die Voraussetzung für eine auf echter Repräsentation beruhende Regierung[51], die kraft eines auf Zeit anvertrauten Amtes unter eigener Verantwortung zu führen vermag und zugleich auch für die Zukunft auf die Aufrechterhaltung dieses Vertrauens bedacht sein muß. Es ergeben sich deutliche Unterschiede zur radikaldemokratischen „Repräsentanz" des Volkes mit der Tendenz zur Uniformität des Volkes[52].

Die Ausführungen haben gezeigt, daß die dem materialen Rechtsstaat notwendigen Vorkehrungen nach Art des formalen Rechtsstaates ein System der Kontrollen und Gegengewichte darstellen, das über den klassischen Begriff des formalen Rechtsstaates hinausgeht. Insbesondere gehört das republikanische Parteiensystem ebenso zu den Eckpfeilern einer Repräsentativverfassung wie das Mehrheitswahlrecht[53]. Da das Grundgesetz sich nicht wie die Weimarer Verfassung (Art. 22) auf das Verhältniswahlrecht festgelegt hat, ist auch insoweit ein wesentlicher Schritt in Richtung des materialen Rechtsstaates getan.

§ 21 Die Staatsform des materialen Rechtsstaates am Beispiel der Bundesrepublik

Aus den bisherigen Darlegungen läßt sich der Schluß ziehen, daß die Bundesrepublik Deutschland die Staatsform eines materialen Rechtsstaates hat. Da die Staatsform den Inbegriff der einen Staatstyp tragenden Legitimierungsvorstellungen darstellt und zugleich die Formtypik einer Verfassungsgattung bezeichnet, sollen diese beiden Aspekte des materialen Rechtsstaates an Hand des Grundgesetzes dargelegt werden.

1. Formale Prinzipien

In den der Verfassungsänderung entzogenen Prinzipien kann man die für Form und Geist des verfaßten Gemeinwesens entscheidenden Elemente der politischen Rechtsordnung vermuten[1]. Die Tatsache allein,

---

[51] *Hermens*, Verfassungslehre S. 209, stellt im gleichen Sinne auf die „echte Führung" ab.
[52] Vgl. *Scheuner*, Demokratie S. 237 f.
[53] *Montesquieu*, De l'Esprit I. Bd. II 2 Abs. 3: In der Republik seien die Stimmrechtsgesetze von grundlegender Bedeutung; — G. *Jellinek*, Staatslehre S. 587: Die Wahlorganisation sei in der repräsentativen Demokratie „die Grundlage der ganzen staatlichen Organisation".

Anmerkungen zu § 21
[1] *Forsthoff*, Rechtsstaat S. 385: „der legitimitätsbestimmende Kern der Verfassung".

daß der Änderung der Verfassung in Art. 79 III GG[2] eine Grenze gesetzt ist, bedeutet eine Absage an die radikaldemokratische Volks- oder Parlamentssouveränität. Damit ist auch die radikaldemokratische Verfassungslegitimation, die Übereinstimmung mit dem jederzeit aktualisierbaren Willen der Aktivbürgerschaft, beiseite geschoben.

Sachlich schützt Art. 79 III die bereits hervorgehobenen, formalen Bestandteile des neueren materialen Rechtsstaates: die institutionelle Garantie der Menschenrechte (Art. 1), die Gewaltenteilung (Art. 20 II 2)[3], die Verfassungs- und Gesetzmäßigkeit aller staatlichen Gewaltausübung (Art. 20 III) und den Rechtsschutz durch unabhängige Gerichte (Art. 20 II 2 u. III). Zur rechtsstaatlichen Gewaltenteilung im weitesten Sinn gehört auch das in Art. 79 III ausdrücklich genannte Bundesstaatssystem.

Die mit Art. 20 I und II genannten demokratischen Elemente erweisen sich in Verbindung mit den vorstehenden Rechtsstaatsmerkmalen als solche der repräsentativen Demokratie, wenn man sie im Rahmen des in den Art. 1 und 20 enthaltenen Prinzips des materialen Rechtsstaates versteht. In diesem Zusammenhang hat sich das Grundgesetz gegen alle Formen der radikalen Demokratie ausgesprochen. (Die Sonderregelung in Art. 29 ist heute der einzige Fall einer Volksabstimmung gemäß Art. 20 II 2 und für den Verfassungstyp ohne Bedeutung.)

Die repräsentative Demokratie äußert sich im allgemeinen Wahlrecht (Art. 20 II 2, 38 I), in der fehlenden Festlegung auf das Verhältniswahlrecht und in der Verantwortlichkeit der auf Zeit ins Amt gewählten Gesetzgebungs- und Regierungsorgane[4]. Der Inhalt des Art. 38 I, insbesondere das freie Mandat, gehört ebenso zum Demokratiebegriff des Art. 20 wie „das Mehrparteienprinzip und die Chancengleichheit für alle politischen Parteien mit dem Recht auf verfassungsmäßige Bildung und Ausübung einer Opposition"[5]. Wie bereits erläutert, fügt sich die demokratische Technik der Zustimmung und Kontrolle in das gewaltenbalancierende Repräsentativsystem, das im Dienst der materialen Rechtsstaatlichkeit steht.

---

[2] Die Artikel des Grundgesetzes werden im folgenden ohne Zusatz zitiert.
[3] BVerfGE 3, 225 (247): „tragendes Organisationsprinzip" des GG.
[4] *Thoma*, Demokratie S. 6. — BVerfGE 2, 1 (13) bestätigt durch E. 5, 85 (140) zählt auch die Verantwortlichkeit der Regierung zu den Voraussetzungen der freiheitlichen demokratischen Grundordnung nach Art. 21 II. Im Sinne des Textes läßt sich diese Formel auf das parlamentarische Regierungssystem *und* auf das amerikanische Präsidialsystem anwenden.
[5] BVerfGE 2, 1 (13); bestätigt durch E. 5, 85 (140).

2. Materiale Prinzipien

Das Grundgesetz bekennt sich in Art. 1 I, II dazu, daß die Grundwerte des Rechts in ihrer Bezogenheit auf ein bestimmtes Menschenbild übergesetzliches und vorstaatliches Recht sind. Dabei kommt in Art. 1 II nicht nur die Wechselbezüglichkeit von Individuum und Gemeinschaft zum Ausdruck, sondern auch die Spannungslage zwischen den Rechtswerten der Sozialgerechtigkeit („Gemeinschaft"), der Rechtssicherheit („des Friedens") und der Individualgerechtigkeit („Menschenrechte"). Die unverletzlichen und unveräußerlichen Menschenrechte werden als *Grundlage* „jeder menschlichen Gemeinschaft, des Friedens und der Gerechtigkeit in der Welt" zum Inhalt eines die Verfassung material legitimierenden Bekenntnisses gemacht. Damit ist der zitierte Überbau von Gemeinschaft, Frieden und Gerechtigkeit als dialektische Begrenzung der „Grundlage" in eine komplexe Wertvorstellung vom Gemeinwohl einbezogen.

Die Rechtsgerechtigkeit bedeutet aber nicht nur als Beschützerin der Individualrechte anderer eine Gemeinverträglichkeits-Schranke der subjektiven Menschenrechte[6] und als soziale Gerechtigkeit eine Einschränkung der Individualrechte zu Gunsten der Gemeinförderlichkeit, sie schließt auch jede unerträgliche Unangemessenheit staatlicher Hoheitstätigkeit aus. Daraus ergibt sich, daß die rechtsethischen Werte der Gerechtigkeit auch positiver Inhalt der von Art. 1 II garantierten Institution der Menschenrechte sind. Da Art. 3 GG zudem die staatliche Gewalt an allen vor dem geistigen Recht unerträglichen Handlungen hindern soll, gehört auch der material verstandene Gleichheitssatz zu den verfassungsfesten Grundlagen des Art. 1 II[7].

In diesem Zusammenhang hat das Sozialstaatsprinzip (Art. 20 I) seine Bedeutung. Es ist nämlich eine auf das Verhältnis von staatlicher Gemeinschaft und Individuum bezogene Ausformung des ethischen Prinzips[8], das in den Bereich der Rechtsethik hineinwirkt. Die ethische Sozialgerechtigkeit verlangt den Schutz des gesellschaftlich und wirtschaftlich Schwachen und eine entsprechende Einschränkung der Indi-

---

[6] Vgl. Art. 2 I und dazu *Menger*, Sozialer Rechtsstaat S. 25.
[7] BVerfGE 2, 1 (12 f.): „... rechtsstaatliche Herrschaftsordnung... unter Ausschluß jeglicher Gewalt- und Willkürherrschaft... auf der Grundlage ... der Freiheit und Gleichheit..." (Vgl. A. 4.).
[8] *Menger*, Sozialer Rechtsstaat S. 24 f., 27 ff.; zum folgenden S. 27 ff. — *Bachof*, Sozialer Rechtsstaat S. 42: Das Sittengesetz verlange eine „gemeinschaftsbezogene Gesinnung sozialer Gerechtigkeit". — *Scheuner*, Rechtsstaat S. 251: Sozialstaatsprinzip als „nähere inhaltliche Deutung der leitenden Gerechtigkeitsvorstellungen". — *Leibholz*, Strukturprobleme S. 131, sieht im Grundsatz des sozialen Rechtsstaates die Aufgabe des Gesetzgebers, „im Sinne des sozialen Ausgleichs nach den herrschenden Gerechtigkeitsauffassungen die widerstreitenden Interessen zu lösen". — BVerfGE 5, 85 (198) u. Walter O. *Schmitt*, Grundordnung S. 442: „soziale Gerechtigkeit". — Vgl. auch oben § 7, 5 Abs. 2.

§ 21 Der materiale Rechtsstaat am Beispiel der Bundesrepublik 165

vidualrechte anderer seitens des Staates[9], aber auch ganz allgemein die „Gemeinschaftsbezogenheit und Gemeinschaftsgebundenheit der Person", wobei der ethische Interessenausgleich gebietet, den Eigenwert der Person nicht anzutasten[10].

Ergibt sich somit aus der sozialethischen Staatszielbestimmung die „Aufgabe und Zuständigkeit" des Staates „zur Gestaltung der sozialen Ordnung" und eine Richtlinie für die Verfassungsinterpretation[11], so ist das nur die Betonung der gemeinschaftsbezogenen Seite des jedem materialen Rechtsstaat aufgegebenen Dienstes am Gemeinwohl (Art. 1 II)[12]. Das Gegenstück, die Aufgabe und Zuständigkeit des Staates zur Wahrung der „nur" ethischen (noch nicht rechtsethischen) Belange der Individuen und eine entsprechende Interpretationsanweisung ergeben sich als selbstverständlich aus der Garantie der Grundrechte.

Noch unzweifelhafter ist es auf dem Gebiet der sozialen Rechtsgerechtigkeit[13] — wo die ethischen Forderungen zu gebieterischer Stärke erwachsen —, daß das Sozialstaatsprinzip auch ohne ausdrückliche Betonung ein Bestandteil des Gemeingeistes wäre[14]. Von daher erklärt sich die Zusammengehörigkeit[15] der Sozialstaatsklausel als einer speziellen und des Gleichheitssatzes als einer generellen Bezugnahme auf den Ge-

---

[9] BVerfGE 5, 85 (206). — *Ipsen,* VVDStRL 12 (Aussprache) S. 122: „soziale Gerechtigkeit im Verhältnis der Staatsbürger untereinander" und „Abhilfe sozialer Bedürftigkeit durch staatliche Daseinsvorsorge". — E. R. *Huber,* Rechtsstaat S. 18 f., spricht von sozialer Gerechtigkeit nach „Sozialbedürftigkeit" und „Sozialwidrigkeit". — *Scheuner,* Rechtsstaat S. 261: „Hilfe für den sozial Schwächeren, Ausgleich der sozialen Spannungen in der Gesellschaft".
[10] BVerfGE 4, 7 (15 f.); BVerwGE Urt. v. 4. 11. 1965 — 1 C 6/63 — MDR 1966, 260. Hier geht es um die Betonung der sozialen Gerechtigkeit (vgl. oben § 7, 5 Abs. 2). In diesem Sinne sagt E. R. *Huber* (Rechtsstaat S. 7), der Sozialstaat gewährleiste das Gesamtwohl. — Gegen den Wohlfahrtsstaat als ungerechte Freiheitsbeschränkung: *Menger,* Sozialer Rechtsstaat S. 30; — vgl. auch *Leibholz,* Strukturprobleme S. 131. — Im gleichen Sinn zugunsten der Eigenverantwortung: *Pastoralkonstitution,* Abschnitt 75 S. 95.
[11] *Ipsen,* Enteignung S. 74, 85; — ebenso *Bachof,* Sozialer Rechtsstaat S. 43. — Hierher gehört das institutionelle Verständnis von Grundrechten, z. B. der Meinungsfreiheit (*Smend,* Meinungsäußerung S. 50).
[12] Art. 3 *BayVerf.* v. 2. 12. 1946 (GVBl. S. 333) lautet: „(Staatsform) Bayern ist ein Rechts-, Kultur- und Sozialstaat. Er dient dem Gemeinwohl." — E. R. *Huber,* Wirtschaftsverwaltungsrecht S. 46 u. 200, sieht in Art. 1, 2 u. 20 GG mit Recht ein „Gleichgewicht von individueller Freiheit und sozialer Bindung" verankert. — Vgl. *Salomon,* Sozialer Rechtsstaat S. 32. — Vgl. oben § 8, 1 zum rechtsethischen Gemeinwohl.
[13] *Leibholz,* Strukturprobleme S. 131: Dem Gesetzgeber sei es verwehrt, sich seiner Verpflichtung zur Daseinsvorsorge in einer das Prinzip des sozialen Rechtsstaates „gröblich mißachtenden Form" zu entziehen. — BVerfGE 1, 97 (105). — Vgl. oben § 7, 3, besonders bei A. 57.
[14] Vgl. *Bachof,* Sozialer Rechtsstaat S. 41, S. 44: Der Rechtsstaat als Staat materieller Gerechtigkeit müsse auch ein Staat sozialer Gerechtigkeit sein. — Vgl. *Scheuner,* Rechtsstaat S. 258, 261.
[15] Vgl. *Ipsen,* Gleichheit S. 176.

meingeist. Das sozialstaatliche Verständnis des Gleichheitssatzes sieht in ihm auch die soziale Rechtsgerechtigkeit enthalten[16].

Auf die unverletzlichen Menschenrechte und auf die in ihnen zum Ausdruck kommenden[17], unabdinglichen Rechtswerte verpflichtet das Grundgesetz alle staatliche Gewalt, einschließlich der Gesetzgebung (Art. 1 I bis III). Die gleichen Rechtswerte sind in Art. 20 III mit der Bindung von vollziehender Gewalt und Rechtsprechung an das übergesetzliche Recht[17][18] erfaßt und mit der Bindung der Gesetzgebung an die verfassungsmäßige Ordnung. Zum übergesetzlichen Recht und zur verfassungsmäßigen Ordnung gehören im übrigen auch die Verweisungen des Art. 1 und des Sozialstaatsprinzips auf die unverletzlichen Rechtswerte der Sozialgerechtigkeit. Andrerseits dürfte das richterliche Prüfungsrecht bezüglich der Verfassungsmäßigkeit der Gesetze heute so eng mit der Bindung des Gesetzgebers an die Verfassung zusammenhängen[19], daß es zum rechtsstaatlichen Kernbereich des Art. 79 III zu rechnen ist.

Damit ist der Nachweis geführt, daß das Grundgesetz einen materialen Rechtsstaat konstituiert, indem es alle staatliche Gewalt an die überstaatlichen Rechtswerte bindet[20], die Wahrungen des Gemeinwohls zum Staatsziel erklärt und die entsprechende Richtigkeit aller Staatstätigkeit durch ein System der Kontrollen und Gegengewichte zu sichern sucht.

Es ist allerdings die Frage, ob die erwähnte formale Kontrollfunktion des Wahlvolkes ausreicht, um dem Verfassungsprinzip gerecht zu werden, daß alle Staatsgewalt vom Volke ausgeht (Art. 20 II 1).

3. Die Volkssouveränität

Art. 20 II stellt dem Ausspruch, daß die Staatsgewalt vom Volke ausgeht, die Art der *Ausübung* der Staatsgewalt gegenüber. Die Ausübung erfolgt im echten Repräsentativsystem des Grundgesetzes durch Abgeordnete und Regierungsmitglieder, die während ihrer Amtszeit im Rahmen des Rechts frei walten dürfen und erst durch die Abberufung mittels einer Wahl von der Aktivbürgerschaft zur ethischen Verantwortung gezogen werden sollen. Von einer *Ausübung* der Staatsgewalt durch das

---

[16] Vgl. E. R. *Huber*, Rechtsstaat S. 18.

[17] *Maunz-Dürig*, Komm. Art. 20 RNr. 72: „Die Grundrechte realisieren gleichzeitig ‚Gesetz' und ‚Recht' und haben ‚Positivität mit Wertgehalt'."

[18] *Maunz*, Staatsrecht § 10 II 3 d S. 64; — *v. Mangoldt-Klein*, Komm. Art. 20 VI 4 f. S. 603; — *BGHZ* 3, 308 (315), 17, 266 (276).

[19] Vgl. oben § 19 bei A. 8.

[20] *Küchenhoff*, Staatslehre S. 78 f.; — *Maunz-Dürig*, Komm. Art. 20 RNr. 59.

Volk kann man ernstlich nur im System der unmittelbaren Demokratie sprechen[21].

Art. 20 II 1 muß also etwas ganz anderes heißen als die radikaldemokratische Formel von der unteilbaren und unveräußerlichen Volksherrschaft[22], die mit der Vorstellung von der Identität des Parlaments, der Aktivbürgerschaft und der Volksgesamtheit einhergeht[23]. Hans *Huber* nennt es eine Irrlehre, daß die Volkssouveränität bedeute, das Volk solle und könne sich ausschließlich selbst regieren und die Behörden (einschließlich Regierung und Parlament) hätten nur den jeweiligen Volkswillen zu erforschen und zu vollziehen[24].

Diese Lehre entspricht ganz gewiß nicht der abendländischen Tradition. Cicero z. B. hat das Gemeinwesen zwar als Sache des Volkes bezeichnet. Er sagt aber, ein Volk in diesem Sinne gebe es nur, wo die Menschen „consensu iuris" vereinigt seien[25]. In der Demokratie sei ein Volk, welches das Recht nicht anerkenne, ein Tyrann, nicht anders als ein tyrannischer König. Dann sei nicht nur ein fehlerhaftes, sondern überhaupt kein Gemeinwesen (res publica) vorhanden. Cicero versteht unter „Volk" also die Rechtsgemeinschaft, die ein höheres Recht an-

---

[21] Mit Recht heißt es daher in der *sächsischen Verfassung* vom 28. 2. 1947 (GVBl. S. 103):

Art. 2

(1) Alle Staatsgewalt geht vom Volke aus, wird *durch das Volk ausgeübt* und hat dem Wohle des Volkes zu dienen.
(2) Das Volk verwirklicht seinen Willen durch die Volksvertretungen, *durch Volksbegehren und Volksentscheid*, durch die Mitwirkung an Verwaltung und Rechtsprechung und durch die umfassende Kontrolle der öffentlichen Verwaltungsorgane. (Hervorhebungen durch den Verfasser.)

[22] Art. 25 der Menschen- und Bürgerrechte in der *franz. Verfassung* von 1793 (Duguit-Monnier, Constitutions S. 62: „La souveraineté réside dans le peuple; elle est une et indivisible, imprescriptible et inaliénable.") folgt Rousseaus radikaldemokratischer Lehre. Vgl. hier oben § 15, 2 bei A. 40 und 62.

[23] Vgl. aber die Auslegung des Art. 1 II WV oben § 17, 1 bei A. 5. — Der grundlegende Unterschied zwischen dem radikaldemokratischen (Weimarer) und dem repräsentativdemokratischen Verständnis der mittelbaren Demokratie wird heute noch verkannt von *Maunz*, Komm. Art. 20 RNr. 30: Die Kontroverse über die Identität von Regierenden und Regierten beruhe „wohl mehr auf terminologischen Differenzen" als auf unterschiedlichen Auffassungen. — Wie im Text dagegen: *Hesse*, Parteien S. 19 f.

[24] Hans *Huber*, Demokratie S. 18 mit S. 22, vgl. auch Niedergang S. 62 f. In diesem Sinne *Hennis*, Amtsgedanke S. 54 betr. die repräsentative Demokratie. — Hans *Schneider*, Volksabstimmungen S. 164, lehnt das Souveränitätsdogma des Demokratismus ab.

[25] *Cicero*, De re publica I 25 § 39 mit III 33 § 45 (auch zum folgenden), zusammengefaßt in III 31 § 43: „Ergo illam rem populi, id est rem publicam, quis diceret tum cum crudelitate unius oppressi essent universi, neque esset unum vinculum iuris nec consensus ac societas coetus, quod est populus?" („Wer hätte jenes also ein Gemeinwesen, d. h. die Sache des Volkes nennen können, damals, als alle durch die Grausamkeit *eines* Mannes unterdrückt waren und es nicht das eine Band des Rechtes noch Einverständnis und Verbundenheit der Gemeinschaft gab, was erst ein Volk macht?").

erkennt, das nicht zu ihrer freien Disposition steht[26]. Die positiv zu bewertende Staatsform der Volksherrschaft setzt deshalb bis zur französischen Revolution die gute und gerechte Lenkung des Staates voraus[27].

In Art. 3 der Menschen- und Bürgerrechtserklärung am Anfang der französischen Verfassung von 1791 hieß es noch: „Das Prinzip aller Souveränität ruht seinem Wesen nach in der Nation[28]." Das „principium" im Sinne von Anfang und Ziel sowie das „Wesen" der Souveränität bedeuten inhaltliche Anforderungen an die Herrschaft. Auch der Begriff der Nation weist in den geistigen Bereich[29]. Man sagt daher zur Erläuterung der Volkssouveränität im Repräsentativsystem, das Volk sei der ideelle Träger der Staatsgewalt[30], und zwar das Volk in seiner Gesamtheit, im Gegensatz zu dem Staatsorgan „Volk", das als Aktivbürgerschaft zur Wahl schreitet[31].

Damit ist zugegeben, daß das material rechtsstaatliche Prinzip der Staatsgewalt nicht in der Herrschaft des psychischen Mehrheitswillens des politisch handlungsfähigen Volkes besteht[32]. Das wäre ja auch nur die Auswechslung des unbeschränkten Herrschers (Volksmehrheit statt Herrschaftsgruppe oder Einzelherrscher) innerhalb eines gleichbleibenden Systems der Willenssouveränität (Stat pro ratione voluntas)[33].

Im materialen Rechtsstaat dagegen steht die „Souveränität des Rechts" über den in die formale Rechtsstaatlichkeit einbezogenen demokratischen

---

[26] Vgl. *Cicero*, aaO III 22 § 33: Die richtige Vernunft sei das wahre Gesetz, dessen Erfinder aber sei Gott.

[27] So faßt *Augustinus* mit Recht die Ansicht Ciceros zusammen: De civitate Dei II 21, zit. nach der Cicero-Ausgabe aaO S. 238.

[28] „Le principe de toute souveraineté réside essentiellement dans la Nation." *Duguit-Monnier*, Constitutions S. 1.

[29] *Meinecke*, Nationalstaat S. 7 f.: „politisches Gemeingefühl"; — Carl Schmitt, Verfassungslehre S. 231: „politisches Sonderbewußtsein"; — *Imboden*, Souveränitätslehre S. 25: „Instanz des Gewissens". — Es dürfte sich um eine Erscheinung des objektiven Geistes handeln.

[30] *Imboden*, Systeme S. 17; — *Friauf*, Problematik S. 312.

[31] *Wernicke* in Bonner Komm. Art. 20 A. II 2 b; — v. Mangoldt-Klein, Komm. I Art. 20 A. V 4 c, d; — *Maunz*, Komm. Art. 20 RNr. 49.

[32] A. A.: *Leibholz*, Strukturprobleme S. 146 f., mit der These vom Parteienstaat als Surrogat der direkten Demokratie und von der demokratisch-egalitären Legitimität des Mehrheitsprinzips (S. 151).

[33] Man sollte es daher terminologisch scharf hervorheben, wenn man von der im Grundgesetz nicht gemeinten, radikal-demokratischen Volkssouveränität spricht. Letztere haben z. B. im Auge: *Jesch*, AöR 85 (1960) S. 472 ff. (474): „rechtsstaatlich begrenzte Volkssouveränität"; — *Hesse*, Rechtsstaat S. 76: Art. 79 III behaupte „den Vorrang der Verfassung selbst gegenüber dem Prinzip der Volkssouveränität"; — Peter *Schneider*, Verfassungsinterpretation S. 29: Der souveräne Wille des Volkes sei Willensakt und zunächst Herrschaftsmacht; — *Hennis*, Amtsgedanke S. 54; — *Menger*, Rechtsstaat S. 771.

§ 21 Der materiale Rechtsstaat am Beispiel der Bundesrepublik

Einrichtungen[34]. Das kommt verfassungstheoretisch am deutlichsten in der Feststellung des Bundesgerichtshofes zum Ausdruck, daß „die verfassungsmäßige Ordnung eines Rechtsstaates die Bindung auch des Verfassungsgesetzgebers an die unabdingbaren Gebote der Gerechtigkeit voraussetzt"[35]. In der Praxis steht uns die richterliche Prüfung der Gesetze auf ihre Verfassungsmäßigkeit vor Augen. Diese negative, begrenzende Auswirkung des materialen Rechtsstaates könnte zu einem Rückfall in das radikaldemokratische Denken verleiten, mit dem sich die verführerische Vorstellung von der Prärogative schöpferischer politischer Dynamik verbindet.

Dabei ist die in jedem Staat notwendige politische Dynamik gar nicht an das Vorhandensein demokratischer Einrichtungen gebunden. Sie ist etwas spezifisch Staatliches, mit dem es jede Staatsform zu tun hat, auch der materiale Rechtsstaat[36].

Es hat sich hingegen als gefährlich erwiesen, das staatsformende Prinzip allein in der Demokratie zu sehen und im Rechtsstaat nur ein modifizierendes Moment[37], das mit dem Odium belastet ist, ein Hemmschuh zu sein. Darum kehrt auch Werner *Kägi* das Verhältnis bewußt um und setzt im demokratischen Rechtsstaat den Akzent auf den Rechtsstaat[38], dessen Relativierung er zur Absolutsetzung der Demokratie führen sieht[39].

Dem scheint die Verfassungspraxis in der Bundesrepublik zu widersprechen, in der die richterlich unkorrigierte Gesetzgebung durch Mehrheitsbeschluß die Regel darstellt. Der staatstheoretische Souveränitätsbegriff ist aber, wie Carl *Schmitt* mit Recht bemerkt hat, am Grenzfall orientiert und nicht am Normalfall. Auf dem Boden der Theorie des materialen Rechtsstaates würde Carl Schmitts berühmte Formulierung:

---

[34] *Menger*, Rechtsstaat S. 771. — Vgl. *Maunz*, Staatsrecht § 10 II 3 S. 66. — Mit Recht stellt Carl *Schmitt*, Politische Theologie S. 13 fest, die Tendenz der modernen rechtsstaatlichen Entwicklung gehe darauf aus, den Souverän mit der absoluten Dezisionskompetenz „zu beseitigen". — Vgl. dazu oben § 17, 2 a. E. — *Imboden*, Souveränitätslehre, meint zwar, Souveränität verleihe die Rechtsidee (S. 23) und das komme im Begriff des Rechtsstaates zum Ausdruck (23 f.); Souveränität aber spricht er nur der Verfassung zu, der Ordnung, welche die Prinzipien der Rechts- *und* der Machtsouveränität in sich aufnehme (26 f. mit 21). — Vgl. oben § 3, 3 a. E. zu *Krabbes* Souveränität eines rein psychischen Rechtsbewußtseins.
[35] *BGHZ* 11, Anh. 34 (41 f.).
[36] A.A.: *Hesse*, Rechtsstaat S. 93.
[37] Vgl. Carl *Schmitt*, oben § 14, 1 Abs. 3.
[38] *Kägi*, Rechtsstaat S. 141. — *Hessdörfer*, Rechtsstaat S. 123: „Das Grundgesetz wollte weder eine totalitäre noch eine formale Demokratie, es wollte einen demokratischen Rechtsstaat." — Hans *Huber*, Niedergang S. 62 f.: „den Rechtsstaat ergänzende institutionelle Demokratie".
[39] *Kägi*, aaO S. 132.

„Souverän ist, wer über den Ausnahmezustand entscheidet"[40] lauten: „Souverän ist der Maßstab, an den selbst die Entscheidung im Ausnahmezustand normativ gebunden ist." Der Gegensatz zwischen absoluter Dezision im Zeichen der Staatsräson (Souveränität einer Machtinstanz) und normativer Bindung[41] im Zeichen des rechtsethischen Gemeinwohles (Souveränität einer geistigen Kraft) ist unverkennbar. Dementsprechend weisen *Maunz* und *Dürig* daraufhin, daß die Vermutung der Richtigkeit des förmlichen Gesetzes im materialen Rechtsstaat widerlegt werden könne. Es heißt dann wörtlich: „Theoretisch und dogmatisch ist ... die materielle Komponente des Rechtsstaats die konstituierende Komponente, und das formale Prinzip von der Maßgeblichkeit des förmlichen Gesetzes ist immer nur Folge und Reflex aus der materiellen Wertbegründetheit des Rechts[42]."

Findet man es zudem in der deutschen Staatslehre bereits erwägenswert, die Rechtsstaatlichkeit des Grundgesetzes zur Staatsform zu rechnen und sieht man die Rechtsstaatsidee vom unpolitischen Formprinzip fortstreben[43], so brauchen wir dem bereits Gesagten nur noch wenig hinzuzufügen.

Weder die formale noch die materiale Seite des Rechtsstaates lassen sich heute als bloße Grenze der Politik verstehen[44], da die rechtliche Form dem Staat Stetigkeit und Unparteilichkeit verschafft[45] und die rechtsethisch richtige Politik an einem inhaltlichen Wert teilhat, der die Staatsmacht über den Rechtssicherheitswert hinaus legitimiert[46]. Die erforderliche Öffnung des positiven Rechts zum ethischen Volksgeist und seine Bindung an die Rechtsethik verlangen gleichzeitig die Wirksamkeit der öffentlichen Meinung[47], nicht zuletzt über die Parlamentswahl. In diesem Rahmen wird der Politik — bei aller menschlichen Un-

---

[40] Carl *Schmitt*, Politische Theologie S. 11, auch zum vorstehenden.

[41] Vgl. *Kägis* Kritik an Carl Schmitt: Rechtsstaat S. 111. — *Marcic*, Rechtsstaat S. 67: Die Staatsräson sei der Rechtsräson im Rechtsstaat eingeordnet.

[42] *Maunz-Dürig*, Komm. Art. 20 RNr. 60; — ebenso *Menger*, Rechtsstaat S. 769 r. Sp.

[43] *Maunz*, Staatsrecht § 10 II 3 nach g, S. 64 f. — *v. Mangoldt-Klein*, Komm. Art. 20 II 1 sehen im Rechtsstaat (wie in der Demokratie) eine nähere Umschreibung der Staatsform; — ähnlich wohl *Scheuner*, Rechtsstaat S. 232: „politisches Formprinzip", und *Hesse*, Rechtsstaat S. 88: „wesentliches Element der Konstituierung heutiger Staatlichkeit".

[44] *Hesse*, Rechtsstaat S. 88 f.

[45] *Hesse*, aaO S. 89.

[46] Vgl. *Krabbe*, Rechtssouveränität S. 195: „das Recht erzeugt das Machtverhältnis"; — *Hesse*, Parteien S. 32 betr. die Grundrechte.

[47] *Krabbe*, Rechtssouveränität S. 170, fordert die stete Fühlung des Gesetzgebers mit dem „Rechtsurteil der Volksgenossen". — *Schindler*, Rechtsstaat S. 164: Die Verfassung soll den Wünschen des Volkes Geltung verschaffen und die Gerechtigkeit des positiven Rechts gewährleisten. — *Hesse*, Parteien S. 20 A. 25: „Legitimität eines offenen Verfassungssystems".

vollkommenheit — ein Schöpfungsakt ermöglicht, den die radikale Demokratie mit ihrer Identitätsidee vergeblich vorzubereiten gesucht hat: die Versöhnung von Herrschaft und Freiheit. Die daraus hervorgehende, im Sinne des rechtsethischen Gemeinwohls als gerecht empfundene und ethische Gemeinwohlvorstellungen repräsentierende Ordnung ist die einzige, der man es nachzusehen vermag, daß man ihr gehorchen muß. Sie macht den Untertan zum Bürger[48].

Damit erhält die in Art. 20 II 1 ausgesprochene „Legitimitätsgrundlage der bestehenden Verfassungsordnung"[49] ihren material rechtsstaatlichen Sinn. Im republikanischen Repräsentativsystem kann die Staatsgewalt nur im Dienst des Gemeinwohls legitim sein[50]. Das die Staatsgewalt legitimierende Gesamtvolk ist also die „politisch ideelle Einheit" und die „konkrete geistige Ganzheit"[51], welche Träger der geltenden Gemeinwohlvorstellungen[52] ist. Wir haben sie als objektiven Volksgeist bezeichnet. Die im objektiven Volksgeist enthaltene Wertordnung[53] ist der Gegenstand der Repräsentation und das legitimierende Prinzip in der Bundesrepublik Deutschland und ganz allgemein in der westlichen Staatsform der Republik.

4. Die republikanische Legitimation

Wir kommen damit zu einer Synthese. Die materiale Legitimation geht nicht aus einem System rein heteronomer, rationaler oder religiöser Werte hervor, für die absolute Geltung beansprucht werden müßte. Als inhaltlicher Wert wird vielmehr von vornherein nur derjenige anerkannt, der Überzeugungs- und Bindungskraft entfaltet, weil er nicht nur vernünftig erscheint, sondern sich auch auf lange Sicht im Licht der

---

[48] E. *Kaufmann*, Demokratie S. 27. — Vgl. *Burke*, oben § 15 in A. 58.
[49] *Fraenkel*, Strukturdefekte S. 67; — *Wernicke* in Bonner Komm. Art. 20 A. II 2 b; — Wilhelm *Merk*, VVDStRL 20 (Tagung 1961) Aussprache S. 113: Auslegungsmaßstab. — Unklar bleibt die Äußerung von *Maunz*, Komm. Art. 20 RNr. 47, die Macht des Volkes habe nach Art. 20 II 1 keinen absoluten Charakter, schließe also die Bindung an Sittenordnung und Naturrecht nicht aus.
[50] Vgl. hier oben § 17, 2 und 3. — Zur Legitimierungsfunktion des materialen Rechtsstaates vgl. oben § 18 A. 9.
[51] Vgl. zu diesen von *Wernicke* aaO zustimmend zitierten Äußerungen von *Leibholz* oben § 17, 2 bei A. 28.
[52] *Imboden*, Systeme S. 23 ff., S. 28: Im Repräsentativsystem ist das souveräne Volk der Inbegriff des Gemeinwohls. — Ähnlich *Hesse*, Parteien S. 19 f.: Legitimierend wirke die Herrschaft „für das Volk", nicht die Herrschaft „des Volkes".
[53] Ähnlich Herbert *Krüger*, Verfassungsauslegung: Art. 20 II 1 sei repräsentativ zu verstehen, unter Berücksichtigung des bessernden Sinnes der Repräsentation (S. 685); der gegenwärtige Verfassungsgeber sei in allgemeingültigen Maßstäben zu suchen (S. 687 ff.). — Offenbar sieht auch *Laun*, Mehrheitsprinzip S. 192 ff. in der Volkssouveränität die durch die volonté générale zum Ausdruck kommende ethische Ordnung der repräsentativen Demokratie.

Öffentlichkeit praktisch bewährt hat. Das überwiegend heteronome Moment der Vernünftigkeit wird also im Sinne Ciceros mit der überwiegend autonomen Akzeptierung durch den Volksgeist verbunden. Letztere unterscheidet sich von der radikaldemokratischen Dezision durch die zeitliche Abklärung, welche punktuelle Augenblicksentschlüsse vermeidet und es ermöglicht, die Probleme in ihren umfassenden Zusammenhängen und Auswirkungen zu beurteilen.

Die zeitliche Abklärung bewirkt, daß die Zustimmung des Volksgeistes zu einer bestimmten Wertvorstellung die Legitimierungsfaktoren der Vernunft und der Tradition[54] mit der Teilnahme des Volkes an der Herrschaft verbindet. Im objektiven Volksgeist trifft sich die materiale Wertordnung, die „der Idee nach allen frommt"[55], mit der zeitlich andauernden Zustimmung der großen Mehrheit des Volkes. Damit sind Ursprung und Ziel des Staates im Sinne eines Prinzipes vereinigt: *Aristoteles* sagt, die Gemeinschaftlichkeit der Ideen vom Guten und Gerechten begründe den Staat und das Gerechte in Gestalt des Gemeinwohles sei das höchste Ziel der Staatskunst[56].

Wir können nunmehr die Frage bejahen, ob der materiale Rechtsstaat eine stärkere Legitimation biete als die radikaldemokratische Willenssouveränität. Die vom Volksgeist hervorgebrachte und getragene objektive Wertordnung ist für das heutige abendländische Denken der radikaldemokratischen Dezision überlegen, auch wenn oder gerade weil diese sich mit dem charismatischen Legitimierungsfaktor[57] zu verbinden pflegt[58]. Obgleich die Teilhabe des Volkes an der objektiven geistigen Ordnung einem demokratischen Legitimierungsbedürfnis entgegenkommt, darf man die hier fragliche Legitimation nicht als eine demokratische bezeichnen[59], weil sie eben nicht aus einer momentanen, formalen Mehrheit egalitär summierter Individualentscheidungen hervorgeht — nicht aus *voluntas* sondern aus *ratio*.

---

[54] Max *Weber*, Gesellschaft S. 124 ff. (wo im Rahmen der rationalen Legitimität allerdings das Hauptgewicht auf der formalen Legalität liegt) und S. 130 ff. — Vgl. dazu *Imboden*, Staatsformen S. 61 ff.
[55] *Imboden*, Systeme S. 24.
[56] *Aristoteles*, Politik I 2 1253 a Abs. 2 und III 12 Abs. 1.
[57] Max *Weber*, Gesellschaft S. 140 ff.
[58] Vgl. hier oben § 17, 1 a. E.
[59] Diejenigen Autoren, die eine gleichgewichtige wechselseitige Abhängigkeit von Demokratie und Rechtsstaat annehmen, erfüllen den Demokratiebegriff mit inhaltlichen Werten, die sich nur aus dem Gemeingeist herleiten lassen: *Bäumlin*, Demokratie S. 17 ff. u. 96, nennt die Gemeinsamkeit der Überzeugungen „Demokratie im soziologischen Sinne". *Hesse*, Rechtsstaat S. 92, sieht den Rechtsstaat durch die Demokratie in Gestalt einer „freiheitlichen politischen Ordnung" bedingt. Hier liegt der inhaltliche Wert im „Freiheitlichen" der Demokratie, in dem man ja gerade das material Rechtsstaatliche ausgedrückt findet. Ähnlich schreibt *Hesse*, aaO S. 93, der Demokratie „die im politischen Prozeß gewonnene Einheit" zu. Diese wird aber sicher auch vom objektiven Geist getragen.

§ 21 Der materiale Rechtsstaat am Beispiel der Bundesrepublik 173

Andererseits bedeutet auch der voluntaristische Freiheitsgedanke heute eine Quelle wirksamer und wesentlicher Verfassungsvorstellungen, die eine reine Aristokratie oder Einherrschaft entschieden ablehnen[60]. Das demokratische Element formaler Mehrheitsentscheidungen durch Wahlen ist daher unabdingbarer Bestandteil[61] eines ausbalancierten Systems der Kontrollen und Gegengewichte. Es ist aber kein Selbstzweck, sondern steht im Dienst der materialen Richtigkeit des Staatshandelns. Das hier dargestellte Mischsystem im Sinne der antiken Einteilung haben *Aristoteles* und *Cicero* in einem deutlichen Gegensatz zur „Demokratie" gesehen, weil es auch aristokratische und monarchische Züge trägt. Um zu unterstreichen, daß sie es für den idealen Staat hielten, haben sie ihm keinen anderen Namen gegeben als schlechthin „Staat" oder „Gemeinwesen" (bei Cicero: „res publica")[62]. Daran könnte man heute anknüpfen.

Der staatstheoretische Begriff des „materialen Rechtsstaates" hat nämlich Nachteile. Er bezeichnet für den Außenstehenden nur den objektiven *Rechts*geist, obwohl es auch auf den allgemeinen ethischen *Volks*geist ankommt. Die vorliegende Arbeit hat zwar die Antithese zwischen der radikaldemokratischen und der material rechtsstaatlichen Staatsform mit der Unvereinbarkeit der bindungslosen politischen Entscheidungsfreiheit und der rechtsethischen Bindung aller Staatsgewalt begründet, weil dieses Argument am sinnfälligsten und überzeugendsten ist. Es ist aber auch gezeigt worden, daß die Rechtsethik nur ein Ausschnitt aus der Ethik ist, der sich mit dieser wandelt, und daß der Rechtsstaat auch der Ethik Rechnung tragen muß.

Hinter der Forderung nach der materialen Richtigkeit der Politik steht nicht nur das Bedürfnis nach Rechtsgerechtigkeit, sondern auch das Ver-

---

[60] *Cicero*, De re publica II 23 § 43 und I 27 § 43: Selbst in der gerecht geleiteten Monarchie oder Aristokratie fehle dem Volke die Freiheit, die in der Teilhabe an der Macht bestehe. — *Schindler*, Rechtsstaat S. 165, hält die „subjektive Zumutbarkeit des Rechts" für einen Grundgedanken des materialen Rechtsstaates, der neben der Gewähr für die objektive Richtigkeit des Rechts zu beachten sei. Es sei also eine Willenseinigung herbeizuführen.

[61] *Aristoteles*, Politik III 11 Abs. 4, hält den Ausschluß des Volkes von allen Ehrenrechten für gefährlich; — *Cicero*, aaO IV 8 § 8 und I 45 § 69, meint, man könne dem Volke eine gewisse Rechtsgleichheit bei der Willensbildung nicht vorenthalten. — *Friesenhahn*, Grundlagen S. 242: Volksgewähltes Parlament ist wesentlicher Bestandteil des Rechtsstaates; — ebenso: *Schrader*, Recht S. 242.

[62] Vgl. oben § 17 in A. 64. — *Cicero*, De re publica I 45 § 69, macht deutlich, daß die gemischte Verfassung weniger als die reinen Formen (vgl. aaO I 26 § 42, 27 § 43, 28 § 44) in Gefahr sei, in die Tyrannei des einzelnen, der Clique oder der Masse umzuschlagen. — *Schindler*, Rechtsstaat S. 166 f., erkennt den Zusammenhang der gemischten Staatsform mit dem Ausgleich von Freiheit und Autorität.

langen nach ethischer Richtigkeit[63]. Die Rechtskontrolle durch die Gerichte beschränkt sich aber auf die Einhaltung der rechtsethischen Forderungen und derjenigen ethischen Normen, die in das positive Recht eingehen oder auf die es Bezug nimmt. Darin äußert sich die Tatsache, daß das rechtsethische Gemeinwohl eine Garantie des freien Spielraums sowohl für das Individuum wie für die politischen Kräfte enthält, ohne den beide ihre Aufgaben für die Gemeinschaft nicht erfüllen könnten. Zum materialen Rechtsstaat gehört eine Rechtsethik (und ein positives Recht), welche die verantwortungsbewußte Freiheit des personalen Geistes und der persönlichen Initiative grundsätzlich billigt und ermöglicht[64].

Die über den rechtlichen Bereich hinausgehende Bindung der Politik an den ethischen Gemeingeist erfolgt im materialen Rechtsstaat durch die *ethische* Kontrolle der Staatsgewalten Regierung und Gesetzgebung im System der Kontrollen und Gegengewichte. Auf diesem Gebiet ist die Gerichtsbarkeit nicht beteiligt, weil es die Domäne der schöpferischen Anpassung an neue Verhältnisse und der Verwirklichung neuer Ideen ist. Hier kommt es also nicht in erster Linie auf den konservativen Rechtsgeist an, und hier kann sich der materiale Rechtsstaat auch soziale Experimente leisten, weil sie durch den Rechtsgeist auf den Bereich beschränkt sind, in dem lebenswichtige Interessen des Gemeinwohls nicht berührt werden. Zeigt sich in der Rechtsethik vor allem die Kontinuität des objektiven Geistes, so tritt in der Ethik die Elastizität und Offenheit hervor, die zugleich für die Fortbildung des Rechtsgeistes und des Rechts sorgt.

Was wir über die Rolle des objektiven und personalen Geistes gesagt haben (oben § 6, 4), findet bezüglich des ethischen Gemeingeistes seinen Ausdruck im Wechselspiel zwischen Volk, Parlament und Regierung, wobei eine aufsteigende Repräsentation des Gemeinwohls durch eine personale Kennerschaft stattfinden soll. Die Technik der Ämter auf Zeit ermöglicht die Entfaltung eines eigenständigen personalen Geistes in den Ämtern, der die ihm obliegende Führungsrolle übernehmen kann.

Das gilt speziell im Verhältnis von Parlament und Regierung, was in der Theorie des materialen Rechtsstaates zunehmende Beachtung findet[65]. Im Grunde besteht nur für den Regierungschef und die Mini-

---

[63] Vgl. die Forderungen einer ethischen Politik in Verbindung mit der westlichen Demokratietheorie, oben § 16 Abs. 2. — *Scheuner*, Wesen S. 259. — *Holstein*, Staatsrechtswissenschaft S. 40: Im materialen Rechtsstaat bejahen wir „Staat und Recht nicht nur als Form, sondern auch als ethische Inhalte...".

[64] Vgl. Hans *Huber*, Niedergang S. 87.

[65] Hans *Huber*, Demokratie S. 31 ff., 24. — *Amery*, Constitution S. 19 ff.; vgl. auch S. 30: Die Minister sind nicht nur gegenüber der Mehrheit des Parlaments verantwortlich, sondern haben die umfassenderen nationalen und imperialen Interessen zu verteidigen.

ster eine persönlich fixierbare Verantwortlichkeit, die einer repräsentativen personalen Führung entspricht und am besten unter dem Mehrheitswahlrecht von der Aktivbürgerschaft geltend gemacht werden kann. Die Überschätzung des Parlaments und die Unterschätzung der Führungsrolle der Regierung ist ein Relikt des auf das Parlament übertragenen radikaldemokratischen Identitäts- und Willensdogmas. Mit der Verabsolutierung der parlamentarischen Mehrheitsentscheidung wird andererseits verkannt, daß alle Herrschaft vom objektiven Volksgeist getragen werden muß. Worum es geht ist nicht die Vergrößerung der Entscheidungszuständigkeit, sondern der Kontrollmöglichkeit von unten nach oben, also auch z. B. im Verhältnis von Parlament und Regierung[66]. Das setzt den „offenen Stromkreis"[67] zwischen dem Volk und allen Staatsorganen voraus, der die Staatsangelegenheiten zur gemeinsamen Sache der Bürger, zur res publica[68], macht.

Der so vom Gemeingeist getragene, materiale Rechtsstaat läßt sich am umfassendsten und symbolkräftigsten als *Republik* bezeichnen[69]. Das ist auch die zusammenfassende Staatsformbezeichnung, die das Grundgesetz in den Namen des deutschen Staates aufgenommen hat[70]. Der Bedeutungswandel im Vergleich zur Weimarer Verfassung braucht dabei nicht zu stören. Sie nannte den deutschen Staat „Deutsches Reich" und enthielt viel radikaldemokratisches Gedankengut. Heute stehen für die Staats-

---

[66] *Scheuner*, Demokratie S. 231 f.: Der Legislative falle „mehr die Kontrolle und die richtungweisende Gesetzgebung, nicht die tägliche Entscheidung" zu (232). Vgl. *Scheuner*, Regierung S. 283 f. — *Amery*, Constitution S. 20 A. 2, zitiert zustimmend John Stuart *Mill*, Representative Government: „Instead of the function of governing, for which it is radically unfit, the proper office of a representative assembly is to watch and control the government..." Nur so könnten die Wohltaten der Volkskontrolle zusammen mit den nicht weniger wichtigen Erfordernissen einer „skilled legislation and administration" genossen werden.

[67] *Loewenstein*, hier oben § 13, 3 bei A. 27. — *Häberle*, Staatslehre S. 394: Einheit in der Offenheit zur sozialen Wirklichkeit.

[68] *Jahrreiß*, Demokratie S. 95; — *Thoma*, Reich S. 186 f.: „Der positive und ursprüngliche Sinn des Wortes begreift den Staat als eine res publica, als ein Gemeinwesen, an dem alle Bürger teilhaben, in dem jede Herrschaft zum Dienst an den Gliedern, jedes Glied zum Dienst am Ganzen verbunden gilt." — *Kägi*, Entwicklung S. 213, verbindet das „res publica"-Bewußtsein mit den ethischen Grundlagen der Freiheit.

[69] Vgl. oben § 17, 3 in und bei A. 64. — Die Funktion eines komplexen Staatsformbegriffes, eine integrierende Wirkung auszuüben, verkennt *Dürig*, Komm. Art. 20 RNr. 2. — *Häberle*, Staatslehre S. 389, fordert einen inhaltlich bestimmten Republikbegriff.

[70] Die andere Zusammenfassung, die Bezeichnung als „freiheitliche demokratische Grundordnung" (Art. 18, 21 II, 91 I GG), meint nichts anderes; insbesondere umfaßt sie die „wertgebundene" „rechtsstaatliche Herrschaftsordnung" (BVerfGE 2, 1 S. 12; vgl. Walter O. *Schmitt*, Grundordnung S. 435 f.; die a. A. bei *Ridder*, Gewerkschaften S. 13 ff., scheint mir im wesentlichen terminologisch bedingt zu sein). Der Mindestinhalt der freien dem. Grundordnung wird in Art. 79 III GG garantiert (*Schmitt*, aaO S. 438 ff. mit Nachweisen).

form mit radikaldemokratischen Grundzügen Zusätze wie „Volks"- oder „demokratische" Republik zur Verfügung.

Dem entspricht es, daß der Begriff der Republik in zunehmendem Maße vom bloßen historischen Gegensatz zur Monarchie gelöst und mit dem hier gemeinten Sinn erfüllt wird[71]. Insbesondere versteht man unter der Republik einen Freistaat[72] als Gegensatz zu jeder Form der Diktatur[73]. Damit ist dann nicht nur die absolute Einzelherrschaft, sondern auch jede andere absolute Herrschaft untersagt, sei es die einer Klasse oder einer Partei[74]. Lehnt der materiale Rechtsstaat darüber hinaus auch die schrankenlose Mehrheitsherrschaft ab und stellt er alle Staatsgewalt in den Dienst des objektiven Volksgeistes, so erhält der Begriff der Republik als Volksstaat[75] im Sinne Ciceros die Bedeutung einer Zusammenfassung aller Elemente der Staatsform des Grundgesetzes[76].

5. Die Republik in der pluralistischen Gesellschaft

Nach einer Darstellung der Republik im vorstehenden Sinne hat Hans *Huber* gesagt: „So hängt die Zukunft des Landes schließlich doch wieder ganz von unserem Volke ab, aber weit weniger von seinen Willensentscheidungen bei der demokratischen Mitwirkung an den Staatsgeschäften, als von seiner geistig-politischen Gesamteinstellung, von seiner Haltung[77]." Damit ist der objektive Volksgeist angesprochen.

Es stellt sich zum Schluß unserer Betrachtungen die Frage, ob die Repräsentation des Volksgeistes in der Verfassungswirklichkeit funktioniert oder ein theoretischer Wunschtraum bleibt. Die große Sorge der

---

[71] Zur Einbettung der Verfassungsbegriffe in den objektiven Geist (in seiner Wandelbarkeit) vgl. oben § 11 A. 28. Dieser Gesichtspunkt ist im Ergebnis für die Auslegung des Sozialstaatsbegriffs in Anspruch genommen worden von: *Menger*, Sozialer Rechtsstaat S. 31; — *Ridder*, Gewerkschaften S. 4 A. 11.
[72] *Wernicke* in Bonner Komm. Art. 20 A. II 1 a mit Nachw.
[73] *Maunz*, Staatsrecht § 10 II 1. — Ernst *v. Hippel*, Metaphysik S. 9 f.: Der Begriff des (freien) Bürgers entspreche dem der römischen Republik.
[74] Walter O. *Schmitt*, Grundordnung S. 441. — Das sind Formen der Autokratie, die *Loewenstein* (Verfassungslehre S. 27 f.) dem machtteilenden Konstitutionalismus gegenüberstellt.
[75] *Maunz*, Staatsrecht § 10 II 1. — *Friedrich*, Lebensform S. 106 meint, *Kant* habe diejenigen konstitutionellen Staaten Republik genannt, „in denen die Öffentlichkeit zum Zuge kommt". — Vgl. zu *Ciceros* Begriff hier oben bei A. 25.
[76] In diesem Sinne wohl auch Walter O. *Schmitt*, Grundordnung S. 441 f. mit A. 91. — *Kant* hat die republikanische Regierungsform (Trennung von Regierung und Gesetzgebung) im Gegensatz zum Despotismus (insbesondere zu dem einer gewaltenvereinigenden Demokratie) gestellt und erklärt: Zur Regierungsart, „wenn sie dem Rechtsbegriffe gemäß sein soll, gehört das repräsentative System, in welchem allein eine republikanische Regierungsart möglich ... ist" (Frieden, 1. Definitivart. 2. Teil).
[77] Hans *Huber*, Demokratie S. 34.

§ 21 Der materiale Rechtsstaat am Beispiel der Bundesrepublik 177

Republik gilt der geistigen Korrespondenz zwischen der Volksgesamtheit und den Amtsträgern[78]. Daß die Gesamtheit in der öffentlichen Meinung und die Aktivbürgerschaft in den Wahlen an sich wirksame Mittel haben, ihre Kontrollfunktion auszuüben, dürfte kaum zweifelhaft sein[79]. Die Frage ist nur, ob das Volk wegen der Manipulierung des öffentlichen Lebens durch den Pluralismus der Machtgruppen und wegen der Tagesmeinungen überhaupt noch einen Gemeingeist hat und ob einem Gemeingeist hinreichende Wege offen stehen, sich Gehör zu verschaffen.

Es war Carl *Schmitt*, der die zwischen dem Individuum und dem Staat stehenden, den Staat tragenden Kräfte der Weimarer Verfassungswirklichkeit als einen „anarchischen Pluralismus sozialer Mächte, in einem chaotischen Gemenge von Staatlich und Nichtstaatlich, Öffentlich und Privat, Politisch und fiktiv Unpolitisch"[80] bezeichnete. Damit waren neben den Parteien, Gewerkschaften, Arbeitgeberverbänden, Berufsständen und Kirchen auch kulturelle und gesellige Verbände gemeint.

Die Kritik richtet sich nicht gegen die stets und überall vorhandene „Mannigfaltigkeit des sozialen Lebens", sondern dagegen, daß eine Mehrzahl von Organisationen „auf der formalrechtlichen Grundlage der liberalen Freiheiten, aus der Sphäre des Sozialen und des Privaten heraus, das öffentliche Leben" beherrsche, um Sonderinteressen durchzusetzen. Die Methode des pluralistischen Systems sei „der tägliche Kompromiß und die für die wechselnden Fragen ... wechselnde Parteikoalition"[81].

Eine Kritik am Pluralismus gesellschaftlicher Kräfte als solchem wäre so abwegig wie eine Kritik an der Individualität der Menschen. Abzulehnen ist dagegen der ungebändigte und gemeinwohlschädigende, der „chaotische" Pluralismus[82]. Damit sind Fehlentwicklungen gekennzeichnet, die typischerweise aus der Kombination des formalen Rechtsstaates mit einer radikaldemokratisch verstandenen, mittelbaren Demokratie entstehen.

Die materialrechtliche Bedeutung der Grundrechte dagegen verbietet ihren Mißbrauch zu Lasten des Gemeinwohls, was besonders in den modernen Republikschutzvorschriften der Art. 18 und 21 II GG zum

---

[78] *Fraenkel*, Verfassungsstaat S. 58: „Gefahr der Entfremdung zwischen Wählern und Gewählten"; — *Scheuner*, Demokratie S. 230.
[79] Vgl. das Beispiel der westlichen Bündnispolitik hier oben § 20, 3 bei A. 24.
[80] Carl *Schmitt*, Bewegung S. 26 ff., bes. S. 27.
[81] Carl *Schmitt*, Staatsgefüge S. 46.
[82] Es ist daher irreführend, den Begriff „Pluralismus" für eine „ungeordnete Vielzahl oligarchischer Herrschaftsgruppen" in Anspruch zu nehmen. So aber Werner *Weber*, Spannungen S. 49. — *Fraenkel*, Strukturdefekte S. 92, spricht von einem „antipluralistischen Komplex".

Ausdruck kommt. Eine Beeinflussung der staatlichen Amtsträger durch zufällige Zweckbündnisse gesellschaftlicher Kräfte, insbesondere über eine öffentliche Tagesmeinung, kann ebenfalls nur wirksam werden, wenn der Geist des republikanischen Repräsentativsystems nicht mehr herrscht. Das würde eine langfristige öffentliche Meinung voraussetzen, die verlangte, daß die Regierenden sich als Vollstrecker (leicht manipulierbarer) momentaner Äußerungen des Volkswillens betrachteten.

Noch schwerer zu fassen ist die Gefahr, daß gesellschaftliche Organisationen sich auf die Zahl ihrer Mitglieder oder auf wirtschaftliche Macht stützen, um im geheimen gemeinwohlwidrige Sonderinteressen durchzusetzen. In diesen Problemkreis gehören die pressure groups und die Interessenvertreter in den Parlamenten. Hier hilft die Besinnung auf die Bedingungen, unter denen der objektive Geist von dem irrenden Geist abgeklärt wird. Was für die Erkenntnis des Rechts im besonderen gilt, gilt für die Erkenntnis des ethisch richtigen Gemeinwohls im allgemeinen. Wesentlich ist eine umfassende geistige Kommunikation zwecks Prüfung aller denkbaren Gesichtspunkte auf ihre Überzeugungskraft, um zu einer Konvergenz zu kommen. Diese öffentliche Diskussion ist am erfolgreichsten, wenn sie unter einer Gruppe von Sachkennern geführt wird und sich im Wechselspiel mit der breiten öffentlichen Meinung durch Führung und Anpassung Resonanz verschafft[83].

Dafür ist zweierlei erforderlich. Einmal wird man die gesellschaftlichen Organisationen, die für das Gemeinwohl wichtige Sonderinteressen wahrnehmen und durch die Qualität ihrer Vertreter oder durch gesellschaftliche Macht (oder durch beides) Gewicht besitzen, in zunehmendem Maße in das System der Kontrollen und Gegengewichte einbauen müssen. Das bedeutet die Anerkennung ihrer Rolle für das Volksganze und ihre Verpflichtung zur Rücksichtnahme auf das Gemeinwohl[84], so wie es stets der Sinn der Einflußverteilung auf soziale Mächte gewesen ist[85]. In der Anerkennung liegt die Bejahung einer vielfältig gegliederten und dadurch zur geistigen Kommunikation aufbereiteten Gesellschaft im Gegensatz zum gleichgeschalteten Volk[86].

---

[83] Vgl. oben § 10, 2 nach A. 42 bis A. 48.
[84] Vgl. Werner *Thieme*, Stabilität S. 42 f.; — Herbert *Krüger*, Rechtsetzung S. 620 ff. — Vgl. *Hessdörfer*, Rechtsstaat S. 125.
[85] H. J. *Wolff*, Verwaltungsrecht I, § 16 IV, zur Gewaltenteilung.
[86] Vgl. Hans *Peters*, Entwicklungstendenzen S. 240. — *Utz*, Grundsatzfragen II S. 305: Die Verteidigung des „sozialen Pluralismus", d. h. des Aufbaus der staatlichen Gesellschaft von den kleineren Gemeinschaften her, sei allgemein. — *Steffani*, Gewaltenteilung S. 256: Der Antipode des totalitären Staates sei der pluralistische. — *Aron*, Institutionen S. 19, nennt die westliche Demokratie „konstitutionell-pluralistisch". — *Fraenkel*, Strukturdefekte S. 89 ff., glaubt, bei uns einen unterentwickelten Pluralismus feststellen zu müssen, da sich in den Gruppen und Parteien Lethargie geltend mache. Die Alternative zum Pluralismus sei die „uniforme Massengesellschaft" (S. 92).

§ 21 Der materiale Rechtsstaat am Beispiel der Bundesrepublik 179

Die geistige Auseinandersetzung zwischen den Gruppen ist heute übrigens auf die ständige Präsenz und den Sachverstand ihrer Interessenvertreter angewiesen. Da dieser geistige Prozeß der dauernden Harmonisierung widerstreitender Interessen das Lebenselixier der Republik ist, bedarf es keiner Erläuterung, daß die Verpflichtung der Verbände auf das Gesamtwohl nicht zur Unterdrückung ihrer Ansichten mißbraucht werden darf. Sie soll im Gegenteil die Öffentlichkeit des Meinungskampfes garantieren, die Verantwortlichkeit für bestimmte Ansichten fixieren und eventuell einseitige Meinungen in den Zusammenhang der Interessen stellen, von denen sie getragen sind.

Es kann sich hier nur um die Andeutung handeln, daß die Interessenvertretung durch Verbände und Institutionen (Kirchen, Wissenschaft, Presse usw.) heute für die Bildung einer öffentlichen Meinung sowie für den Kontakt des Volkes mit den Parteien und den Regierenden unerläßlich ist[87], und zwar gerade um das republikanische Repräsentativsystem in Gang zu halten. Es wiederholt sich eine Entwicklung, die bei der verfassungsmäßigen Inpflichtnahme der Parteien (Art. 21 GG) eingesetzt hat und auf der Verfassungsebene zunächst bei der Koalitionsfreiheit des Art. 9 III und bei der institutionellen Garantie von Presse, Rundfunk (Fernsehen) und Film (Art. 5 I) stehen geblieben ist. Sie rechtfertigt sich aus dem Grundgedanken des materialen Rechtsstaates, alle politisch bedeutsamen Kräfte zur geistigen statt zur faktischen Wirkung zu führen und in den Rahmen des Gemeinwohls einzuordnen.

Die umfassende geistige Kommunikation darf andererseits nicht nur von den Managern der Verbände und Institutionen abhängen. Die Kontrollfunktion des Volkes muß auch in diesen Gruppierungen wirksam werden. Die entsprechend anzuwendenden „demokratischen Grundsätze", die nach Art. 21 I 3 für die innere Ordnung der Parteien gelten sollen, können dabei nach unserem Verständnis der Verfassungsgrundlagen der Bundesrepublik nur die Grundsätze der republikanischen Repräsentation sein[88]. Auch im verbandsinternen Bereich soll sich eine Repräsentation geistiger Gehalte entwickeln, das Zusammenspiel von verantwortungsvoller, planender Führung und kontrollierender Zustimmung, Anregung und Rahmenermächtigung. Pauschale Lösungen sind im übrigen nicht möglich.

---

[87] Vgl. Werner *Thieme*, Stabilität S. 42 f., auch zum folgenden. — Otto *v. Gierke*, Genossenschaftsrecht I S. 843, schreibt lebensvollen Organismen zwischen Staat und Individuum im Sinne der Genossenschaftsidee die Aufgabe der „Vermittlung von Einheit und Freiheit" zu, wobei er an die Rolle der Kommunalverwaltung denkt.

[88] So *Hennis*, Amtsgedanke S. 69, zu Art. 21 GG.

Schließlich muß dem einzelnen Bürger die Möglichkeit einer weitgehenden Teilnahme am geistigen Prozeß gegeben werden[89]. Dazu gehört die Organisierung der überparteilichen und nicht interessengebundenen Information des Staatsbürgers[90] und andererseits ein Forum, auf dem sich jeder Bürger an die breite Öffentlichkeit wenden kann. Das Hyde-Park-System reicht dazu heute nicht mehr aus. Dafür müssen jedem Bürger Pressespalten[91] und Versammlungsräume kostenlos zur Verfügung stehen.

Um Mißverständnisse zu vermeiden, sei betont, daß die Mitwirkung der Verbände und der öffentlichen Meinung nicht in dem Augenblick entfallen könnte, in dem sich die Mehrzahl unserer Mitbürger zur Mitarbeit in den Parteien entschließen würde. Es entspricht dem republikanischen System der aufsteigenden Repräsentation, daß die Parteien bereits große Sammelbecken verschiedener Interessen sind und mit einem Konzept für die Wahrnehmung des Gemeinwohls aufwarten. Die Verfechtung von Sonderinteressen bleibt daneben ein gesellschaftliches Bedürfnis. Daraus ist das pluralistische Verbandswesen entstanden. Dieses macht die Parteien für ihre übergeordnete Aufgabe frei, im Parlament für eine am Gemeinwohl orientierte politische Willensbildung zu sorgen. Es wäre ein Rückfall in den mit Recht kritisierten chaotischen Pluralismus, wenn das Parlament wieder von kurzlebigen Bündnissen zahlloser Interessenparteien beherrscht würde.

Zur Weiterentwicklung eines repräsentativen Parteiensystems ist aber auch eine besondere Qualifizierung der Kandidaten für das Parlament notwendig. Im Gegensatz zum radikaldemokratischen Abgeordneten muß sich der Repräsentant des Gemeinwohls gegenüber der öffentlichen Tagesmeinung, den Verbänden und gegebenenfalls auch gegenüber seiner eigenen Partei geistig behaupten können. Es sollte daher nicht undenkbar sein, von dem Wahlkandidaten die Absolvierung einer politischen Akademie zu verlangen oder wenigstens den Nachweis einer Betätigung im Gemeininteresse, die in gleicher Weise auf Talent und Charakter schließen läßt[92].

---

[89] *BVerfGE* 5, 85 (205). — Zum folgenden: *Schulz-Schaeffer*, Volkssouveränität S. 103 ff.

[90] Daniel *Defoe* schlug bereits Anfang des 18. Jhdts. einen staatlichen, politischen Informationsdienst für England vor (*Ritterbusch*, Parlamentssouveränität S. 61 ff.). — *Bickel*, Volksentscheid S. 71, verlangt eine amtliche Wähleraufklärung. — Voraussetzung ist eine ausreichende Schul- und Erwachsenenbildung betr. die Grundfragen von Staat *und Recht*.

[91] Die Praxis der Leserbriefe in den Tageszeitungen ist ein erfreulicher Anfang.

[92] *Schulz-Schaeffer*, Volkssouveränität S. 68—73.

§ 21 Der materiale Rechtsstaat am Beispiel der Bundesrepublik 181

Unter dem Persönlichkeitswahlrecht könnte zudem ein intensives Gespräch zwischen dem Wahlkreis und seinem Abgeordneten[93] die Kommunikation zwischen Volk und Parlament verstärken.

Die schlaglichtartige Beleuchtung der Wirkungsmöglichkeiten des Volkes und seiner geistigen Repräsentanten ist nicht ohne Verbesserungsvorschläge ausgegangen. Sie beruhen auf Schlußfolgerungen aus den Bedingungen für die Entfaltung des geläuterten objektiven Geistes. Geht man von dem ontologischen Seinsvertrauen aus, daß die menschliche Vernunft überzeugende Argumente und Wertvorstellungen überhaupt zu erfassen vermag, drängt sich die Erkenntnis auf, daß die Rolle der Menschen bei der Entwicklung, Akzeptierung und Bewahrung dieser Vorstellungen differenziert ist. Wie man von den Repräsentanten der Rechtswerte, den Richtern und Rechtswissenschaftlern, geistiges und charakterliches Niveau verlangt, so sollte man ein entsprechendes Niveau auch bei den Repräsentanten der ethischen Ordnung, den Politikern, voraussetzen dürfen. Das Volk jedenfalls stellt an seine Politiker nicht alltägliche ethische Anforderungen.

Somit kann schließlich auch davon ausgegangen werden, daß die viel gescholtene pluralistische Gesellschaft mehr gemeinsame ethische Überzeugungen hat, als man sich in der Regel klar macht[94]. Wären sie nicht vorhanden, bestände nur noch die Wahl zwischen dem staatlichen Chaos und einem totalitären Regime, dessen Lebensdauer fraglich wäre. Die grundlegende Gemeinsamkeit des objektiven Volksgeistes ist die conditio sine qua non jeder freiheitlichen Staatlichkeit[95]. Dieses „Wirbewußtsein", wie *Heller* es genannt hat, beruht auf so fundamentalen Übereinstimmungen, daß es mit erheblichen gesellschaftlichen Spannungen fertig wird[96]. Es ist das Ergebnis einer langen kulturellen Tradi-

---

[93] Eventuell belebt durch einen Führer der Wahlkreisopposition: *Schulz-Schaeffer*, Volkssouveränität S. 97.
[94] Vgl. oben § 3, 4 a Abs. 3 und § 10, 3 bei A. 80 mit dem folgenden Abs. — *Maunz-Dürig*, Komm. Art. 20 RNr. 73: „sehr präzise gemeinsame Wertvorstellungen" negativer Art; — *Bachof*, Grundgesetz S. 40, auch zum folgenden. — Die oben erwähnte, fast einheitliche Wertordnung des abendländischen Kulturkreises ist ganz im Sinne unserer Ausführungen in der *Pastoralkonstitution*, Abschnitt 31 S. 39, umrissen: „Lob verdient das Vorgehen jener Nationen, in denen ein möglichst großer Teil der Bürger in echter Freiheit am Gemeinwesen beteiligt ist. Zu berücksichtigen sind jedoch die konkrete Lage jedes einzelnen Volkes und die Notwendigkeit einer kräftigen Autorität. Damit aber alle Bürger zur Beteiligung am Leben der verschiedenen Gruppen des Sozialkörpers bereit seien, ist es notwendig, daß sie in diesen Gruppen Werte finden, die sie anziehen und zum Dienst an den anderen geneigt machen." — *Holstein*, Staatsrechtswissenschaft S. 35: Die Einheitlichkeit der mittelalterlichen Weltanschauung werde in der Regel überschätzt.
[95] Vgl. BVerfGE 5, 85 (134).
[96] *Heller*, Demokratie S. 41, 40. — Daß man es durch eine schrankenlose Mehrheitsdemokratie vernichten kann, ist einleuchtend.

tion⁹⁷, was an den Gegenbeispielen weniger hoch entwickelter Staatsgebilde deutlich wird, in denen Revolution und Staatsstreich an der Tagesordnung sind.

Demgegenüber ist die Verfassung des materialen Rechtsstaates oder der Republik ein „lebendiges Kleid"⁹⁸. Die generalklauselartige Weite der Verfassungsgrundsätze und Grundrechtsbestimmungen erlaubt es dem objektiven Volksgeist, die Verfassung durch seine Repräsentanten weiterzubilden⁹⁹. Daß sich die (außerrechtliche) Revolution vermeiden läßt, ist für die republikanische Staatsform typisch. Sie gibt dem staatlichen Leben eine feste Gestalt, bleibt aber so elastisch, daß das Leben nicht erstarrt, sondern die Form weiterbildet. Das zugleich beharrende und bewegende Moment ist das Ideal des Interessenausgleichs im Rahmen des Gemeinwohls, das im Gemeingeist der Rechtsgemeinschaft wirkt und durch die Technik der Repräsentation verwirklicht werden soll.

Schluß

Die Thesen der Arbeit

Erster Teil

Die wissenschaftlichen Grundlagen der Staatsformlehre

1. Von der ontologischen Grundauffassung aus, daß die *Methode durch den Gegenstand mitbestimmt* wird, muß die Frage nach der Methode der Staatslehre mit der Untersuchung des Staates beginnen.
2. Vorweg kann bereits eine philosophisch-religiöse Methode abgelehnt werden, da die gesellschaftliche Allgemeinheit einer entsprechenden Geisteshaltung fehlt.

Allerdings müssen wir zugeben, daß unser *philosophisches Vorurteil* vom Glauben bestimmt ist, und zwar geht die vorliegende Arbeit nicht vom erkenntniskritischen Zweifel aus, sondern vom ontologischen Vertrauen. Sie baut darauf auf, daß die menschliche

---

[97] *Schindler*, Rechtsstaat S. 169.
[98] Herbert *Krüger*, Verfassungsauslegung S. 686.
[99] *Corwin*, Constitution S. 2: „As a document the Constitution came from the generation of 1787; as a law it derives its force and effect from the present generation of American citizens, and hence should be interpreted in the light of present conditions and with a view to meeting present problems." — Schon *Burke*, Reflections S. 457, spricht von der formbaren Beschaffenheit („plastic Nature") eines Regierungsprinzips, das die besten Gesetzgeber aufstellen, um es seiner eigenen Wirksamkeit („operation") zu überlassen und damit den künftigen Generationen einen Anteil an der grundlegenden Gesetzgebung einzuräumen. — Dasselbe meint wohl *Ehmke*, Wirtschaft S. 52, mit „offenem Verfassungsrecht".

Vernunft überzeugende Argumente und Wertvorstellungen zu erfassen vermag und daß ein geschichtlicher Evolutionsprozeß stattfindet, in dem die Geschichte zum Weltgericht werden kann.

3. Der soziologische „*natürliche Staat*" als eine ursprüngliche Herrschermacht setzt zu seiner Organisation eine politische Rechtsordnung (Verfassung) und zur Ordnung der Gesellschaft eine gesellschaftliche Rechtsordnung voraus. In diesem Rahmen ist Politik — soziologisch gesehen — die nicht an inhaltliche Normen gebundene, d. h. schöpferische Staatsleitung.

4. Der natürliche Staat ist in der heute geforderten Staatslehre am Wesen, also am aufgegebenen Sinn des Staates zu messen. Das *Wesen des Staates* hängt vom *Wesen des Rechts* ab, weil sich die Richtigkeit einer Verfassung nur nach der Erwartung beurteilen läßt, ob die auf Grund der Verfassung geschaffene und gehandhabte gesellschaftliche Rechtsordnung richtig sein wird.

5. Als geistige Erscheinung ist das Recht überindividueller, d. h. *objektiver Geist*, der seine Geltung der Überzeugungskraft seiner Werturteile entnimmt. Zwischen objektivem und personalem Geist besteht aber ein gegenseitiges Getragensein, und das Personhafte hat einen Vorrang. Der personale Geist repräsentiert den objektiven Geist und trägt zu seiner Umformung bei.

6. Der objektive Geist oder unbewußte Gemeingeist offenbart seine Wertungen auf lange Sicht. Wenn die geistige Tradition nicht mehr zeitgerecht erscheint, vermag nur der bewußte Gemeingeist einer *Kennerschaft* (Rechtswissenschaft und Rechtspraxis) den Zeitgeist auf echte Gehalte zu prüfen und einen neuen lebendigen Gemeingeist des Volkes zu entwickeln. Die Kennerschaft spielt dem objektiven Volksgeist gegenüber die Rolle eines personalen Geistes, ist also davon abhängig, vom objektiven Geist getragen zu werden.

7. Das Gewohnheitsrecht ist eine *Objektivation des Gemeingeistes*. Das gleiche gilt historisch, systematisch und als Rechtfertigung für Rechtsdogmatik und Richterrecht auch für das Gesetzesrecht. Andernfalls wäre die vielfältige Bezugnahme der Gesetze auf Sitte und Gewohnheitsethik nicht zu verstehen. Diese Verweisung steht im übrigen wie die Anwendung von Gewohnheitsrecht unter dem Maßstab eines geläuterten lebendigen Gemeingeistes, nämlich des Anstandsgefühls aller billig und gerecht Denkenden.

8. Die *Verpflichtungswirkung des Rechtes*, die das Wesen eines normativen Sollens im Gegensatz zum psychischen Wollen oder erzwungenen Müssen ausmacht, stammt aus der Überzeugungskraft der Rechtsidee und ihrer Werte. (Die Zweckmäßigkeit ist kein beson-

derer Rechtswert. Die damit gemeinte Sachgerechtigkeit steht ihrerseits im Dienst der Rechtswerte.)

9. Die ethischen Wertvorstellungen, welche die abstrakte *rechtliche Gerechtigkeitsidee* mit Inhalt erfüllen, wollen wir im Begriff der *Rechtsethik* zusammenfassen. Rechtsgerechtigkeit und Rechtsethik unterscheiden sich von sittlicher Gerechtigkeit und allgemeiner Ethik dadurch, daß sie Anforderungen enthalten, die für das gedeihliche Zusammenleben in der Gesellschaft *unabdinglich* sind. Diese Anforderungen bestehen vorwiegend in Verboten (z. B. Verbot des Rechtsmißbrauchs). Sie setzen der Privatautonomie und der Gestaltungsfreiheit des Gesetzgebers Schranken. In der freien Gesellschaft besteht aber eine Vermutung gegen positive Gestaltungsforderungen der Rechtsethik an die staatlichen Gewalten.

10. Die *Rechtsgerechtigkeit* umfaßt die *Individual*gerechtigkeit (im Dienst des Einzelwohles) und die *Sozial*gerechtigkeit (im Dienst des Gesamtwohles). Der rechtsethische Gemeingeist konkretisiert die Rechtsgerechtigkeit an Hand von Vorgegebenheiten des Rechts (biologisch-psychische Gegebenheiten des Menschen, Menschenbild, Sozialstrukturen u. a.) zu unmittelbar anwendbaren Rechtsgrundsätzen und Rechtssätzen.

11. Die rechtliche Individual- und Sozialgerechtigkeit und die Rechtssicherheit vereinigen sich im rechtsethischen *Gemeinwohl* zum höchsten Rechtsprinzip. Die Konkretisierung dieses Prinzips verlangt jeweils eine Abwägung der drei polaren und doch auch miteinander verknüpften Rechtswerte. Darin äußert sich die Tatsache, daß die Wechselbezüglichkeit des personalen und des objektiven Geistes für das gesamte Sein von Individuum und Kollektiv gilt. Auch das höchste Prinzip der Ethik, das ethische Gemeinwohl, setzt einen Ausgleich der Einzel- und der Gesamtinteressen voraus.

12. Die *Richtigkeit des positiven Rechts* als Voraussetzung einer dauerhaften Ordnung hängt davon ab, daß dieses Recht dem rechtsethischen Gemeingeist entspricht. Ein Widerspruch entsteht auch dann, wenn das Recht der Gewohnheitsethik in so vielen Fällen zuwiderläuft, daß es insgesamt lebensfremd und unerträglich wirkt. Das Recht muß daher dem rechtsethischen und dem ethischen Gemeingeist gegenüber offen sein.

13. Der aufgegebene Sinn und damit die *Legitimität einer Verfassung* liegt in einer Organisationsform, der man den Erfolg einer richtigen gesellschaftlichen Rechtsordnung zutraut. Eine Staatslehre, welche die Legitimität natürlicher Staaten prüfen will, muß daher eine Methode zur Erfassung der Rechtswerte anerkennen. Diese Methode

ist in der *Wertungsjurisprudenz* vorgezeichnet. Sie ermöglicht auch die hermeneutische Funktion der Staatslehre für das Staatsrecht.

14. Der juristische *Positivismus* und die Soziologie lassen die Beurteilung der Geltung von Werten im Rahmen ihrer Wissenschaften nicht zu. Auch diejenige Richtung der Soziologie, die sich um das Verstehen sinnhafter Handlungen bemüht, bleibt bei der Erklärung von Kausalitäten stehen. Man meint, Wertungen seien Sache subjektiver Überzeugungen, nicht aber Gegenstand einer Wissenschaft.

15. Wenn jeder Jurist trotzdem von einer *rechtsphilosophischen Wertgrundlage* ausgeht, so führt die Ausklammerung dieses Fragenkreises aus der Methodologie lediglich dazu, daß irgendeine Weltanschauung in unmethodischer und unkontrollierter Weise zur Geltung gelangt.

16. Die Jurisprudenz wird daher heute vorherrschend als Wertungswissenschaft verstanden. Ihre *geisteswissenschaftliche Methode* soll dazu dienen, das positive Recht mit der vom objektiven Geist getragenen Wertordnung zu vermitteln. Damit ist sowohl ein zeitlos gültiges Naturrecht als auch die kritiklose Übernahme herrschender Anschauungen abgelehnt.

17. Die allgemein und auch gesetzlich anerkannte *richterliche Rechtsfortbildung* im Rahmen der wissenschaftlichen Dogmatik läßt sich nur mit der geisteswissenschaftlichen Methode, nicht aber mit der Methode des Gesetzespositivismus vereinbaren und ist ein Beweis für die Theorie vom objektiven Gemeingeist.

18. Teleologische Rechtsauslegung und -fortbildung werden dadurch *objektiviert*, daß sie an die geistige Tradition der Wertungen gebunden sind, die sich in Gesetzen, Gewohnheitsrecht, Gewohnheitsethik, Sitte, Dogmatik und Rechtsprechung konkretisiert haben. Weitere Maßstäbe sind die Verallgemeinerungsfähigkeit der zu treffenden Entscheidung und ihr Bestand vor dem Judiz des erfahrenen juristischen Praktikers, der das lebendige, evolutionäre Rechtsbewußtsein der Gemeinschaft repräsentiert.

19. Die geisteswissenschaftliche Methode weiß sich dem Rechtswert der *Rechtssicherheit* verpflichtet und erstrebt deshalb eine Synthese zwischen Problem- und Systemdenken. Das juristische Schlußverfahren und die dogmatische Verfestigung dienen der Rechtssicherheit ebenso wie die Gesetzestreue. Bei gleichbleibender Sach- und Rechtslage (im Hinblick auf den Gesamtzusammenhang des Rechts) kommt eine Rechtsfortbildung im Gegensatz zum objektiven Sinn des Gesetzes daher nur in Frage, wenn andernfalls eine rechtsethisch unerträgliche Entscheidung getroffen werden müßte.

20. Die *geistige Kommunikation* zwecks Prüfung aller denkbaren Gesichtspunkte auf ihre Überzeugungskraft und mit dem Ziel der Konvergenz ist die Methode der Geisteswissenschaften. Diese zunächst innerhalb der Kennerschaft zu erzielende Übereinstimmung bedarf bei den Normwissenschaften der Bewährung vor dem Gemeingeist, um dauernd verpflichtende Werturteile hervorbringen zu können.

Das ist der Sinn der juristischen Formel vom *Konsens aller billig und gerecht Denkenden*. Sie enthält zugleich die Aufhebung der Gemeinschaftswerte des Einzelwohles, des Gesamtwohles und der Rechtssicherheit im ethischen und rechtsethischen Gemeinwohl.

Zweiter Teil

Die Staatsform der Bundesrepublik

21. Mit der Staatsformbezeichnung soll die *positive Verfassung* (Inbegriff aller tatsächlich geltenden Regeln für die Staatsleitung) konkreter natürlicher Staaten erfaßt und wertend beurteilt werden.

22. Der Begriff der Staatsform bedeutet geschichtlich nichts anderes als den Staatstyp. Die Staatsform ist im Positivismus auf die formale Einteilung nach der Methode der politischen Willensbildung eingeengt worden, hat aber seit der Antike im Zeichen der Suche nach dem *besten Staatstyp* gestanden.

23. Die geisteswissenschaftliche, juristische Staatsformtheorie fragt deshalb wieder nach dem Zweck und der Rechtfertigung des Staates und seiner Verfassung. Damit erhält die Staatsformbezeichnung eine *Legitimierungsfunktion*, die eng mit ihrem Integrationswert zusammenhängt. Andrerseits kann sie zu einer abwertenden Beurteilung werden, wenn die positive Staatsform und die richtige Verfassung bei einer Betrachtung von innen oder von außen auseinanderfallen.

24. Die Staatsformbezeichnung muß eine *Organisation* charakterisieren, ist also auf formale Elemente angewiesen. Zugleich muß sie die *Wertordnung* kennzeichnen, die das Wirken der Organisation rechtfertigt, lenkt und reguliert. Im abendländischen Kulturkreis ergibt sich damit nur *eine* ideale Staatsform. Sie verschafft den Gemeinwohlvorstellungen des objektiven Gemeingeistes Geltung. Der Gegentyp läßt sich auf das politische Prinzip unbeschränkter Machtausübung zurückführen und beruft sich entweder individualistisch auf das Einzelwohl oder kollektivistisch auf das Gesamtwohl.

25. Die auf Rousseaus Gedanken aufbauende Theorie der *demokratischen* Staatsform hat wesentliche Voraussetzungen ihres Lehrers beiseite gelassen: die homogene Gesellschaft ohne Parteigegensätze und das kleine Gemeinwesen, dessen Bürgerschaft in einer Volksversammlung beschließen kann. Rousseaus Skepsis gegenüber Tagesmeinung und Zeitgeist eines Volkes ist vergessen und damit auch sein Vorschlag, die Gesetze durch einen genialen „législateur" abfassen (nicht beschließen) zu lassen.

26. Obwohl Rousseau alle Staatsgewalt in den Dienst des Gemeinwohls stellen wollte, hat er seine volonté générale der jeweiligen *Mehrheitsentscheidung* des Volkes ausgeliefert, weil er das formale Prinzip individueller Freiheit letzten Endes höher einschätzte als das Gemeinwohl. Es gibt bei Rousseau keine unabänderlichen Verfassungssätze, insbesondere keine gesetzesfesten Grundrechte. Das gilt auch heute noch für die konsequente Theorie der (radikalen) Demokratie.

27. Dementsprechend beruht die herrschende Demokratietheorie auf den Prinzipien *formaler Freiheit und Gleichheit*. Demokratisch legitimierend wirkt in einer mittelbaren Demokratie nach der Art der Bundesrepublik Deutschland allein der Rest von unmittelbarer Demokratie und von demokratischen Identitätsvorstellungen, der in der Einsetzung der Regierenden und ihrer Lenkung im Amt seitens des Volkes besteht. Die homogene und damit auch im Gemeingeist wurzelnde Vor-Ordnung als Vorbedingung einer gemäßigten Demokratie hat in der demokratischen Herrschaftstechnik keinen Niederschlag gefunden. Das Gemeinwohl kommt weder als legitimierendes Gestaltungsprinzip (mit entsprechenden Konsequenzen für die Rechtsfortbildung) noch als garantierter Inhalt der Demokratie zum Zuge.

28. Im *radikaldemokratisch* verstandenen *Repräsentativsystem* spielt die jederzeit zu aktualisierende Zustimmung des psychischen Volkswillens, der sich mit Hilfe des Verhältniswahlrechts in der Volksvertretung spiegelt, die entscheidende Rolle. Das findet u. a. in Parlamentsauflösungsrechten und Volksgesetzgebung seinen Ausdruck. In der Gestalt des Volksführers, der sich durch Volksabstimmungen bestätigen läßt, zeigt der Demokratismus seine größte Stärke und zugleich die Tendenz, zur (evtl. tyrannischen) Monokratie überzugehen.

29. Während für die radikale Demokratie der Satz gilt: „Stat pro ratione voluntas" (Wille statt Vernunft), setzt das *echte Repräsentativsystem* ein inhaltlich erfaßbares Gemeinwohl als oberste Richtschnur voraus (Salus rei publicae suprema lex). Das entspricht unse-

rer Erkenntnis, daß der objektive Geist als Träger der Gemeinwohlvorstellungen nur durch Repräsentation dargestellt werden kann.

30. Im Repräsentativsystem ist das *Volk* in Gestalt der Aktivbürgerschaft als Verfassungsgeber oder Wahlkörper ein *Organ* neben anderen im Dienste des Gemeinwohles. Es akzeptiert eine der Konkretisierung bedürftige elastische Verfassung und trifft als Wahlkörper keine Sachentscheidungen, sondern beurteilt als Kontrollinstanz die grundsätzliche Geistes- und Charakterhaltung der Repräsentanten. Umgekehrt muß eine auf Fähigkeit und Leistung beruhende Führung (personaler Geist) vorhanden sein.

31. Im Repräsentativsystem darf *kein Organ souverän* sein, sondern alle Organe müssen sich gegenseitig auf die Richtigkeit ihres Handelns überprüfen (System der checks and balances). Soweit sich diese Richtigkeit nach dem rechtsethischen Gemeinwohl (Satz 10 f.) beurteilt, bestehen gegen die *richterliche Prüfung* der Gesetze auf ihre Verfassungsmäßigkeit keine grundsätzlichen Bedenken. Die rechtsethische Grenzziehung ist keine politische Aufgabe, und der Verfassungsrichter muß auch dem Gesamtwohl (der Staatsräson) und der Rechtssicherheit — z. B. in Form der Gestaltungsfreiheit und der Entscheidungsbefugnis des Gesetzgebers — den gebührenden Platz einräumen.

32. Das *System der Kontrollen und Gegengewichte* ist heute der formale Bestandteil des materialen Rechtsstaates. Es umfaßt neben der eigentlichen Gewaltenteilung mit der richterlichen Garantie der Gesetz- und Verfassungsmäßigkeit allen Staatshandelns das Bundesstaatssystem, die Selbstverwaltung und das republikanische Parteiensystem. Dieses ist seinem Wesen nach ein der Repräsentation des Gemeinwohles dienendes Zweiparteiensystem auf der Grundlage der relativen Mehrheitswahl. Zu den unabdingbaren formalen Kontrollen gehört auch das demokratische Element der Repräsentantenwahl auf Zeit.

33. Die Bundesrepublik Deutschland ist auf Grund ihrer positiven Verfassung ein *materialer Rechtsstaat*. Sie stellt die Organisation eines Systems der Kontrollen und Gegengewichte dar, das darauf zugeschnitten ist, der Repräsentation des Gemeinwohles als des höchsten Staats- und Rechtsprinzips zu dienen. Die im Gemeinwohl verbundenen ethischen und rechtsethischen Werte kommen einzeln in den Grundrechten (Einzelwohl), im Sozialstaatsprinzip (Gesamtwohl) und im Prinzip des formalen Rechtsstaates (Rechtssicherheit) zum Ausdruck, komplex sind sie im materialen Gleichheitssatz und im materialen Rechtsstaatsprinzip enthalten. Alle staatliche Gewalt ist gemäß den unter der Garantie des Art. 79 III GG stehenden Art. 1 und 20 III GG an diese Wertordnung gebunden.

Die Staatsform der Bundesrepublik 189

34. Das in Art. 20 II 1 GG enthaltene Prinzip der *Volkssouveränität* als Legitimitätsgrundlage der Verfassung kann in diesem Rahmen nur das Volk als konkrete geistige Ganzheit meinen. Dementsprechend ist die im objektiven Volksgeist enthaltene Wertordnung der Gegenstand der Repräsentation (auch im Wege der Verfassungsauslegung und -fortbildung) und das legitimierende Prinzip in der Bundesrepublik.

35. Diese Staatsform läßt sich nicht als eine demokratische bezeichnen, weil nicht ein psychischer Volkswille, sondern die *geistige Kraft* vernünftiger Gemeinwohlvorstellungen die höchste Instanz ist. Nicht der jederzeit aktualisierbare Volkswille herrscht, sondern der objektive Volksgeist, dessen Zustimmung zu bestimmten Wertvorstellungen die Legitimierungsfaktoren der Vernunft und der Tradition mit der geistigen Teilnahme des Volkes an der Herrschaft verbindet.

36. Die Staatsform des materialen Rechtsstaates nach Art der Bundesrepublik läßt sich am umfassendsten und am symbolkräftigsten als *Republik* bezeichnen. Res publica (Gemeinwesen) war auch Ciceros Bezeichnung für ein organisatorisches Mischsystem mit monarchischen, aristokratischen und demokratischen Elementen; ein Gemeinwesen aber war für ihn „*Sache des Volkes*" im Sinne eines Zusammenschlusses unter dem Recht.

37. Auch unter dem viel gescholtenen gesellschaftlichen *Pluralismus* kann die republikanische Staatsform erfolgreich sein. Die positive Verfassung der Bundesrepublik sollte aber, abgesehen von der Einführung des relativen Mehrheitswahlrechts, im folgenden Sinne (38, 39) weiterentwickelt werden.

38. Die Herrschaft vernünftiger Gemeinwohlvorstellungen setzt in der Praxis die *bessere Organisation* einer umfassenden geistigen *Kommunikation* voraus, deren Öffentlichkeit und Sachlichkeit zu fördern ist. Es bedarf einer Institution zur objektiven Information der Allgemeinheit und kostenloser Möglichkeiten, um die Meinung der Bürger zu verbreiten. In diesem Rahmen sind auch die für die Vertretung der gesellschaftlichen Sonderinteressen unentbehrlichen Verbände und Institutionen mehr und mehr auf das Gemeinwohl zu verpflichten, ohne daß ihre Bewegungsfreiheit unzumutbar eingeschränkt wird.

39. In einer Staatsform, die durch die Repräsentation ethischer Werte legitimiert ist, muß von den politischen *Repräsentanten* überdurchschnittliches geistiges und charakterliches Niveau verlangt werden. Die Bewerber sollten daher entsprechenden Voraussetzungen genügen (Vorbildung, Praxis).

40. Die Herrschaft des beharrenden und zugleich sich wandelnden objektiven Volksgeistes setzt eine *elastische Verfassung* voraus, die diesem Volksgeist gegenüber offen ist. Die dazu u. a. erforderliche Vermittlung von Verfassungsrecht und objektivem Geist kann mit Hilfe der geisteswissenschaftlichen Methode der Jurisprudenz geleistet werden.

Literaturverzeichnis

Die folgenden Schriften sind in den Anmerkungen mit einem Titelschlagwort zitiert worden. Falls dazu nicht das erste Hauptwort des Titels benutzt worden ist, wird das Titelschlagwort bei mehrfach vertretenen Autoren am Ende der Literaturangabe in Klammern genannt.

Amery, L. S.: Thoughts on the Constitution, 2. Aufl., 1953, Neudruck London 1964.

Anschütz, Gerhard: Die Verfassung des Deutschen Reichs vom 11. August 1919, 14. Aufl., Berlin 1933, Nachdruck Darmstadt 1960 (zit.: Komm.).

Aristoteles: The Art of Rhetoric, griechisch und englisch, John H. Freese (Hrsg.), London 1926, Neudruck 1947 (zit.: Rhetorik).

— Nikomachische Ethik (Phil. Bibl., Bd. 5), übersetzt von Eugen Rolfes, 2. Aufl., Leipzig 1911 (Ethik).

— Politikon, in: Aristoteles, graece, ex recensione Immanuelis Bekkeri. Edidit Academia Regia Borussica. Bd. II, Berlin 1831, S. 1252—1342 (Politik).

— Politik (Phil. Bibl., Bd. 7), übersetzt von Eugen Rolfes, 3. Aufl., Neudruck Hamburg 1958.

Aron, Raymond: Die politischen Institutionen des Westens in der Welt des 20. Jahrhunderts, in: Die Bewährung der Demokratie im 20. Jahrhundert, Kongreß für kulturelle Freiheit (Hrsg.), Zürich 1961, S. 17—48.

Augustinus, S. Aurelius: De Civitate Dei, Bd. I, Leipzig 1825.

Bachof, Otto: Auslegung gegen den Wortlaut und Verordnungsgebung contra legem? JZ 1963, S. 697—701.

— Begriff und Wesen des sozialen Rechtsstaates, VVDStRL 12 (Tagung 1953), S. 37—84 (Sozialer Rechtsstaat).

— Grundgesetz und Richtermacht, Tübingen 1959.

— Der Verfassungsrichter zwischen Recht und Politik, in: Summum ius summa iniuria (Tübingen 1963), S. 41—57.

Badura, Peter: Die Methoden der neueren Allgemeinen Staatslehre, Erlangen 1959.

Bäumlin, Richard: Die rechtsstaatliche Demokratie, Zürich 1954.

Bender, Bernd: Zur Methode der Rechtsfindung bei der Auslegung und Fortbildung gesetzten Rechts, JZ 1957, S. 593—602.

Bergstraesser, Arnold: Max Weber, Der Nationalstaat und die Politik, in: Aus der Geschichte der Rechts- und Staatswissenschaften zu Freiburg i. Br., Hans J. Wolff (Hrsg.), Freiburg i. Br. 1957, S. 67—79.

Bertram, Karl Friedrich: Widerstand und Revolution, Schriften zum Öffentlichen Recht, Bd. 17, Berlin 1964.

Bickel, Hans: Kritische Betrachtungen zum gegenwärtigen Verfahren beim Volksentscheid, jur. Diss., Marburg 1932.

Bluntschli, Johann C.: Allgemeine Statslehre, 1. Theil der Lehre vom modernen Stat, Stuttgart 1875 (Staatslehre).
— Politik als Wissenschaft, 3. Theil der Lehre vom modernen Stat, Stuttgart 1876.

Bodin, Jean: Les six Livres de la Republique, Faksimiledruck der Ausgabe Paris 1583, Aalen 1961.

Böckenförde, Ernst-Wolfgang: Gesetz und gesetzgebende Gewalt, Schriften zum Öffentlichen Recht, Bd. 1, Berlin 1958.

Boehmer, Gustav: Grundlagen der bürgerlichen Rechtsordnung, II. Buch, 1. Abt., Tübingen 1951 (Rechtsordnung II 1).
— Jugenderinnerungen an die Zeit der Freirechtslehre, in: Festschrift für Hans Dölle (Tübingen 1963), I. Bd., S. 3—23 (Freirechtslehre).

Bonner Kommentar: Kommentar zum Bonner Grundgesetz, Redaktion: Dennewitz-Wernicke, Hamburg 1950 ff. Zweitbearbeitungen 1964 ff., Stand 1965.

Bracher, Karl Dietrich: Die zweite Demokratie in Deutschland — Strukturen und Probleme, in: Die Demokratie im Wandel der Gesellschaft, Richard Löwenthal (Hrsg.), Berlin 1963, S. 113—138.

Brohi, A. K.: Die Gerechtigkeit als wesentliches Prinzip des politischen Lebens, in: Die Bewährung der Demokratie im 20. Jahrhundert, Kongreß für kulturelle Freiheit (Hrsg.), Zürich 1961, S. 141—155.

Brunner, August: Erkenntnistheorie, Köln 1948.

Bultmann, Rudolf: Das Problem der Hermeneutik (1950), in: Glauben und Verstehen, Bd. II, Tübingen 1952, S. 211—235.

Burke, Edmund: Letter to Sir Hercules Langrishe... (1792), The Writings and Speeches of Edmund Burke, Beaconsfield ed., Bd. IV, London um 1890, S. 241—306.
— Reflections on the Revolution in France (1790), Writings, Bd. III, S. 231—563.
— Speeches at his Arrival at Bristol (13. 10. 1774), to the Electors of Bristol (3. 11. 1774) and at the Guildhall in Bristol (6. 9. 1780), Writings, Bd. II, S. 85—88, 89—98, 365—423.

Cicero, Marcus Tullius: Vom Gemeinwesen (De re publica libri), lateinisch und deutsch, übersetzt u. hrsg. von Karl Büchner, Zürich 1952.

Coing, Helmut: Grundzüge der Rechtsphilosophie, Berlin 1950 (Rechtsphilosophie).
— Die juristischen Auslegungsmethoden und die Lehren der allgemeinen Hermeneutik, Köln/Opladen 1959 (Hermeneutik).

Conrad, Hermann: Deutsche Rechtsgeschichte, Bd. I, Frühzeit und Mittelalter, 2. Aufl., Karlsruhe 1962.

Corwin, Edward S.: The Constitution and What It Means Today (1920), 10. Aufl., Princeton/New Jersey 1948, Neudruck 1951.
— The Doctrine of Judicial Review, Princeton/New Jersey 1914.

Dettelbach, Hans von: Brevarium Musicae, Darmstadt 1958.

Diederichsen, Uwe: Topisches und systematisches Denken in der Jurisprudenz, NJW 1966, S. 697—705.

Dietze, Gottfried: Das Problem der Demokratie bei den amerikanischen Verfassungsvätern, Z. f. d. gesamte Staatswissenschaft 113 (Tübingen 1957), S. 301—313.

Draht, Martin: Zur Soziallehre und Rechtslehre vom Staat, ihren Gebieten und Methoden, in: Festschrift für Smend (Göttingen 1952), S. 41—58.

Drews-Wacke: Allgemeines Polizeirecht, 7. Aufl., Berlin/Köln/München/Bonn 1961.

Dürig, Günter: Grundrechtsverwirklichung auf Kosten von Grundrechten, in: Summum ius summa iniuria (Tübingen 1963), S. 80—96.
— Art. „Staatsformen" im Handwörterbuch der Sozialwissenschaften, Bd. 9 (Stuttgart/Tübingen/Göttingen 1956), S.742—752.

Duguit-Monnier-Bonnard-Berlia (Hrsg.): Les Constitutions et les principales Lois politiques de la France depuis 1789, 7. Aufl., Paris 1952.

Ebel, Wilhelm: Geschichte der Gesetzgebung in Deutschland, 2. Aufl., Göttingen 1958.

Eckardt, Wolf-Dieter: Die verfassungskonforme Gesetzesauslegung, Schriften zum Öffentlichen Recht, Bd. 14, Berlin 1964.

Ehmke, Horst: Prinzipien der Verfassungsinterpretation, VVDStRL 20 (Tagung 1961), S. 53—102.
— Wirtschaft und Verfassung, Karlsruhe 1961.

Engisch, Karl: Aufgaben einer Logik und Methodik des juristischen Denkens, Studium Generale 12 (Berlin/Göttingen/Heidelberg 1959), S. 76—87 (Logik).
— Einführung in das juristische Denken, Urban-Bücher, Die wissenschaftliche Taschenbuchreihe, Nr. 20, 3. Aufl., Stuttgart 1964.

Enneccerus-Nipperdey: Allgemeiner Teil des Bürgerlichen Rechts, 1. Halbbd., 15. Aufl., Tübingen 1959 (Allg. Teil 1).
— Allgemeiner Teil des Bürgerlichen Rechts, 2. Halbbd., 15. Aufl., Tübingen 1960 (Allg. Teil 2).

Enneccerus-Lehmann: Recht der Schuldverhältnisse, 15. Bearb., Tübingen 1958.

Esser, Josef: Grundsatz und Norm in der richterlichen Fortbildung des Privatrechts, Tübingen 1956.
— Zur Methodenlehre des Zivilrechts, Studium Generale 12 (Berlin/Göttingen/Heidelberg 1959), S. 97—107.

Flechtheim, Ossip K.: Zum Wertproblem in der Politik, Politische Vierteljahresschrift, 5. Jg. (Köln/Opladen 1964), S. 188—202.

Forsthoff, Ernst: Begriff und Wesen des sozialen Rechtsstaates, VVDStRL 12 (Tagung 1953), S. 8—36 (Sozialer Rechtsstaat).
— Der introvertierte Rechtsstaat und seine Verortung, Der Staat, 2. Bd. (Berlin 1963), S. 385—398 (Rechtsstaat).
— Lehrbuch des Verwaltungsrechts, Allgemeiner Teil, 8. Aufl., München/Berlin 1961.
— Strukturwandlungen der modernen Demokratie, Berlin 1964.
— Über Maßnahmegesetze, in: Gedächtnisschrift für Walter Jellinek (München 1955), S. 221—236.

Forsthoff, Ernst: Die Umbildung des Verfassungsgesetzes, in: Festschrift für Carl Schmitt (Berlin 1959), S. 35—62.
— Verfassungsprobleme des Sozialstaats, 2. Aufl., Münster 1961.
— Zur Problematik der Verfassungsauslegung, res publica, Bd. 7, Stuttgart 1961 (Verfassungsauslegung).

Fraenkel, Ernst: Die repräsentative und die plebiszitäre Komponente im demokratischen Verfassungsstaat, Recht und Staat, Nr. 219/220, Tübingen 1958 (Verfassungsstaat).
— Art. „Staatsformen", in: Das Fischer Lexikon, Bd. 2, Fraenkel-Bracher (Hrsg.), Neuausgabe 1964, Nachdruck Frankfurt a. M./Hamburg 1966, S. 317—319.
— Strukturdefekte der Demokratie und deren Überwindung, in: Schriftenreihe des Deutschen Beamtenbundes, Heft 33 (Bad Godesberg 1964), S. 65—92.

Fraenkel-Bracher: Art. „Demokratie", in: Das Fischer Lexikon, Bd. 2, Fraenkel-Bracher (Hrsg.), Neuausgabe 1964, Nachdruck Frankfurt a. M./Hamburg 1966, S. 72—79.

Frankl, Paul: Weltregierung, Leiden 1948.

Friauf, Karl Heinrich: Zur Problematik des verfassungsrechtlichen Vertrages, AöR 88 (Tübingen 1963), S. 257—313.

Friedrich, Carl J.: Demokratie als Herrschafts- und Lebensform, Studien zur Politik, Bd. 1, Heidelberg 1959 (Lebensform).
— Die heutigen Auffassungen über die Demokratie in Europa und Amerika (1957/58), in: Zur Theorie und Politik der Verfassungsordnung (Heidelberg 1963), S. 168—176 (Demokratie).
— The New Belief in the Common Man, Brattleboro/Vermont (1942), 2. Neudruck 1945.
— Politische Philosophie und politische Wissenschaft (1958), in: Zur Theorie und Politik der Verfassungsordnung (Heidelberg 1963), S. 21—36 (Philosophie).

Friesenhahn, Ernst: Parlament und Regierung im modernen Staat, VVDStRL 16 (Tagung 1957), S. 9—73.
— Die rechtsstaatlichen Grundlagen des Verwaltungsrechts, in: Recht, Staat, Wirtschaft, Bd. II (Stuttgart/Köln 1950), S. 239—281 (Grundlagen).

Fuß, Ernst-Werner: Zur Rechtsstaatlichkeit der Europäischen Gemeinschaften, DÖV 1965, S. 577—587.

Gabriel, Ralph H.: Die Entwicklung des demokratischen Gedankens in den Vereinigten Staaten von Amerika, deutsche Ausgabe nach der 4. Aufl. (New York 1946), Berlin 1951.

Gadamer, Hans-Georg: Wahrheit und Methode, 2. Aufl., Tübingen 1965.

Geiger, Theodor: Demokratie ohne Dogma, Aarhus 1950.

Geiger, Willi: Grundrechte und Rechtsprechung, München 1959.
— Die Wandlung der Grundrechte, in: Max Imboden (Hrsg.), Gedanke und Gestalt des demokratischen Rechtsstaates (Wien 1965), S. 9—35.

Giacometti, Zaccaria: Die Demokratie als Hüterin der Menschenrechte, Zürich 1954.

Gierke, Otto von: Das deutsche Genossenschaftsrecht, Bd. I (1868), Nachdruck Darmstadt 1954.
— Labands Staatsrecht und die deutsche Rechtswissenschaft, erstmals in: Schmollers Jahrbuch, Bd. 7 (1883), S. 1097—1195, Nachdruck Darmstadt 1961.

Giese-Schunck: Grundgesetz für die Bundesrepublik Deutschland, 5. Aufl., Frankfurt a. M. 1960 (Komm.).

Germann, O. A.: Zur Überwindung des Positivismus im schweizerischen Recht, in: Hundert Jahre schweizerisches Recht (Basel 1952), S. 99—140.

Grimm, Dieter: Politische Wissenschaft als normative Wissenschaft, JZ 1965, S. 434—440.

Häberle, Peter: Allgemeine Staatslehre, Verfassungslehre oder Staatsrechtslehre, Z. f. Politik, 12. Jg. (Köln/Berlin 1965), S. 381—395.
— Die Wesensgehaltgarantie des Art. 19 Abs. 2 Grundgesetz, Karlsruhe 1962.

Häfelin, Ulrich: Besprechung von R. Holubek, Allgemeine Staatslehre als empirische Wissenschaft (Bonn 1961), AöR 89 (Tübingen 1964), S. 487—491.

Haegi, Klaus D.: Die politische Freiheit im Werk von Jean-Jacques Rousseau, Winterthur 1963.

Haenel, Albert: Das Gesetz im formellen und materiellen Sinne, Bd. II 2 der Studien zum deutschen Staatsrecht, Leipzig 1888.

Hahn, Hugo J.: Über die Gewaltenteilung in der Wertwelt des Grundgesetzes, JöR NF 14 (Tübingen 1965), S. 15—44.

Hamann, Andreas: Das Grundgesetz für die Bundesrepublik Deutschland vom 23. Mai 1949, 2. Aufl., Neuwied/Berlin 1961 (Komm.).

Hartmann, Nicolai: Grundzüge einer Metaphysik der Erkenntnis, 4. Aufl., Berlin 1949.
— Das Problem des geistigen Seins (1933), 2. Aufl., Berlin 1949.

Heidegger, Martin: Sein und Zeit (1927), 10. Aufl., Tübingen 1963.

Heydte, Friedrich A. Frhr. von der: Freiheit der Parteien, in: Neumann-Nipperdey-Scheuner (Hrsg.), Die Grundrechte, Bd. II (Berlin 1954), S. 457—506.

Heller, Hermann: Bemerkungen zur staats- und rechtstheoretischen Problematik der Gegenwart, AöR 55 (Tübingen 1929), S. 321—354 (Problematik).
— Politische Demokratie und soziale Homogenität, in: Probleme der Demokratie, Politische Wissenschaft, Heft 5 (Berlin 1928), S. 35—47 (Demokratie).
— Rechtsstaat oder Diktatur? Recht und Staat, Bd. 68, Tübingen 1930.
— Staatslehre, hrsg. von Gerhart Niemeyer, Leiden 1934.

Henke, Wilhelm: Das Recht der politischen Parteien, Göttingen 1964 (Parteien).
— Die verfassunggebende Gewalt des deutschen Volkes, Stuttgart 1957.

Henkel, Heinrich: Einführung in die Rechtsphilosophie, München/Berlin 1964.

Hennis, Wilhelm: Amtsgedanke und Demokratiebegriff, in: Festgabe für Smend (Tübingen 1962), S. 51—70.
— Meinungsforschung und repräsentative Demokratie, Recht und Staat, Nr. 200/201, Tübingen 1957.
— Politik und praktische Philosophie, Politica, Bd. 14, Neuwied/Berlin 1963.

Hennis, Wilhelm: Zum Problem der deutschen Staatsanschauung, Vierteljahreshefte für Zeitgeschichte, Jg. 7 (Stuttgart 1959), S. 1—23 (Staatsanschauung).

Hermens, Ferdinand A.: Verfassungslehre, Frankfurt a. M./Bonn 1964.

Herrfahrdt, Heinrich: Revolution und Rechtswissenschaft, Greifswald 1930 (Rechtswissenschaft).

— Staatsgestaltungsfragen in Entwicklungsländern Asiens und Afrikas, Schriftenreihe der Juristischen Studiengesellschaft Karlsruhe, Heft 67, Karlsruhe 1965.

Hessdörfer, Ludwig: Der Rechtsstaat, Stuttgart 1961.

Hesse, Konrad: Der Gleichheitsgrundsatz im Staatsrecht, AöR 77 (Tübingen 1951/52), S. 167—224.

— Der Rechtsstaat im Verfassungssystem des Grundgesetzes, in: Festgabe für Smend (Tübingen 1962), S. 71—95.

— Die verfassungsrechtliche Stellung der politischen Parteien im modernen Staat, VVDStRL 17 (Tagung 1958), S. 11—52 (Parteien).

Hiller, Kurt: Geistige Grundlagen eines schöpferischen Deutschlands der Zukunft, Hamburg/Stuttgart 1947.

Hippel, Ernst von: Allgemeine Staatslehre, Berlin/Frankfurt a. M. 1963.

— Vom Wesen der Demokratie, Bonn 1947 (Demokratie).

— Zur Metaphysik des Römischen Staates, in: Festschrift für Laforet (München 1952), S. 1—18.

— Zur Problematik der Grundbegriffe des öffentlichen Rechts, in: Gedächtnisschrift für Walter Jellinek (München 1955), S. 21—31 (Grundbegriffe).

Hoffmeister, Johannes (Hrsg.): Wörterbuch der philosophischen Begriffe, 2. Aufl., Hamburg 1955.

Hofmann, Rudolf: Moraltheologische Erkenntnis- und Methodenlehre, München 1963.

Hollerbach, Alexander: Auflösung der rechtsstaatlichen Verfassung? AöR 85 (Tübingen 1960), S. 241—270.

Holstein, Günther: Von Aufgaben und Zielen heutiger Staatsrechtswissenschaft, AöR 50 (Tübingen 1926), S. 1—40.

Holubek, Reinhard: Allgemeine Staatslehre als empirische Wissenschaft. Eine Untersuchung am Beispiel von Georg Jellinek. Bonn 1961.

Hruschka, Joachim: Rechtsanwendung als methodologisches Problem, Archiv für Rechts- und Sozialphilosophie, Bd. 50 (Neuwied/Berlin 1964), S. 485—501.

Huber, Ernst Rudolf: Rechtsstaat und Sozialstaat in der modernen Industriegesellschaft, Oldenburg o. J. (1962).

— Wirtschaftsverwaltungsrecht, I. Bd., 2. Aufl., Tübingen 1953.

Huber, Hans: Demokratie und staatliche Autorität, Zürich 1939.

— Niedergang des Rechts und Krise des Rechtsstaates, in: Festgabe für Giacometti (Zürich 1953), S. 59—88.

Huber, Konrad: Maßnahmegesetz und Rechtsgesetz, Schriften zum Öffentlichen Recht, Bd. 12, Berlin 1963.

Imboden, Max: Gewaltentrennung als Grundproblem unserer Zeit, in: Max Imboden (Hrsg.), Gedanke und Gestalt des demokratischen Rechtsstaates (Wien 1965), S. 37—53, Vorwort S. 7 f.

Imboden, Max: Johannes Bodinus und die Souveränitätslehre, Basler Universitätsreden, 50. Heft, Basel 1963.
— Die politischen Systeme, Basel/Stuttgart 1962.
— Die Staatsformen, Basel/Stuttgart 1959.

Ipsen, Hans Peter: Enteignung und Sozialisierung, VVDStRL 10 (Tagung 1951), S. 74—123.
— Gleichheit, in: Neumann-Nipperdey-Scheuner (Hrsg.), Die Grundrechte, Bd. II (Berlin 1954), S. 111—198.
— Über das Grundgesetz, Hamburg 1950.

Jahrreiß, Hermann: Demokratie (1950), in: Mensch und Staat (Köln 1957), S. 89—111.
— Größe und Not der Gesetzgebung (1953), in: Mensch und Staat (Köln 1957), S. 17—67 (Gesetzgebung).

Jaspers, Karl: Einführung in die Philosophie, München 1957.
— Philosophie, Bd. II, 3. Aufl., Berlin/Göttingen/Heidelberg 1956.
— Der philosophische Glaube, München 1948.

Jellinek, Georg: Allgemeine Staatslehre (Berlin 1900), 3. Aufl., 1914, 6. Neudruck, Darmstadt 1959.

Jellinek, Walter: Verfassung und Verwaltung des Reichs und der Länder, 3. Abdruck, Leipzig/Berlin 1928.

Jerusalem, Franz W.: Demokratie richtig gesehen, Frankfurt a. M. 1947.
— Das Problem der Methode in der Staatslehre, AöR 54 (Tübingen 1928), S. 161—196 (Methode).

Kägi, Werner: Rechtsstaat und Demokratie, in: Festgabe für Giacometti (Zürich 1953), S. 107—142.
— Zur Entwicklung des schweizerischen Rechtsstaates seit 1848, in: Hundert Jahre schweizerisches Recht (Basel 1952), S. 173—236 (Entwicklung).

Kaiser, Joseph H.: Art. „Staatslehre" im Staatslexikon, 7. Bd., 6. Aufl. (Freiburg 1962), Sp. 589—606.

Kant, Immanuel: Zum ewigen Frieden (1795), Nachdruck Düsseldorf 1946.

Kaufmann, Arthur: Zur rechtsphilosophischen Situation der Gegenwart, JZ 1963, S. 137—148.

Kaufmann, Erich: Die Gleichheit vor dem Gesetz im Sinne des Art. 109 der Reichsverfassung, VVDStRL 3 (Tagung 1926), S. 2—24.
— Grundtatsachen und Grundbegriffe der Demokratie, München 1950 (Demokratie).
— Kritik der neukantischen Rechtsphilosophie, Tübingen 1921, Neudruck Aalen 1964.
— Zur Problematik des Volkswillens, in: Beiträge zum ausl. öffentl. Recht u. Völkerrecht, Heft 17, Berlin/Leipzig 1931 (Volkswillen).

Keller, Adolf: Die Kritik, Korrektur und Interpretation des Gesetzeswortlauts, Winterthur 1960.

Kelsen, Hans: Allgemeine Staatslehre, Berlin 1925.
— Hauptprobleme der Staatsrechtslehre, Tübingen 1911.

Kelsen, Hans: Das Problem der Souveränität und die Theorie des Völkerrechts, 2. Aufl., 1928, Neudruck Aalen 1960 (Souveränität).
— Reine Rechtslehre (1934), 2. Aufl., Wien 1960.
— Der soziologische und der juristische Staatsbegriff, Tübingen 1922 (Staatsbegriff).
— Vom Wesen und Wert der Demokratie. 2. Aufl. Tübingen 1929 (Demokratie).
— Was ist juristischer Positivismus? JZ 1965, S. 465—469.

Kennan, George F.: American Diplomacy 1900—1950, Chicago 1951, London 1952.

Kern, Fritz: Gottesgnadentum und Widerstandsrecht im früheren Mittelalter (1914), 2. Aufl., hrsg. von R. Buchner, Darmstadt 1954.

Köttgen, Arnold: Innenpolitik und allgemeine Verwaltung, DÖV 1964, S. 145—151.

Krabbe, H.: Die Lehre der Rechtssouveränität, Groningen 1906 (Rechtssouveränität).
— Die moderne Staats-Idee, deutsche (2.) Aufl., Haag 1919.

Krüger, Herbert: Allgemeine Staatslehre, Stuttgart 1964.
— Rechtsetzung und technische Entwicklung, NJW 1966, S. 617—624.
— Über die Unterscheidung der Staatstypen nach ihrer Gestimmtheit, in: Festschrift für Jahrreiß (Köln/Berlin/Bonn/München 1964), S. 233—246 (Staatstypen).
— Verfassungsauslegung aus dem Willen des Verfassungsgebers, DVBl. 1961, S. 686—689.
— Verfassungswandlung und Verfassungsgerichtsbarkeit, in: Festgabe für Smend (Tübingen 1962), S. 151—170.

Küchenhoff, Günther und Erich: Allgemeine Staatslehre, 5. Aufl., Stuttgart 1964.

Küster, Otto: Das Gewaltenproblem im modernen Staat, AöR 75 (Tübingen 1949), S. 397—413.

Kuhn, Helmut: Aristoteles und die Methode der politischen Wissenschaft, Z. f. Politik, Jg. 12 (Köln/Berlin 1965), S. 101—120.

Laband, Paul: Das Staatsrecht des Deutschen Reiches (1876), 1. Bd., 5. Aufl., Tübingen 1911.

Lange, Richard: Noch einmal: Konstanz und die Rechtswissenschaft, JZ 1966, S. 344—348 (Rechtswissenschaft).
— Der Rechtsstaat als Zentralbegriff der neuesten Strafrechtsentwicklung, Berliner Kundgebung 1952 des DJT (Tübingen 1952), S. 59—79.

Larenz, Karl: Methodenlehre der Rechtswissenschaft, Berlin/Göttingen/Heidelberg 1960.
— Wegweiser zu richterlicher Rechtsschöpfung, in: Festschrift für Nikisch (Tübingen 1958), S. 275—305.

Laun, Rudolf: Allgemeine Staatslehre im Grundriß (1945), 8. Aufl., Schloß Bleckede a. d. Elbe 1961.
— Mehrheitsprinzip, Fraktionszwang und Zweiparteiensystem, in: Gedächtnisschrift für Walter Jellinek (München 1955), S. 175—194.
— Recht und Sittlichkeit, 3. Aufl., Berlin 1935.
— Der Staatsrechtslehrer und die Politik, AöR 43 (Tübingen 1922), S. 145—199.

Leibholz, Gerhard: Demokratie und Rechtsstaat, Bad Gandersheim 1957.
— Die Gleichheit vor dem Gesetz, 2. Aufl., München/Berlin 1959.
— Strukturprobleme der modernen Demokratie, Karlsruhe 1958.
— Das Wesen der Repräsentation unter besonderer Berücksichtigung des Repräsentativsystems, Berlin/Leipzig 1929 (Repräsentation).

Leipziger Kommentar zum StGB: Jagusch-Mezger (Hrsg.), 8. Aufl., Berlin 1957.

Lien and *Fainsod:* The American People and their Government, New York/London 1934.

Locke, John: Two Treatises of Government, hrsg. v. Peter Laslett (1960), Neudruck Cambridge 1964.

Loewenstein, Karl: Verfassungslehre, Tübingen 1959.
— Verfassungsrecht und Verfassungspraxis der Vereinigten Staaten, Berlin/Göttingen/Heidelberg 1959.

Machiavelli, Niccolo: Der Fürstenspiegel (1532) und Friedrich der Große, Der Antimachiavell (1740), übersetzt von Friedrich v. Oppeln-Bronikowski, Jena 1922.

Madison, James: The Federalist Nr. 10, in: Benjamin F. Wright (Hrsg.), The Federalist, Cambridge/Massachusetts 1961.

v. Mangoldt-Klein: Das Bonner Grundgesetz, Bd. I, 2. Aufl., neu bearbeitet von Friedrich Klein, Berlin/Frankfurt a. M. 1957 (Komm.).

Marcic, René: Die Sache und der Name des Rechtsstaates, in: Max Imboden (Hrsg.), Gedanke und Gestalt des demokratischen Rechtsstaates, Wien 1965, S. 54—74 (Rechtsstaat).

Martini, Winfried: Das Ende aller Sicherheit, 2. Aufl., Stuttgart 1955.

Maunz, Theodor: Deutsches Staatsrecht, 14. Aufl., München/Berlin 1965.

Maunz-Dürig: Grundgesetz, München/Berlin, Stand März 1966 (Komm.).

Mayo, Henry B.: An Introduction to Democratic Theory, New York 1960.

Meinecke, Friedrich: Weltbürgertum und Nationalstaat, 7. Aufl., München/Berlin 1928.

Menger, Christian-Friedrich: Der Begriff des sozialen Rechtsstaates im Bonner Grundgesetz, Recht und Staat, Nr. 173, Tübingen 1953 (Sozialer Rechtsstaat).
— Art. „Rechtsstaat" im Handwörterbuch der Sozialwissenschaften, Bd. 8 (Stuttgart/Tübingen/Göttingen 1964), S. 768—772.

Merk, Walther: Der Gedanke des gemeinen Besten in der deutschen Staats- und Rechtsentwicklung, Weimar 1934.

Michel, Ernst: Die Demokratie zwischen Gesellschaft und Volksordnung, in: Probleme der Demokratie, Politische Wissenschaft, Heft 5 (Berlin 1928), S. 67—87.

Mohl, Robert von: Encyklopädie der Staatswissenschaften, 2. Aufl., Freiburg i. Br./Tübingen 1872.
— Das Staatsrecht des Königreiches Württemberg, I. Teil, Tübingen 1829.

Montesquieu: De l'Esprit des Lois (1748), hrsg. von G. Truc, I. u. II. Bd., Paris o. J.

Montesquieu: Vom Geist der Gesetze, eingel. u. hrsg. von Ernst Forsthoff, I. u. II. Bd., Tübingen 1951.

Nawiasky, Hans: Allgemeine Staatslehre, 1. Teil, Köln 1945, 2. Teil, Bd. II, Köln 1955.

— Die Gleichheit vor dem Gesetz im Sinne des Art. 109 der Reichsverfassung, VVDStRL 3 (Tagung 1926), S. 25—43.

Neumann, Sigmund: Der demokratische Dekalog: Staatsgestaltung im Gesellschaftswandel, in: Richard Löwenthal (Hrsg.), Die Demokratie im Wandel der Gesellschaft (Berlin 1963), S. 11—28.

Nipperdey, Hans Carl: Freie Entfaltung der Persönlichkeit, in: Bettermann-Nipperdey (Hrsg.), Die Grundrechte, IV. Bd., 2. Halbbd. (Berlin 1962), S. 741—909 (Persönlichkeit).

— Die Würde des Menschen, in: Neumann-Nipperdey-Scheuner (Hrsg.), Die Grundrechte, II. Bd. (Berlin 1954), S. 1—50.

Ossenbühl, Fritz: Probleme und Wege der Verfassungsauslegung, DÖV 1965, S. 649—661.

Pasquier, Claude du: La notion de justice sociale et son influence sur le droit suisse, in: Hundert Jahre schweizerisches Recht (Basel 1952), S. 69—97 (Justice).

Pastoralkonstitution über die Kirche in der Welt von heute (II. Vatikanisches Konzil), in: Konzilsdekrete 4, erste Übersetzung im Auftrag der deutschen Bischöfe, Recklinghausen 1966.

Pawlowski, Hans Martin: Die Aufgabe des Richters bei der Bestimmung des Verhältnisses von Recht, Sittlichkeit und Moral, Archiv für Rechts- und Sozialphilosophie, Bd. 50 (Neuwied/Berlin 1964), S. 503—519 (Recht).

Peters, Hans: Entwicklungstendenzen der Demokratie in Deutschland seit 1949, in: Festgabe für Giacometti (Zürich 1953), S. 229—244.

— Der Kampf um den Verwaltungsstaat, in: Festschrift für Laforet (München 1952), S. 19—36 (Verwaltungsstaat).

Planitz-Eckhardt: Deutsche Rechtsgeschichte, 2. Aufl., 1961.

Platon: Staat, in: Platons Staatsschriften, griechisch und deutsch, übersetzt von Wilhelm Andreae, II. Teil, 1. Halbbd. (Jena 1925), Stephanus-Ausgabe, Bd. II (1578), p. 327—621.

— Der Staatsmann, in: Platons Staatsschriften, III. Teil (Jena 1926), Stephanus-Ausgabe, Bd. II (1578), p. 257—311.

Preuß, Hugo: Verfassung des Freistaates Preußen vom 30. November 1920, JöR 10 (Tübingen 1921), S. 222—279 (Preußen).

Puchta, Georg Friedrich: Das Gewohnheitsrecht, Teil I 1828, Teil II 1837, Nachdruck Darmstadt 1965.

Quaritsch, Helmut: Besprechung von Max Imboden, Johannes Bodinus und die Souveränitätslehre (1963), Der Staat, 5. Bd. (Berlin 1966), S. 112—114.

Radbruch, Gustav: Einführung in die Rechtswissenschaft, 7. u. 8. Aufl., Leipzig 1929.

— Der Geist des englischen Rechts, Heidelberg 1946.

— Gesetzliches Unrecht und übergesetzliches Recht (zuerst in SJZ 1946, S. 105—108), abgedruckt in: Rechtsphilosophie, S. 347—357 (Unrecht).

Literaturverzeichnis

Radbruch, Gustav: Rechtsphilosophie, 5. Aufl., besorgt von Erik Wolf, Stuttgart 1956.
— Vorschule der Rechtsphilosophie, Heidelberg 1948.

Raiser, Ludwig: Rechtswissenschaft und Rechtspraxis, NJW 1964, S. 1201—1208.

Richter, Carl: Staats- und Gesellschafts-Recht der französischen Revolution von 1789—1804, I. Bd., Berlin 1865 (Franz. Revolution).

Ridder, Helmut: Zur verfassungsrechtlichen Stellung der Gewerkschaften im Sozialstaat nach dem Grundgesetz für die Bundesrepublik Deutschland, Stuttgart 1960 (Gewerkschaften).

Ritterbusch, Paul: Parlamentssouveränität und Volkssouveränität in der Staats- und Verfassungsrechtslehre Englands, vornehmlich in der Staatslehre Daniel Defoes, Leipzig 1929.

Rossi, Eduard: Die Entstehung der Sprache und des menschlichen Geistes, München/Basel 1962.

Rousseau, Jean-Jacques: Du Contrat social ou Principes du Droit politique (1762), hrsg. von E. Flammarion, Paris o. J. (Contrat Social = CS).
— Der Gesellschaftsvertrag oder die Grundsätze des Staatsrechtes, in der verbesserten Übersetzung von H. Denhardt, hrsg. und eingeleitet von Heinrich Weinstock, Reclams Universal-Bibliothek, Nr. 1769/70, Stuttgart 1958.

Salomon, Klaus-Dieter: Der soziale Rechtsstaat als Verfassungsauftrag des Bonner Grundgesetzes, Köln 1965.

Sartorius, Carl: Die Aktivbürgerschaft und ihre politischen Rechte, in: Anschütz-Thoma (Hrsg.), Handbuch des Deutschen Staatsrechts, I. Bd. (Tübingen 1930), S. 281—285.

Sauer, Wilhelm: Juristische Methodenlehre, Stuttgart 1940.
— Werttheoretische Studien, Z. f. d. gesamte Staatswissenschaft 113 (Tübingen 1957), S. 265—284.

Scheuner, Ulrich: Begriff und Entwicklung des Rechtsstaats, in: Dombois-Wilkens (Hrsg.), Macht und Recht (Berlin 1956), S. 76—88 (Begriff).
— Der Bereich der Regierung, in: Festschrift für Smend (Göttingen 1952), S. 253—301 (Regierung).
— Naturrechtliche Strömungen im heutigen Völkerrecht, Z. f. ausl. öffentl. Recht u. Völkerrecht, Bd. 13 (Stuttgart/Köln 1950/51), S. 556—614 (Völkerrecht).
— Die neuere Entwicklung des Rechtsstaates in Deutschland, in: Festschrift zum hundertjährigen Bestehen des Deutschen Juristentages, Bd. II (Karlsruhe 1960), S. 229—262 (Rechtsstaat).
— Das repräsentative Prinzip in der modernen Demokratie, in: Festschrift für Hans Huber (Bern 1961), S. 222—246 (Demokratie).
— Art. „Staat" im Handwörterbuch der Sozialwissenschaften, Bd. 12 (Stuttgart/Tübingen/Göttingen 1965), S. 653—664.
— Das Wesen des Staates und der Begriff des Politischen in der neueren Staatslehre, in: Festgabe für Smend (Tübingen 1962), S. 225—260.

Schieder, Theodor: Die Theorie der Partei im älteren deutschen Liberalismus, in: Festschrift für Bergstraesser (Düsseldorf 1954), S. 183—196 (Partei).

Schindler, Dietrich: Über den Rechtsstaat (1934), in: Recht, Staat, Völkergemeinschaft (Zürich 1948), S. 163—176.

Schmidhäuser, Eberhard: Von den zwei Rechtsordnungen im staatlichen Gemeinwesen, Schriftenreihe der Juristischen Gesellschaft e. V. Berlin, Heft 18, Berlin 1964.

Schmitt, Carl: Der Begriff des Politischen, in: Probleme der Demokratie, Politische Wissenschaft, Heft 5 (Berlin 1928), S. 1—34.
— Inhalt und Bedeutung des zweiten Hauptteils der Reichsverfassung, in: Anschütz-Thoma (Hrsg.), Handbuch des Deutschen Staatsrechts, II. Bd. (Tübingen 1932), S. 572—606 (Reichsverfassung).
— Politische Theologie, 2. Aufl., München/Leipzig 1934.
— Staat, Bewegung, Volk. Hamburg 1933 (Bewegung).
— Staatsgefüge und Zusammenbruch des zweiten Reiches, Hamburg 1934.
— Verfassungslehre (1928), Neudruck Berlin 1954.

Schmitt, Walter O.: Der Begriff der freiheitlichen demokratischen Grundordnung und Art. 79 Abs. 3 des Grundgesetzes, DÖV 1965, S. 433—443 (Grundordnung).

Schmitthenner, Friedrich: Grundlinien des allgemeinen oder idealen Staatsrechts, Gießen 1843 (Staatsrecht).

Schneider, Hans: Volksabstimmungen in der rechtsstaatlichen Demokratie, in: Gedächtnisschrift für Walter Jellinek (München 1955), S. 155—174.

Schneider, Peter: Prinzipien der Verfassungsinterpretation, VVDStRL 20 (Tagung 1961), S. 1—52.
— Widerstandsrecht und Rechtsstaat, AöR 89 (Tübingen 1964), S. 1—24.

Schrader, H. W.: Recht und Gesetzgebung, Der öffentliche Dienst (Ausgabe A), 1950, S. 241—243.

Schüle, Adolf: Demokratie als politische Form und als Lebensform, in: Festschrift für Smend (Göttingen 1952), S. 321—344.

Schulz-Schaeffer, Helmut: Zum Problem der Volkssouveränität, ungedruckte jur. Diss., Marburg 1952.

Schumpeter, Joseph A.: Kapitalismus, Sozialismus und Demokratie (New York 1942), deutsche (2.) Aufl., München 1950.

Schwinge, Erich: Irrationalismus und Ganzheitsbetrachtung in der deutschen Rechtswissenschaft, Bonn 1938.
— Der Methodenstreit in der heutigen Rechtswissenschaft, Bonn 1930.

Seidler, Gustav: Über den Gegensatz des imperativen und freien Mandats der Volksvertreter, Grünhuts Zeitschrift f. d. Privat- und öffentl. Recht der Gegenwart, Bd. 24 (1897), S. 123—127 (Mandat).

Sladeczek, Heinz: Besprechung von Martin Kriele, Kriterien der Gerechtigkeit (Berlin 1963), Der Staat, Bd. 4 (Berlin 1965), S. 505—509.

Smend, Rudolf: Art. „Integrationslehre" im Handwörterbuch der Sozialwissenschaften, Bd. 5 (Stuttgart/Tübingen/Göttingen 1956), S. 299—302.
— Die politische Gewalt im Verfassungsstaat und das Problem der Staatsform, in: Festgabe für Kahl, Teil III (Tübingen 1923), abgedruckt in: Staatsrechtliche Abhandlungen (Berlin 1955), S. 68—88 (Staatsform).
— Das Recht der freien Meinungsäußerung, VVDStRL 4 (Tagung 1927), S. 44—74 (Meinungsäußerung).
— Staat und Politik (1945), in: Staatsrechtliche Abhandlungen (Berlin 1955), S. 363—379.

Smend, Rudolf: Verfassung und Verfassungsrecht, München/Berlin 1928.
— Die Verschiebung der konstitutionellen Ordnung durch die Verhältniswahl, in: Festgabe für Bergbohm (Bonn 1919), S. 278 ff. (Verhältniswahl).

Sontheimer, Kurt: Politische Wissenschaft und Staatsrechtslehre, Freiburg 1963.

Stahl, Friedrich J.: Die Philosophie des Rechts, II. Bd., 2. Abt., 6. unveränderte Aufl., Darmstadt 1963 (Nachdruck der 5. unveränderten Aufl. 1878).

Steffani, Winfried: Gewaltenteilung im demokratisch-pluralistischen Rechtsstaat, Politische Vierteljahresschrift, 3. Jg., (Köln/Opladen 1962), S. 256 bis 282.

Stein, Erwin: Die verfassungsrechtlichen Grenzen der Rechtsfortbildung durch die Rechtsprechung, NJW 1964, S. 1745—1752.

Steindorff, Ernst: Die guten Sitten als Freiheitsbeschränkung, in: Summum ius summa iniuria (Tübingen 1963), S. 58—79.

Tammelo, Ilmar and Lyndall, L.: Rezesion von Arthur Kaufmann, Analogie und „Natur der Sache", Archiv für Rechts- und Sozialphilosophie, Bd. 52 (Wiesbaden 1966), S. 148—152.

Thieme, Werner: Alle Staatsgewalt geht vom Volke aus, JZ 1955, S. 657—659.
— Stabilität und Labilität im demokratischen Staat, JZ 1966, S. 41—43.

Thoma, Richard: Rechtsstaatsidee und Verwaltungsrechtswissenschaft, JöR 4 (Tübingen 1910), S. 196—218.
— Das Reich als Bundesstaat, Das Reich als Demokratie, in: Anschütz-Thoma (Hrsg.), Handbuch des Deutschen Staatsrechts, I. Bd. (Tübingen 1930), S. 169—186, 186—200 (Reich).
— Über Wesen und Erscheinungsformen der modernen Demokratie, Bonn 1948 (Demokratie).

Thorpe, Francis N. (Hrsg.): The federal and state constitutions, colonial charters, and other organic laws of the states, territories, and colonies now or heretofore forming the United States of America, Bd. III, Washington 1909.

Tönnies, Ferdinand: Gemeinschaft und Gesellschaft (1887), 6. und 7. Aufl., Berlin 1926.

Toynbee, Arnold: Has America Neglected Her Creative Minority? The Mustang, Magazine for Southern Methodist University Alumni, Bd. 17, Nr. 1 (Dallas/Texas 1964), S. 4—7, 26.

Triepel, Heinrich: Staatsrecht und Politik, Beiträge zum ausl. öffentl. Recht u. Völkerrecht, Heft 1, Berlin/Leipzig 1927.

Uber, Giesbert: Freiheit des Berufs, Hamburg 1952.

Utz, Arthur: Grundsatzfragen des öffentlichen Lebens, Bibliographie (Darstellung und Kritik), Bd. I (1956—1959), Bd. II (1959—1961), Freiburg i. Br. 1960 und 1962.

Viehweg, Theodor: Topik und Jurisprudenz (1953), 2. Aufl., München 1963.

Vilmar, A. F. C.: Von einigen Zeichen der modernen Barbarei (1841), in: Schulreden über Fragen der Zeit, 2. Aufl., Marburg 1852, S. 108—125.

Weber, Max: Die „Objektivität" sozialwissenschaftlicher und sozialpolitischer Erkenntnis (1904), in: Gesammelte Aufsätze zur Wissenschaftslehre (Tübingen 1952), S. 146 ff.

Weber, Max: Wirtschaft und Gesellschaft, 1. Halbbd., 4. Aufl., besorgt von Johannes Winckelmann, Tübingen 1956 (Gesellschaft).

Weber, Werner: Mittelbare und unmittelbare Demokratie, in: Festschrift für Hugelmann, Bd. II (Aalen 1959), S. 765—786 (Demokratie).

— Spannungen und Kräfte im westdeutschen Verfassungssystem (1951), 2. erweiterte Aufl., Stuttgart 1958.

— Die verfassungsrechtlichen Grenzen sozialstaatlicher Forderungen, Der Staat, 4. Bd. (Berlin 1965), S. 409—439.

Weinkauff, Hermann: Der Naturrechtsgedanke in der Rechtsprechung des Bundesgerichtshofs, NJW 1960, S. 1689—1696.

— Richtertum und Rechtsfindung in Deutschland, in: Berliner Kundgebung 1952 des Deutschen Juristentages (Tübingen 1952), S. 13—34.

Weinstock, Heinrich: Demokratie und Elite, Die Sammlung, 5. Jg. (Göttingen 1950), S. 449 ff.

Welzel, Hans: Macht und Recht (Rechtspflicht und Rechtsgeltung), in: Festschrift für Hugelmann, Bd. II (Aalen 1959), S. 833—843 (Recht).

— Naturrecht und materiale Gerechtigkeit, 4. Aufl., Göttingen 1962 (Gerechtigkeit).

Wertenbruch, Wilhelm: Erwägungen zur materialen Rechtsstaatlichkeit, in: Festschrift für Jahrreiß (Köln/Berlin/Bonn/München 1964), S. 487—501.

Wieacker, Franz: Gesetz und Richterkunst, Zum Problem der außergesetzlichen Rechtsordnung, Karlsruhe 1958.

Wintrich, Josef: Über Eigenart und Methode verfassungsgerichtlicher Rechtsprechung, in: Festschrift für Laforet (München 1952), S. 227—249 (Rechtsprechung).

— Zur Problematik der Grundrechte, Köln/Opladen 1957 (Grundrechte).

Wolff, Hans J.: Über die Gerechtigkeit als principium juris, in: Festschrift für Wilhelm Sauer (Berlin 1949), S. 103—120.

— Verwaltungsrecht I, 6. Aufl., München/Berlin 1965.

Wolgast, Ernst: Revision der Staatslehre, Nürnberg 1950.

Printed by Libri Plureos GmbH
in Hamburg, Germany